A Katherine, cette histoire
d'écriture, d'amour de la
lumière, de Jean-Jacques Rousseau,
cette histoire de femme, aussi...
et que sais-je encore...
Avec toute mon amitié

ORIGINES

Annie Leclerc

DU MÊME AUTEUR

LE PONT DU NORD, *roman*, Gallimard, 1967.
ÉTOILE-NATION, *nouvelle*, Temps modernes, juillet 1967.
PAROLE DE FEMME, Grasset, 1974.
ÉPOUSAILLES, Grasset, 1976.
LA VENUE À L'ÉCRITURE (avec Hélène Cixous et Madeleine Gagnon), 10/18, 1977.
AU FEU DU JOUR, Grasset, 1979.
HOMMES ET FEMMES, Grasset, 1985.
LE MAL DE MÈRE, Grasset, 1986.

ANNIE LECLERC

ORIGINES

BERNARD GRASSET
PARIS

Il faudrait considérer l'enfance comme le premier dévoilement de l'origine; l'adolescence comme le second; la vieillesse comme le dernier.

La vie met à nu l'origine.

Nuit constellée. Le trésor caché.

Clarté. Clarté.

Un rayon de soleil nous aura servi de chemin, mais ce n'était qu'un trait luminescent, tiré sur notre existence, pas la mort.

On naît et meurt, baigné de lumière.

Sans doute, la même.

Edmond Jabès,
Le Livre du partage.

Un livre pour Jean-Jacques

Il y a dans ta folie ultime, Jean-Jacques (qu'ils appellent délire de persécution), une épreuve si grande de vérité que j'en reste confondue.

Ce sont les livres, pas n'importe lesquels bien sûr, les plus beaux, les plus vrais, ceux qu'on ne peut lire dans leur chair vive sans désirer écrire à son tour, qui rendent fou...

Il m'est apparu soudain ce matin en relisant tes *Dialogues* que tes malheurs, l'égarement de ta pauvre tête sont inséparables, ainsi que tu le dis, de ton entrée fatale, irréversible, dans l'écriture. Mais du même coup j'ai su que j'étais folle moi aussi. Que ma passion pour ton œuvre, ta quête, ta voix, ton écriture, et ce désir obsédant de l'écrire étaient folie attachée à jamais à la tienne. Je t'avoue qu'avant ce matin cette idée ne m'avait jamais pénétrée de cette façon poignante, impérieuse. Certes je voyais bien que passer tant d'heures, tant de jours, tant d'années même de ma vie avec un seul auteur, remplir tant de cahiers de ses phrases, de ses pensées, dans l'espoir toujours différé par une nouvelle lecture d'en faire à mon tour un livre qui serait, et de loin, le meilleur de mes livres, je voyais bien ce que cette façon de faire avait d'original, d'obscur, de risqué même, mais de là à me penser folle...

Et pourtant! Comment appeler cette lecture qui se désole (alors même qu'elle se poursuit avec la plus grande ardeur) de ne pouvoir s'achever, comment appeler ça sinon maladie? Et cette soif d'écrire l'amour que j'ai pour tes livres, ce désir que je ne parviens jamais à satisfaire et auquel je donne le change en substituant ton écriture à la mienne, recopiant des bouts, des paragraphes, des phrases, que j'ai déjà copiés d'ailleurs, une autre année, dans un autre cahier, ce n'est pas maladif, ça? Et confondre quatre gros volumes de la Pléiade avec ta voix vivante, familière, quotidienne, alors que tu n'es plus rien, Jean-Jacques, qu'un vieux cadavre de deux siècles, c'est quoi à ton avis? Et cette façon de m'adresser à toi comme si tu étais mon frère, et plus que mon frère, mon souffle, mon âme, ma vie, tu trouves ça normal?

Non, ça n'est pas normal. Et la preuve que c'est une maladie, c'est que j'en souffre. Je piétine, je tourne en rond dans cet amour de toi, de tes œuvres, de ton écriture, tout se mélange. Certes je te comprends de mieux en mieux, il m'arrive même d'avoir l'impression joyeuse, inquiète aussi, que je te comprends mieux que tu ne t'es compris toi-même, je vois des concordances, des harmonies, des profondeurs dans ta pensée que tu n'as pu que pressentir, certes, mais à quoi bon? Je reste toujours à la même place, dans l'anticipation de ce livre que je n'écris pas, que je ne peux pas écrire, je le vois bien...

Comment te dire, Jean-Jacques : maintenant que je regarde mon amour pour toi et ce désir épuisant d'en faire un livre comme une sorte de maladie, je me sens déjà beaucoup mieux. Je respire. Je sens qu'il va se passer quelque chose enfin. Que je vais sortir de l'antre de ton écriture, que je vais attraper la mienne par un bout, que je vais trouver un chemin pour sortir de là.

Ne crois surtout pas que je prétende guérir. Guérir de mon amour pour toi? Sentir mourir le désir d'écrire un livre en ton nom? Tu n'y penses pas... C'est impossible. Je veux bien regarder cela comme une maladie, mais de là à imaginer que j'en puisse guérir, il y a un monde.

Et puisque c'est une maladie, il faut que je retrouve le moment où les premiers symptômes sont apparus.

Quand ai-je pour la première fois senti que tu avais

compris des choses si essentielles et si peu entendues qu'il fallait les répéter, les réécrire, les chanter, les crier, faire un livre de tes livres? Non, ce n'est pas en te lisant, c'est quand le monde, les êtres autour de moi, la nature entière m'ont été révélés dans ta lumière. Quand j'ai vu que ce que j'avais lu dans tes livres s'étalait là en plein jour, en immense beauté, en totale innocence...

La première fois ce devait être en Crète en 1976. Nous avions, Nicos et moi, quitté Paris et notre petite Ariane pour aller fêter Pâques là-bas, la fin de la dictature, les amis grecs retrouvés, le printemps... Et je me souviens de ce jour de Pâques, jour païen entre tous où nous avons partagé l'agneau rôti avec les gens d'un petit village à quelques kilomètres de la mer dans la montagne, et le vin, et les premières grosses tomates, et surtout la musique si tendre, nostalgique, orientale, du joueur de lyre assis sur le muret entourant l'aire de blé où nous nous tenions. Tu te souviens, j'étais comme ivre d'humanité (de vin et de doux soleil et de musique aussi bien sûr) et je me disais que toi seul, Jean-Jacques, avais tenté d'écrire ça, de penser à partir de là, qu'il fallait reprendre tes livres, les recopier, les porter de nouveau à l'intelligence des hommes. N'est-ce pas ce jour-là que le désir du livre en mémoire, en prolongement, en renaissance de toi s'est imposé?

Pas sûr... Ce désir avait dû se formuler déjà en 72 ou 73, à Saint-Sulpice, quand j'amenais Ariane petite suivre la fanfare le matin du 14 Juillet, fanfare certes un peu défraîchie comparée à l'éclat qu'elle avait eu dans mon enfance, sans parler du temps que je n'ai pas connu où mon grand-père l'avait mise sur pied (mais comment n'y pas rêver?), et pourtant toujours également bouleversante en ce qu'elle réalise cette union harmonieuse, élémentaire, musicale de presque vieillards, d'adolescents, de petits garçons, de petites filles au tambour, à la clarinette, qui ont travaillé, répété ensemble, simplement pour que soit assurée la continuité d'un message de l'humain qu'il ne faudrait jamais oublier. Ariane me serrait la main de plaisir, d'émotion, peut-être d'un peu de crainte aussi. Et moi je m'efforçais à grand-peine de retenir mes larmes. Quand se montre dans une telle nudité la relation intime du peuple et de l'enfant, alors c'est physiquement en son être même que s'éprouve la bonté de l'humain. Je n'ai pas pu en ces instants ne pas penser à toi, Jean-Jacques, ne pas avoir vu de mes yeux, entendu de mes oreilles, su évidemment que tu avais compris l'essentiel de ce qu'il fallait comprendre et que tu l'avais écrit. Déjà j'ai dû me désoler qu'on ne t'eût pas assez lu, déjà j'ai dû vouloir que cela fût dit de nouveau, répandu. Déjà j'ai dû me promettre, te promettre de tout faire pour briser le fatal silence et cet oubli parmi les hommes de ton écriture.

Mais non, ça n'a pas commencé là. Souviens-toi déjà quand nous étudiions mes élèves et moi ton *Discours sur l'origine de l'inégalité*... Ce bonheur d'être avec eux, cette reconnaissance éperdue que je te portais de les rendre à la simplicité, à la source même de leur pensée, à leur étonnement d'enfant, pourquoi des riches et des pauvres, pourquoi des puissants et des faibles, des maîtres et des esclaves? Pourquoi le mal? Souviens-toi, je levais les yeux sur eux tandis qu'ils relisaient penchés, attentifs, un passage de ton texte, et je faisais le serment de prolonger plus loin encore cette vie qui venait de toi et s'épanouissait dans ces adolescents si aimables, si beaux à mes yeux... Aurais-je pu alors apaiser ma ferveur pédagogique autrement qu'en promettant un livre de toute beauté à l'auteur de l'*Émile*?

Et au parc Montsouris quand j'étais enceinte en ce merveilleux printemps 70 et lisais *la Nouvelle Héloïse*, est-ce que je ne promettais pas aussi, au plus fort de mon ravissement de lecture, de te rendre grâce dans un livre que je ferais un jour, plus tard? J'étais Claire, pas Julie de trop brûlante évidence, non j'étais Claire, Claire de l'ombre douce, et j'aimais Saint-Preux. Et parce que entre Saint-Preux et Claire c'est *jamais*, alors c'est *toujours*. Ma vie réelle déjà si bonne par mon gros ventre et par le beau printemps du parc se magnifia d'un immense espace onirique où l'amour avait lieu et pour l'éternité.

Il me semble soudain, tandis que je me les rappelle, que

je n'ai jamais tant aimé vivre qu'en ces instants-là...
J'avais tant souffert auparavant. Cela avait été si long,
si obscur, si difficile. Et avant les confuses années-
Sorbonne, et encore avant les années-lycée si tourmen-
tées, tellement souffrantes de ne jamais voir venir l'or
désiré, l'amour, la certitude...
    J'avais tant attendu ces instants du parc Montsouris,
sans avoir pu savoir que c'était eux que j'attendais.
    Instants où la jouissance tiendrait dans le tracé d'un
livre.
    Où ce serait plénitude extrême, merveille de vivre et de
pouvoir penser.
    Où ce serait enfin, comme là-bas, au tout début, dans la
petite enfance, quand se tracèrent de ma main, dans la
plus intense application mais aussi la plus délectable
exaltation, les premiers traits et ronds de couleur sur ces
petits cahiers qui s'appelaient, je m'en souviens, cahiers
d'écriture...
    Cette aspiration à te prendre, Jean-Jacques, à te tenir en
écriture, à faire livre dans ton livre, à te livrer à tout
jamais à la lumière, je la vois venir de si profond et de si
loin... Ce n'est pas toi qui m'as rendue malade de ce désir
d'écrire pour toi, en toi, le plus beau des livres... La
maladie, je ne t'ai pas attendu pour l'attraper, elle m'est
venue extase active, nectar divin, à la naissance même de
l'écriture. Là-bas, au jardin d'enfants.
    J'ai cru pourtant que c'était à cause de toi. Mais non.
C'est que j'ai trop lié mon écriture à la tienne et que je me
suis aliénée à toi au point de ne plus savoir ce qui est de
toi, ce qui est de moi, ce qui vient de la vie ou ce qui vient
du livre, ce qu'il faut choisir d'appeler fiction ou ce qu'il
faut choisir d'appeler vérité...
    Peut-on imaginer plus curieuse liaison que celle que j'ai
tissée avec toi? Enfin, avec toi... Il faut peut-être dire avec
tes livres. Enfin, tes livres... Il faut peut-être dire avec ma
lecture de tes livres... Au fond, tout ça, c'est mon histoire
d'amour, c'est mon histoire tout court, et même une
histoire de fou, un vrai roman...
    Tu vois, je me doutais bien en commençant, en me

mettant à regarder mon désir d'écrire pour toi comme
une sorte de maladie, qu'il allait se passer quelque chose,
que j'allais trouver le moyen de sortir de mon impuissance. Je sais enfin ce que je dois faire. Essayer de te raconter
l'histoire de ma rencontre avec toi depuis le début, ou
plutôt depuis avant, quand je ne t'avais pas encore
rencontré et que je m'avançais vers toi à travers de
menues aventures, parfois de sombres épreuves, prépa-
rant ta venue, te cherchant, t'appelant sans même connaître ton nom. Te raconter ce qui s'est passé au lycée,
depuis le début, car c'est là j'en suis certaine que ça s'est
fabriqué ce désir d'écrire, cet amour de toi, là-bas entre les
beaux murs clairs du lycée Marie-Curie de Sceaux, pas à
la maison, pas en famille, pas dans la rue en jouant au
ballon, mais bien là-bas au lycée. Là où aura lieu notre
première rencontre, je m'en souviens comme si j'y étais.
C'était dans le Lagarde et Michard, classe de seconde, un
extrait de *la Nouvelle Héloïse* intitulé « Promenade sur le
lac ». Je n'ai rien oublié, ton portrait qui me sourit, ma
place au quatrième rang, la douceur de l'air entrant par les
larges fenêtres ouvertes, ce sentiment de t'avoir toujours
connu, de te retrouver enfin...

Faute de pouvoir extraire la quintessence de ton écriture et la recopier de telle sorte qu'elle ne pourrait plus
s'effacer, je reviendrai là-bas, je referai modestement le
chemin qui m'a conduite jusqu'à toi.

Non, ce ne sera pas le livre que je voulais faire.
Seulement mon histoire. Un roman d'amour comme
n'importe quel autre.

N'y a-t-il pas là d'ailleurs une fatalité de l'amour
impuissant à se dire, à s'écrire dans le temps de l'amour?
On en revient toujours à l'histoire de l'amour, c'est-à-dire
à ce qui s'est passé avant, avant que l'amour ne se révèle
expressément, avant l'embrasement, la fièvre, le grand
chambardement, avant ou alors après, quand vient le
temps de la défaite, de la séparation, de la mort...

Au moins aurai-je fait un livre à la place du livre de
toute beauté, ne l'oublie pas, que j'aurais voulu faire pour
toi.

Mais tu vois, Jean-Jacques, je me dis qu'il en est peut-être toujours ainsi. Que chaque livre, parmi même les plus beaux, est né, faute de mieux et en désespoir de cause, à la place d'un autre, d'un livre impossible à rejoindre...

Même pour toi cela est vrai. Derrière tous tes écrits, les théoriques, les autobiographiques, les romanesques, j'ai toujours senti qu'il y avait un autre livre, que tu n'étais pas, même toi, parvenu à écrire, à recopier. C'est ce livre-là, celui que je déchiffrais en transparence des tiens, que j'aurais voulu attraper, recopier en lettres d'or afin qu'il ne s'oublie jamais, ce doit être celui que tu appelles le grand livre de la Nature... Quelle ambition démesurée et folle...

A la place, laisse-moi te raconter mon histoire d'amour pour ce livre impossible.

La plus ancienne élève

A la fin, je fus, me semble-t-il, la plus ancienne élève du lycée. Où étaient parties une à une mes petites compagnes du primaire? Dans quel pays? Dans quelle région? Dans quels autres lycées? Je ne sais pas. Aucune de mes amies de l'adolescence n'aurait pu évoquer avec moi les classes enfantines, Mademoiselle Forfer, le jardin d'enfants, disparus au fil des ans. Alors je me souvenais seule.

Mes nouvelles amies avaient connu avant d'entrer au lycée Marie-Curie de Sceaux une autre école, parfois plusieurs, une autre directrice, d'autres salles de classe, d'autres couloirs. Moi, pas. Alors je les pensais plus expérimentées que moi à cause de cette expérience que je n'aurais jamais faite. Est-ce que d'ailleurs ça ne faisait pas un peu bête, provincial en quelque sorte, de n'avoir connu qu'un seul lycée?

Mais si j'avais osé avouer à quel point je l'aimais ce lycée, cela aurait fait bien plus bête encore. Imagine, Jean-Jacques, combien un tel aveu aurait terni d'un coup l'éclat de ma fameuse indépendance d'esprit, de ma fière résistance à toutes les affaires scolaires!

Non, décidément, mon appartenance entière à ce lycée, cette sorte d'attachement physique qui ne devait rien, tu peux m'en croire, aux plaisirs de l'étude, cette façon de l'éprouver sans cesse par la vue, l'ouïe, l'odorat, la marche, de le couver, de le chérir comme le dépositaire de ma mémoire, ne pouvait pas se dire.

Parce que je le connaissais intimement et depuis toujours, j'en avais fait « mon lycée ». Les autres élèves n'y étaient que de passage, moi seule y séjournais de droit.

Cette particularité me valut de vivre mes derniers jours de lycée dans une souffrance hébétée et qui m'étranglait d'autant plus que je n'aurais pu la confier à personne. Elle eût paru incompréhensible, pour ne pas dire scandaleuse.

C'était au début du mois de juin. L'épreuve du bac approchant, mais aussi la fin de notre scolarité, l'administration renonça peu à peu à sanctionner l'absence des élèves au cours. La classe finit par ne plus retenir qu'une dizaine d'élèves; celles que l'échéance prochaine de l'examen rendait le plus anxieuses, au cas où les sujets qui allaient « tomber » viendraient à être traités ou simplement évoqués pendant ces derniers cours. Mes préférées, anticipant allègrement l'heure de l'ultime délivrance, manquaient.

Je restais. Je voulais toute ma souffrance. Comme si, la risquant jusqu'à la détresse, les traces de ma vie inscrites en ces lieux demeureraient à jamais gravées en moi.

Je n'étais pas tout à fait seule, heureusement. Danièle, qui n'était là que depuis deux ou trois ans, m'avait dit la peine soudaine qu'elle ressentait à l'idée de quitter à jamais le lycée. Alors je la gardai autant que je pus auprès de moi. Ensemble nous errions dans les couloirs, nous traversions les cours, ensemble nous nous taisions.

Je me revois accoudée au rebord d'une large fenêtre, laissant partir mon regard sur la droite dans la sombre mousse bleutée du parc de Sceaux, comme hier, comme toujours entre deux cours ou pendant les heures de permanence, stupéfaite à l'idée que cela pût finir. Qu'est-ce donc qui allait finir? Je ne pensais ni à des plaisirs qui jamais ne pourraient se retrouver ailleurs, je ne pensais ni aux rires de l'enfance, ni à l'insouciance de la jeunesse; je ne pensais qu'au lycée. C'est le lycée qui allait m'être arraché, la matière même de ma mémoire, texte immense débordant de signes que je ne pourrais plus déchiffrer, de sens que je n'aurais plus le temps de parcourir. Il me semblait soudain que j'avais été légère, que je n'avais pas fait assez attention. Je ne me disais pas seulement : plus jamais cette porte poussée, plus jamais cette rampe sous ma main, cette chaise que je connais, cette trace sur la table, cette odeur de cire, cette odeur de craie, mais : je ne saurai jamais ce que cet arbre dans la cour, ce pan de mur, cette trace sur la table avaient encore à me dire. Et plus que de regret je défaillais de remords.

Je me souviens qu'accoudée à la fenêtre auprès de Danièle je m'étais précipitamment représenté un avenir auquel je n'avais jamais songé auparavant. J'allais faire des études, devenir enseignante jusqu'au jour où j'obtiendrais enfin un poste dans mon lycée. Alors je reviendrais à la fenêtre, je retrouverais la porte, cette rampe, le pan de mur préféré, et là je prendrais tout mon temps pour déchiffrer, pour savoir vraiment ce que tant de signes avaient encore, je ne l'éprouvais que trop, à m'apprendre. Oui c'est ça, je reviendrais au temps de ma maturité et tout me serait rendu enfin dans une simplicité première et définitive.

A vrai dire, tout cela, les murs, les cours et les escaliers, les grandes baies vitrées et la bonne odeur de cire n'étaient que l'entour, la vaste parure, le monument de pierre gardant à tout jamais ce que j'avais au fond de la petite enfance adoré en ces lieux : les fresques du jardin d'enfants.

Certes il y avait belle lurette que le jardin d'enfants n'existait plus et que l'infirmerie était venue s'établir dans cette large et longue salle claire du rez-de-chaussée, mais les fresques étaient demeurées. Chaque fois que le désordre de ma vie avait été trop grand, chaque fois que le sentiment de ma misère, de ma vacuité m'avait étranglée, il m'avait suffi de prétexter un mal de tête, des douleurs (qui n'étaient pas toujours feintes), et j'avais obtenu pour une heure, une demi-heure, la grâce de l'infirmerie. Alors je m'allongeais sur le petit lit de toile. Je tirais jusqu'au menton la couverture rêche. J'avalais la tisane infecte, le cachet d'aspirine que l'infirmière m'avait apportés; je les prenais comme la juste sanction de ma dérobade aux cours et comme le salaire minimal du miel d'or, d'innocence, de pardon, qui allait bientôt me prendre. Je reposais la tasse, puis, les mains sous la nuque, je levais les yeux. Alors mes soucis devenus vaporeux s'éloignaient de moi, mon corps s'allégeait jusqu'à s'oublier. Je ne pensais plus, je ne souffrais plus, je ne demandais rien. Les souvenirs, la nostalgie elle-même s'étaient échappés de moi. J'entrais immatérielle dans l'image première, inaltérable du bonheur. Mais ce n'était plus une image, c'était pour un instant volé, envolé, suspendu, le bonheur même, et comme toi, sur ce bateau que tu conduisais au milieu du lac quand l'eau était calme, étendue de tout mon long sur le fond d'une barque légère, « les yeux tournés vers le ciel, je me laissais aller et dériver lentement au gré de l'eau »...

Il y avait des plantes épanouies, des fleurs, des buissons, des lianes souples, de hautes herbes luisantes où couraient des enfants presque nus, tendres et bouclés, des animaux gentils, des femmes vigoureuses, d'un bel élan dressées entre les enfants et les plantes, vêtues de simples tuniques qui laissaient leurs bras généreux découverts. C'était bleu, c'était vert, mais d'un vert toujours hanté, transfiguré de bleu. Et la lumière courait, jouait au ballon, sautait à la corde, dansait sur la blondeur des chairs, des blés, des cheveux éventés... C'était la nature, la nature mère, celle qui jamais ne me quitterait, ma consolation ultime, mon séjour béni.

Ne devait-il pas y avoir des hommes aussi ? C'est drôle, je n'en trouve aucun dans mon souvenir. Mais je ne saurais dire si c'est moi qui les ai perdus, loin de ma mémoire après les avoir négligés dans ma perception, ou si c'est le peintre des fresques du jardin d'enfants qui les avait tenus délibérément à l'écart de son œuvre.

C'est en notant ce détail que j'entrevois combien précocement se dessinent les formes de nos représentations d'adulte et cet ordre du monde, son sens et son partage.

Je peux suivre à la trace à travers mes textes la

persistance naïve et probablement inexpugnable de cette figuration archaïque et ordonnée du monde : d'un côté la nature, soit la terre, le ciel, les eaux, les plantes, les animaux et les enfants sous la protection souveraine et aimante des femmes, et de l'autre côté, ailleurs, sans représentation possible, tout le reste confus et redouté, les hommes, les travaux, la société et ses contraintes. Dès l'enfance la pure jouissance d'exister avait son paysage, tandis que toutes les peines d'exister se ramassaient ailleurs en des territoires complexes, méconnus, vaguement hostiles, et dont les hommes avaient la clé.

On croit penser, avancer, poser des jalons, ouvrir un chemin dans une terre vierge, on croit qu'on va abattre, défricher, conquérir, on croit qu'on va de l'avant, mais on ne va peut-être jamais qu'en arrière. Il se pourrait que penser ne soit jamais que tenter de déchiffrer les traces originelles de la pensée, ce visage du monde puissant et ordonné qui nous fut révélé dans l'enfance à travers les images et les mots, les gestes et les pratiques de ceux qui nous entouraient. Alors penser ne serait que tenter de lire à haute et intelligible voix ce qui était inscrit là-bas. Alors écrire ne consisterait qu'à recopier.

Remontons à la source et nous verrons dans la lumière enfantine un monde tout disposé à recevoir plus tard les circonvolutions de nos écritures, les édifices laborieux de nos méditations.

L'image du monde, son ordre, ses partages, me furent donnés, Jean-Jacques, bien avant que je ne t'aie lu. Je n'eus pas à découvrir la nature et la société, le bien et le mal, la jouissance et les tourments du monde, l'azur et les ténèbres, la liberté et l'esclavage, mais seulement à les reconnaître. Il est vrai que sans toi je n'aurais jamais su tout ce que je savais d'avance. De la chanson du monde je ne connaissais pas bien les paroles; mais la musique, je la savais par cœur.

Si, comme tu le dis, la nature est un livre, alors j'en avais des yeux dévoré l'image, bien avant de savoir le lire, sur les murs enchantés du jardin d'enfants. Et j'en savais la leçon bien avant de pouvoir la réciter.

J'eus le désir de retourner une dernière fois avant mon départ du lycée à l'infirmerie. Je décidai d'y aller simplement sans prétexter aucun malaise. Qu'on me laisse entrer et voir quelques instants, je n'en demandais pas plus. J'y allai. Je trouvai, je ne sais pourquoi, la porte close. Alors je sus que c'était la fin. J'étais entrée dans le temps du souvenir. Cette eau si douce de l'enfance qui consolait tant de chagrins, je ne la boirais plus.

Le lycée Marie-Curie

C'était un beau lycée tout neuf que le lycée Marie-Curie. Je crois qu'il fonctionna pendant un an avant que les Allemands ne l'occupent. Puis il fut rendu, intact me semble-t-il, à la scolarité l'année même où j'y pénétrai pour la première fois. Ainsi son histoire se confondait-elle à peu de chose près à la mienne, ce qui le faisait sans âge, pour ne pas dire éternel.

On avait vu grand, mais aussi aérien, lumineux, dans la construction de l'édifice. Petites briques d'Ile-de-France d'un tendre rose orangé comme une humeur d'automne, de larges baies vitrées, des escaliers tranquilles, des rampes de cuivre, des parquets cirés dans les classes, une grande cour dans laquelle on avait eu soin de conserver de hauts arbres anciens, deux cours suspendues et ombragées de jeunes tilleuls, de clairs couloirs, un escalier d'honneur avec jet d'eau, des fleurs, des oiseaux, une salle des fêtes avec scène véritable, coulisses, rideau et rampe lumineuse, des salles de gymnastique, un terrain de basket, un de volley, un de handball, un vaste atelier de dessin sous les toits, un autre de couture, une salle de musique, des salles d'expériences de physique, de chimie, de sciences naturelles, et surtout l'admirable jardin d'enfants converti plus tard en infirmerie occupant une aile entière du rez-de-chaussée, et ouvrant sur la partie la plus ombragée de la grande cour centrale.

A vrai dire, me souvenant du lycée, c'est surtout celui

des cinq ou six dernières années de ma scolarité que je revois. C'est l'époque du lycée immense et souverain. Mais me croiras-tu si je te dis que c'est aussi la période durant laquelle j'interrompis toute activité d'étude proprement dite, n'écoutant plus les professeurs et ne les entendant parfois que par une sorte de distraction, me dérobant aux leçons, aux devoirs, à la lecture même, avec une constance, je dirais presque une application, rare? Il faudra bien que tu me croies puisque c'est vrai. Or en ce temps j'habitais le lycée comme je ne l'avais jamais habité. J'étais là entre ses murs, à travers ses cours, ses escaliers et ses couloirs, comme on est dans son pays, sa demeure, sa famille. J'étais chez moi; pour être, par la pensée, par les paroles échangées, par l'écriture détournée, toujours ailleurs, sans crainte, en toute liberté, avec passion.

Car le lycée en ce temps-là, c'est le lieu où il est toujours question d'ailleurs, d'exils, d'amours, de combats, de croisades. C'est là que je me souviens de tant de terres que j'ai déjà perdues. C'est là que j'en convoite de nouvelles. C'est là que s'écrivent par bouts, en petites phrases rêveuses, inachevées, le désir, l'amour, l'ennui et la souffrance. C'est là que le monde se fait et se refait, se discute, s'essaye dans nos paroles enlacées, inépuisables. C'est là que la vie trouve le temps, l'espace, le loisir qu'il lui faut pour se connaître, se jouir et s'endurer.

Le lycée est un corps étrangement réel dont l'espace s'éprouve comme la navigation possible, multiple, complexe des rêveries, des fièvres, des tourments.

Entre les terrasses – interdites mais bravées – d'où se découvre l'océan sombre du parc de Sceaux, dans les beaux jours tout fumant de lumière, et les souterrains étroits – également interdits, également bravés – où grondent dans l'obscurité de puissantes chaufferies, de grosses et tièdes tuyauteries, le lycée large et clair nous porte, nous transporte vers une infinité de voyages. Mais il nous garde, il nous protège aussi. C'est notre navire. Bien sûr nous ne le voyons guère puisque toujours nous regardons ailleurs, pourtant nous en connaissons intime-

ment la chair, les odeurs, les bruits, la résistance des
portes, l'envol des vitres soulevées, la différence entre les
sols qui accueillent la glissade et ceux qui la refusent.
Nous savons tout des perspectives intérieures et extérieures. Nous connaissons d'instinct les lieux écartés où l'on
peut rire et se dévergonder sans risque, les passages du
silence obligé et de la bonne tenue, le couloir du censeur à
fuir comme la peste.

Tandis que je me remémore le lycée et qu'il ressuscite
en moi à travers tant de détails sensibles, cris et appels de
la cour, odeur un peu acide des produits d'entretien,
boutons de nos blouses, mosaïques du grand hall, creuse-
ment de la classe quand le professeur y pénètre, bruits des
chaises tirées (je n'en finirais pas), une image me vient
saugrenue et pourtant irrésistible : je vois le lycée comme
un grand livre doré sur tranche, avec sa belle couverture
reliée, imposant mais non pas menaçant, clair, dressé sur
l'un des trois sommets du triangle de ma vie dont les deux
autres sont occupés l'un par ma maison, l'autre par le
parc de Sceaux.

Je nous vois le parcourir, traverser les cours, longer les
couloirs d'un rythme inégal, sans règle aucune, courant,
sautant, ou alors à pas très lents à cause d'une confidence,
mais parfois nous interrompant tout à fait au point
d'oublier dans quel sens nous allons, pour rire, par
lassitude, par diversion, pour rien, je nous vois changer
d'étage, franchir des seuils, revenir en arrière, changer
encore d'étage, oui, je nous vois le sillonner en tous sens
comme on feuillette cavalièrement le beau livre qu'on ne
lit pas, cueillant de-ci de-là une phrase, un paragraphe, un
titre de chapitre, passant d'une gravure à l'autre sans
crainte du détour ou de la négligence. Les grandes portes
vitrées à double battant se poussent, se tirent noblement
comme on tourne les pages d'un grand livre que l'on
connaît depuis l'enfance. Poussant, tirant une porte
vitrée, on savait tout d'avance du nouveau lieu – cour,
hall, couloir – auquel on accédait comme on anticipe au
fil d'une lecture rêveuse, de reconnaissance, sur ce qui va
suivre au verso de la page.

Je dis que le lycée est comme un livre. Mais l'image me vient de l'enfance, me vient d'avant la connaissance de ce que c'est qu'un livre. C'est une image remontée de mon appréhension archaïque des livres, dépôts sacrés de l'écriture.

J'ai vécu toute mon enfance entourée de livres. Je dis bien « entourée » et non pas « pénétrée » ou « nourrie », car je ne les lisais pas. Mais je les adorais d'autant plus qu'ils me demeuraient impénétrables. Je les plaçais si haut, je me jugeais si médiocre que l'idée même de m'y risquer ne me venait pas. J'aimais les voir alignés, droits et secrets, je les tirais parfois des rayonnages. Je me plaisais à les apprécier, à les distinguer par le toucher du papier, leurs caractères d'impression, leur poids sur les genoux, leur capacité à s'ouvrir ou à résister, leur odeur, sèche et céréalière pour les livres brochés, lustrée et métallique pour les volumes plus prestigieux comme ceux du grand dictionnaire Larousse, je m'attardais parfois aux images, puis je les fermais pour les remettre à leur place. Qu'était-ce alors qu'un livre? Je crois que ce n'était rien d'autre que de l'écriture. De l'écriture éternelle. De l'écriture pour toujours.

Je n'entrais pas dans le désir de lire. Je m'arrêtais au ravissement que cela fût écrit; et de si belle et définitive manière. Or j'aimais l'écriture, je veux dire l'encre et le papier, la forme des lettres, les signes de ponctuation, le suivi des lignes, le respect des marges, d'une ferveur inégalée, avide, délicieuse. Et l'écriture avait pour moi son sanctuaire, son panthéon, c'était les livres et les bibliothèques. Là le contour des lettres, la grâce des mots, l'enlacement des phrases avaient trouvé leur forme immuable et donc parfaite.

Quand je dis que le lycée est comme un livre, c'est parce que j'y écris. Parce que c'est là-bas que j'ai appris à écrire, à tracer mes premières lettres, à ouvrir mes premiers cahiers, à coucher ma plume sur une ligne, à y broder pas à pas ces signes d'encre enchantés. C'est là-bas qu'il s'agit d'écrire, là-bas que l'on a toujours à sa

disposition de l'encre et du papier, là-bas que l'écriture se
fait.

C'est là-bas que la plume dérapa doucement sur les
cahiers scolaires et au lieu d'inscrire ce qui était au
tableau ou de transcrire les paroles tombées de l'estrade se
mit à écrire seule, de son propre mouvement. Ce fut une
subversion si progressive, si peu violente, que je mis
longtemps à admettre qu'elle s'était accomplie de façon
irréversible. Je croyais écouter le professeur, prendre les
notes qu'il convenait de prendre, mais peu à peu les
lettres s'élargissaient, s'égaraient en rêverie, l'attention se
dérobait, les notes s'alanguissaient comme un tissu trop
lâche qui laissait voir le jour; l'air du dehors y passait.
Peu à peu la page se découvrait, immense, intacte. La
plage. Alors à pas menus, discrets, je m'y avançais avec
mon encre, mon encre fraîche, inédite, étonnante. Au
début ce n'était que des configurations d'étoiles, des
lettres enluminées, des prénoms, des mots insolites, des
bouts rimés... Je ne sais comment cela s'aggrava. Mais
peu à peu tout ce qui blessait ou émerveillait, tout ce qui
déchirait, tout ce qui brûlait chercha son écriture. A la fin
le lycée se confondit à la convoitise d'une écriture si
totale, si parfaite, qu'elle aurait pu séjourner dans un
livre.

Les fresques du jardin d'enfants

Alors, je sais que c'est au jardin d'enfants, là-bas, que tout a commencé, que j'ai attrapé l'écriture comme on attrape une maladie. Qu'à travers elle, Jean-Jacques, s'est ouvert ce chemin vers tes livres, et ce vœu souffrant, interminable d'en faire livre à mon tour.

La lumière venue de haut glissait sur les fresques. Les petites tables individuelles faisaient le tour de la grande salle, large U ouvert sur le bureau de Mademoiselle Virlapère. A la pointe du U on avait accès entre deux tables écartées l'une de l'autre à la salle des plus petits dont une sorte de sous-maîtresse avait la charge. Il y avait là-bas des jeux, des poupées, des meubles miniatures, une petite cuisinière, un long tableau noir, mais il ne me reste aucun souvenir de ma première année au lycée passée probablement dans cette salle des plus petits. Mon plus ancien souvenir me trouve assise à une petite table à peu près au milieu d'une branche du U. Mademoiselle Virlapère est à ma droite. La rue que je ne peux voir tant les fenêtres sont hautes est en face de moi. (Qu'as-tu à faire, mon pauvre Jean-Jacques, de tant de détails? Alors laisse-moi te citer, de mémoire bien sûr, comment pourrais-je retrouver ça maintenant, dans quel livre des *Confessions,* tu te souviendras, toi. Tu dis quelque chose comme : « Je sais bien que mon lecteur n'a pas besoin de connaître tous ces détails, mais j'ai besoin, moi, de les lui dire. » Alors tu dois comprendre...) Devant moi, un cahier plat et une boîte de Crayolor, gros bâtons de couleur, larges comme des doigts d'adulte, dont l'odeur est inoubliable. Mais inutile de chercher, comme je l'ai fait, à la retrouver. Les Crayolor existent toujours mais on leur a mis une autre odeur, plate, plastique, hygiénique. L'autre était grasse et sombre. On n'en pouvait pas faire le tour. On s'y enfonçait en fermant les yeux, bonne odeur de cuisine chaude, de terre retournée, de fougère écrasée, d'été. Il fallait, avec les Crayolor, répéter un trait indiqué sur la première ligne de chaque page nouvelle du petit cahier : bâtons, croix, courbes, faisceau de bâtons ou cercles. Il suffisait de suivre d'abord les pointillés indiquant le trait. Puis les points s'espaçaient. Au bas de la page on devait pouvoir effectuer le trait sans soutien. Il s'agissait aussi parfois de remplir de couleurs variées les formes simples d'un triangle, d'un carré, d'un rond.

Je me souviens de l'émotion particulière avec laquelle je remplis un jour (ou plusieurs ?) un bouquet de cercles (comme ces ballons de baudruche qu'on offrait dans les magasins de chaussures et qui se dressaient spontanément vers le ciel) tenus par des ficelles bien droites, réunies en un seul point vers le bas de la page et dont chacune devait être de la même couleur que celle dont on avait rempli le cercle correspondant. A ma droite, sur le pan de mur qui m'apparaissait le plus aisément, un petit garçon blond au torse nu tenait dans ses bras un lapin. Une femme immense était à quelques pas de lui.

Je m'applique à ce que la couleur, sans trop appuyer, et surtout sans déborder, occupe la totalité du blanc circonscrit. Je sens la présence des autres enfants penchés autour de moi, de Mademoiselle Virlapère sur ma droite, j'éprouve dans un halo de douceur la lumière de la pièce et le remue-ménage candide des petits, tandis que ce miracle menu, serré, délicieux, s'accomplit de ma main : le rond se remplit. Le plaisir tenu entre le pouce et l'index s'encercle sur lui-même. La beauté venue de là-haut, le tendre babil proche, la protection de la maîtresse, la douceur de vivre ici à cette frêle place avec mes Crayolor et mon petit cahier s'incluent dans un rond de couleur, s'y déposent et s'y gardent. J'approche, je pressens au point de la saisir presque, et à tout jamais, une bulle de perfection.

Être enfant, être assise à cette petite table, tracer des lignes et des courbes, remplir des ronds de couleur, c'était répéter, mais d'une façon magique, telle qu'il pouvait être désormais entendu, presque pensé, le bonheur indéterminé et païen dont l'enfance me comblait.

Avait surgi là un plaisir inquiet, ravi, et qui troublait d'autant plus qu'il n'avait pas de nom et qu'on ne l'avait pas attendu. C'est par surprise, par effraction, que j'en avais été saisie.

Ce plaisir à la fois excessif et insuffisant, car toujours le désir l'irrite, ce plaisir dont je ne sais encore le nom, je ne finirais pas de le guetter. Ni de vivre pour lui arracher son secret.

Ce plaisir, je l'ai vu miroiter dans les parcs à la française tout ciselés de lumière d'automne, sur les bords de la Seine aux montants des fenêtres des vieux immeubles, au jardin le soir quand s'incline le soleil, je l'ai effleuré sur les doigts des nouveau-nés, aux lèvres des premiers baisers, plus tard je l'ai senti monter auroral, irrésistible, de toute lecture enchantée. C'est un plaisir qui se touche comme de la soie entre le pouce et l'index, qui efface soudain les rides du visage où vient s'éjouer alors l'air immédiat du jour, un plaisir qui dénude le front, dessille le regard, allège la poitrine, transporte d'audacieuse innocence.

Instant béni où se convoite éperdument le supplément exquis, définitif, à la beauté déjà donnée : une trace fine, une écriture menue qui la cernerait toute et à tout jamais.

Te souviens-tu de ce que tu dis de ton plaisir à faire des herbiers : « Joindre à la vérité de la nature le charme de la miniature, le plaisir de l'imitation... »? Il m'est apparu en te lisant que c'est le plaisir-désir même qui porte à l'écriture. Il ne s'agit pas de créer, d'inventer, non, il s'agit seulement d'imiter, de répéter, en petit, en tout petit; que cela tienne dans un cahier. C'est une gourmandise de perfection.

Est-ce que les enfants qui m'entouraient alors connurent cette même ferveur, est-ce qu'ils sentirent comme moi qu'on pouvait donner un contour à la lumière, combien c'était délicieux et troublant? Oui, j'en suis presque certaine. Il me semble qu'il ne fallait, pour que le miracle advînt, que deux ou trois conditions simples qui pour la plupart d'entre nous étaient assurément réalisées. Il fallait qu'il y eût de l'espace, de la lumière. Il fallait avoir la chance d'être enfant en ce temps où les adultes pressés, friands, retrouvaient le goût de vivre. La guerre était finie. On était maigre, mal vêtu, mal chauffé, mais qu'importe, on était libre. On avait envie d'essayer encore une fois, une dernière fois, mais qui serait comme la première, d'être au monde. On voulait oublier ce qu'on avait souffert, ce qu'on avait fait, ce qu'on n'avait pas fait, on se tournait alors vers les petits, les tout neufs, les innocents, on les adorait, on les suppliait de réinventer le bonheur.

Sceaux, devenu depuis banlieue résidentielle, factice, ampoulée, exhibant avec toute l'arrogance des nouveaux riches ses larges vitrines, ses dorures, ses produits fins, sa rue piétonnière, vaste galerie marchande désenchantée, n'était alors qu'une petite ville de province. Charmes et chaînes de la province, on connaît. Mais Sceaux avait cet avantage sur toute autre petite ville de province : on pouvait, en un quart d'heure, vingt minutes de métro se retrouver au cœur de Paris. On était provincial à Sceaux mais on avait accès à tous les luxes de la capitale sans avoir à en subir les misères. On était enseignant, fonctionnaire, médecin, avocat; ou alors on était là depuis toujours – vieilles familles un peu défraîchies dont on ignorait les activités mais qui s'inscrivaient harmonieusement dans un paysage modeste, doux, qui semblait immuable. Sans doute y avait-il des richesses, mais elles étaient honteuses, catholiques. Elles se taisaient au cœur des anciennes demeures. Elles se laissaient deviner quand se découvraient un jour, une heure, à l'occasion d'une visite, des jardins de rêve, pleins de fleurs, de buissons secrets, d'oiseaux, mais aussi d'arbres séculaires, compliqués d'allées de gravier rose qu'ombraient parfois des arcades légères, enchantées aux abords de l'été de roses épanouies, d'aubépine et de seringa. Pourtant je ne me souviens pas avoir envié ces beaux jardins qui gardaient toujours pour moi quelque chose de la tristesse confinée et pesante des hauts murs qui les dissimulaient à la vue des passants. Notre jardin ne faisait pas tant de manières, mais il regorgeait de fruits et d'oiseaux. Notre maison était modeste et sans grâce particulière, mais je n'en imaginais pas d'autre. J'avais deux beaux grands frères qui me taquinaient sans me bousculer, de gentils parents qui aimaient les enfants et les livres, une petite sœur blanche et gracieuse comme une poupée de porcelaine, un voisinage plein de jeunes compagnons, de jardins ouverts, de maisons partagées; bref, j'étais heureuse.

Dès l'origine une liaison intime s'établit en moi entre le bonheur de l'enfance, dont les fresques m'avaient imposé une représentation précise – images, formes, couleurs –, et le geste de l'écriture.

Longtemps écrire, ce qui voulait dire dans l'enfance recopier ou écrire sous la dictée, se confondit avec la conscience du simple plaisir d'exister, là, dans l'enfance. Rien de plus, mais rien de moins non plus. Demandait-on quelqu'un pour venir écrire au tableau ou inscrire la leçon du lendemain sur le cahier de textes, j'étais toujours volontaire. Ce plaisir de l'écriture de copie, ou de pure transcription de ce qui a été dicté ou énoncé, ne m'a au fond jamais quittée. Combien de fois en enseignant ai-je éprouvé le besoin d'inscrire au tableau une courte phrase, un mot que je venais de prononcer ou que nous venions de lire dans un texte, en toutes lettres bien blanches et nettes sur le fond noir, non pas dans l'intérêt de mes élèves mais pour ma seule satisfaction. Et pourquoi cette manie de recopier sur des feuillets épars, dans des cahiers disparates, que je ne relirai jamais, tant et tant de fragments de mes lectures heureuses? Comme si cela ne pouvait s'entendre réellement, se connaître, se jouir qu'à condition d'être écrit, recopié de ma main dévotement fidèle.

Tu as aimé la musique, Jean-Jacques, comme peu d'hommes ont su l'aimer, au point d'apprendre seul à la déchiffrer, à la chanter, à la jouer, à en composer. Mais c'est finalement en copiant celle des autres « à tant la page » que tu as pu assurer ta modeste subsistance et celle de ta Thérèse jusqu'à la fin de tes jours. Tu dis que tu as toujours eu pour cette occupation un « goût décidé ». Je te crois bien! Répéter la petite musique que l'on suit de la tête d'une plume bien taillée, recopier en gestes menus, précis, les croches reliées d'un trait gracieux, les soupirs brefs ou qui s'attardent, les rondes rêveuses, les dièses emportés, les bémols attendris, les triolets dansants, refaire doucement, pas à pas, la musique d'un autre tandis que le jour coule au-dehors, que la page se noircit peu à peu et que le soir descend, ah oui! comme ce doit être bon et comme je te comprends de n'avoir pas cherché ailleurs d'autres ressources tant que tu pus, ta vie durant, te contenter de celle-ci!

Tu sais, je me suis parfois demandé si ce désir de faire un livre dans ton œuvre, un livre qui aurait su la révéler et la donner à lire de telle sorte qu'on ne pût jamais plus la négliger ou la trahir, ce désir aussi dévot qu'ambitieux ne venait pas recouvrir de sa prétention le désir fruste, inavouable, de te recopier. Comme si de te réécrire, en un tracé plus simple et plus appuyé peut-être, empêcherait que tes livres, ton encre, ta chair même ne s'oublient. Comme si on pouvait dans un rond au Crayolor attraper le bonheur de telle sorte qu'il ne s'oublie jamais.

Les lettres enchantées

Toi aussi, Jean-Jacques, tu fus un enfant comblé. Certains ont voulu penser et ont écrit qu'il t'avait fallu souffrir de l'absence de ta mère, morte de t'avoir donné le jour. Mais tu sais bien, et je le sais avec toi, que ce n'est pas vrai. Tu fus « enfant chéri » de tous, ton père, ta tante, ta mie, les parents, les amis, les voisins, et toi tu les aimais de même. Rien ne manqua à l'enfance où tu baignais. « Hors le temps que je passais à lire ou écrire auprès de mon père, et celui où ma mie me menait promener, j'étais toujours avec ma tante, à la voir broder, à l'entendre chanter, assis ou debout à côté d'elle, et j'étais content. » Oui, c'est cela, tu étais « content », au cœur de cette enfance sereine et close sur elle-même.

En elle cependant quelque chose était arrivé, quelque chose d'enchanté et de terrible aussi, auquel ta vie resterait à jamais enchaînée, malgré l'ampleur de ta malédiction : « Je hais tous les livres »; tu avais appris à lire avec ton père dans ces romans que ta mère avait laissés en s'en allant.

Mais permets-moi encore une fois de te recopier là où tant d'autres t'ont recopié avant moi, car nul ne peut éprouver jusqu'à son terme l'écho de la grâce qui se dit ici...

« J'ignore ce que je fis jusqu'à cinq ou six ans : je ne sais comment j'appris à lire : je ne me souviens que de mes premières lectures et de leur effet sur moi : c'est le temps

d'où je date sans interruption la conscience de moi-
même. Ma mère avait laissé des romans. Nous nous
mîmes à les lire après souper mon père et moi. Il n'était
question d'abord que de m'exercer à la lecture par des
livres amusants ; mais bientôt l'intérêt devint si vif que
nous lisions tour à tour sans relâche et passions les nuits à
cette occupation. Nous ne pouvions jamais quitter qu'à la
fin du volume. Quelquefois mon père, entendant le matin
les hirondelles, disait tout honteux : allons nous coucher ;
je suis plus enfant que toi. »

Tu ne riras pas toi, hein ? si je te dis qu'en te recopiant
en cet instant où s'entendent les premiers cris des hirondelles et, au bord du jour qui vient, le tendre aveu du
père, non, tu ne riras pas, je le sais, si je te dis que je
pleure...

On ne sait jamais bien pourquoi on pleure. C'est qu'on
a cédé à l'impuissance de dire. On coule dans les larmes
pour s'y laver du trop. Je pleure peut-être parce que c'était
trop beau, parce qu'il y avait du trop en ce trio tendu,
excessif : ton père revenu à l'enfance, toi qui sans le
soupçonner t'en écartes, et le livre, corps ouvert de ta
mère qui se donne à lire, interminablement. Vous ne
pouviez quitter qu'à la fin du volume. Mais voici que le
jour point et le livre n'est pas fini. Remettons à demain.
Mais demain il en sera de même. Jamais tu ne finiras de
lire (car il ne s'agit plus pour toi que de ça) le grand livre
de la Nature ; jamais tu ne finiras de le recopier. Peut-être
n'aurait-il pas fallu commencer. Peut-être aurait-il fallu
éviter cette naissance (que tu appelles la conscience de
toi-même), cet excès, cette jouissance exquise...

Ainsi tu écris dans l'*Émile* : « En ôtant tous les devoirs
des enfants, j'ôte les instruments de leur plus grande
misère, savoir les livres. La lecture est le fléau de
l'enfance. » Comme tu y vas... Le « fléau » ! Est-ce l'instrument qui fait voler le grain loin de sa tige, est-ce l'arme
terrible qui, à la volée encore, arrache les chairs ? N'importe, c'est celui qui fauche le blé de l'enfance, qui extirpe
sauvagement de la douceur de vivre le sang de la
conscience. Quand ils te lisent là ils pensent que tu perds

la tête, que tu ne sais plus ce que tu dis. Quoi? Éduquer un enfant sans lui apprendre à lire, en éloignant de lui tous les livres? Et c'est toi, toi le faiseur de livres, toi le lecteur insatiable, toi qui leur dois tout, ton savoir et ta renommée, qui oses ces lignes sacrilèges? Oui, c'est toi. Car c'est toi aussi qui dis, qui écris inlassablement ce que personne ne veut croire, que c'est par le livre, par la lecture et l'écriture que t'est venu le malheur, le plus grand malheur, la folie en détresse.

« A l'instant de cette lecture je vis un autre univers et je devins un autre homme. » Diderot t'exhorta à répondre à la question posée par l'académie de Dijon et qui t'avait tant bouleversé d'intuitions fulgurantes; tu te jetas dans l'écriture. « Dès cet instant je fus perdu. Tout le reste de ma vie et de mes malheurs fut l'effet inévitable de cet instant d'égarement. »

Je ne sais pas encore, Jean-Jacques, tout ce que tu veux dire. Mais je sais que ta folie ne vient que d'une trop grande sagesse, d'une conscience trop aiguë, trop pénétrante de cet exil auquel l'écriture nous condamne et dont on ne revient peut-être jamais, alors même que nous portons en toute écriture nouvelle le désir éperdu de revenir de cet exil.

La lecture, l'écriture nous sont venues en plus, sans que nous le demandions. Nous avons été pris. Toi par la lecture d'abord et moi par l'écriture (mais c'est tout un, car c'est par l'une que l'on se noiera en l'autre). Des adultes bienveillants avaient ouvert en nous d'une clé magique le désir d'un monde délectable que plus tard tu nommeras le pays des chimères. Pouvions-nous jeter la clé loin de nous? Non, il était déjà trop tard. Il est toujours trop tard. Les livres sont là d'avance qui nous attendent et l'écriture qui nous sollicite. Émile lira, il écrira. « Je suis presque sûr, écris-tu, qu'Émile saura parfaitement lire et écrire avant l'âge de dix ans. » Lui, c'est parce qu'il l'aura voulu et que nul ne peut s'opposer à l'ordre du désir. Mais nous, nous avons été ravis, captés lors de l'enfance sans même l'avoir voulu, sans concevoir bien sûr qu'il s'agissait d'un rapt. Et maintenant nous

errons sans répit, dans la fièvre ou l'exaltation, du livre à
l'écrit et de l'écrit au livre, hantés par le désir de revenir
là-bas au temps où nous étions chrysalide stupide, dans la
béate éternité. A la fin tante Suzon borderait en fredon-
nant près de la fenêtre entrouverte. Des enfants à moitié
nus courraient dans l'herbe bleue. Nous y serions, c'est
tout.

Le temps des livres clos

J'ai peu d'images de ce qui arriva par la suite. Je filais doux le coton de l'enfance. Il y eut une vieille maîtresse bonne comme une grand-mère, une autre aussi brutale dans ses affections et leurs revirements que dans ses punitions, puis une grande femme à la voix aiguë qui frappait son bureau de coups emphatiques et clamait de toute sa gorge théâtrale : « La paix, vous dis-je, la tranquillité, le silence! », formule inoubliable que nous singions entre nous pendant les récréations. Je l'avais d'ailleurs rapportée à mes frères qui l'avaient appréciée au point d'en faire eux-mêmes l'usage comique qui convenait. Sans doute est-ce par la fierté que j'en ressentais que la formule me resta en mémoire. Puis vint encore une maîtresse, la dernière du cycle primaire, âgée, colorée, excentrique, qui mimait drôlement les histoires que nous lisions ensemble.

Je crois que j'étais sage et appliquée. On me disait très bonne élève; ça me semblait tout naturel. Ma meilleure amie s'appelait Geneviève. Elle était douce et jolie à ravir. Et je n'avais pas d'ennemie. Je me souviens des petits cahiers à doubles lignes, propres à soutenir la régularité de notre écriture encore chancelante. Je les aimais plus encore vierges que remplis. Je ne les aimais pas, je les adorais. Si aujourd'hui j'en retrouvais un, lisse, intact, je crois bien que je défaillirais de nostalgie. Je me souviens aussi de nombreux livres de classe, de leurs couleurs, de leurs images, de leurs caractères. L'un, qui devait être de leçons de choses, me plut particulièrement; j'ai gardé le souvenir vivace de plusieurs de ses images. Une petite fille aux cheveux courts et aux grosses joues avait mal aux dents. Une mère accroupie lavait son enfant dans une bassine en zinc. Auprès d'un grand four des hommes en maillot de corps soufflaient dans de longues tiges pour faire des bouteilles. Mais j'ai tout oublié de la leçon accompagnant chacune des images. Je crois que je ne m'y intéressais guère.

Sur l'heure je n'attendais rien des livres; peut-être parce qu'ils constituaient le paysage le plus familier de mon enfance. Les adultes semblaient les apprécier d'autant plus qu'ils étaient sans images. Il y restaient de longues heures parfois, immobiles, appliqués – mystère dont mon esprit, par humilité, remettait à plus tard l'éclaircissement.

Je me souviens particulièrement de ma mère lisant au salon, assise dans le fauteuil près de la fenêtre. Je me souviens de son grand front penché, de ses longs doigts tournant les pages, du silence soyeux autour d'elle.

La plupart des livres se trouvaient dans la grande bibliothèque à portes grillagées du salon. Il y avait là aussi les cartons et les albums de photos que je connaissais par cœur. Des rayonnages entourant un divan bas portaient les livres reliés dont certains sous couverture de cuir. A part les hauts volumes du Larousse encyclopédique, on y trouvait les *Essais* de Montaigne, le théâtre de Victor Hugo, des volumes de Colette, de Mauriac, le théâtre d'Ibsen au complet, les *Pensées* de Pascal, les *Soliloques du pauvre* de Jean Richepin, les *Fables* de La Fontaine. Ces livres que je ne connaissais pas, je les aurais identifiés, j'en suis certaine, les yeux fermés, au contact, à l'odeur. Quand on faisait du feu dans la cheminée du salon, j'aimais m'allonger sur le divan. J'éprouvais la présence des livres. Je les caressais du bout des doigts. Ils veillaient sur moi. Ils m'attendaient. Il me semble maintenant que je goûtais l'enfance comme une sieste, me reposant d'avance à l'ombre des livres clos, soupçonnant vaguement qu'un jour viendrait où ils s'ouvriraient et que le feu prendrait.

J'ai bien eu des lectures enfantines mais les souvenirs qui m'en restent ne doivent rien aux récits proprement dits dont j'ai tout oublié. Je me souviens d'un petit livre qui racontait une histoire de Chinois. Je revois leurs faces jaunes, leurs yeux bridés et leur petit chapeau pointu. Cela se passe dans le jardin, il fait beau, je lis allongée sur une chaise longue devant la maison. Mais l'image n'est restée vive que parce qu'il m'est arrivé un malheur. Je mâche un chewing-gum le livre remonté devant le visage pour ne pas être vue de ma mère (le chewing-gum m'étant formellement défendu ainsi que les glaces des marchands ambulants), je l'étire entre mes doigts. Soudain il se colle sur une page et mes efforts pour le décoller ne font qu'accroître le désastre.

Je n'ai pas oublié les livres de la comtesse de Ségur, mais c'est à cause des illustrations; ni *Sans famille*. Le chien Capi, la mort de Vitalis, la vache de la mère Barberin. Ni les contes et légendes de la Grèce antique, de l'Égypte ancienne. Or ce sont toujours les illustrations qui tiennent mon souvenir. Le texte illustrait les images et non l'inverse; pour peu qu'il s'y rapportât il en avivait les couleurs, en assurait la prégnance merveilleuse. Mais à un livre je préférais généralement la rue, les voisins, la marelle et le ballon prisonnier.

Malgré une fréquentation si évaporée des livres, j'excellais en rédaction à condition pourtant que le sujet ne fût pas d'imagination. Si on disait : « Décrivez votre maison, racontez votre plus beau jour de vacances, faites le portrait de votre meilleure amie », je baignais dans une facilité telle que je ne voyais pas l'enjeu de l'exercice; il n'y avait au fond qu'à recopier. Mais si la consigne commençait par : « Imaginez... », je me sentais défaillir. Je savais d'avance que je ne verrais rien, que ma tête se remplirait de coton, ce serait le désastre et tous sauraient alors à quel point j'étais bête. Car je ne doutais pas alors que j'étais bête, stupide même. Je faisais illusion avec ce que je savais comme de naissance, sans avoir conscience de l'avoir appris, l'orthographe, le calcul, la grammaire; et si je pouvais raconter ce qui m'était arrivé ou décrire ce que je connaissais aussi rapidement qu'on parle, il ne me vint jamais à l'esprit de voir dans cette facilité le moindre signe d'intelligence.

L'intelligence se confondit pour moi avec une faculté créatrice ou d'invention. Il y fallait aussi de la fantaisie, de la malice, bref une sorte d'impertinence dont j'étais incapable. Imaginer une histoire qui n'était pas arrivée, décrire des êtres qu'on n'avait pas rencontrés, produire en dessin un motif décoratif sans recopier celui d'une toile cirée ou d'une boîte de bonbons, c'était ça être intelligent.

Les bonnes notes me laissaient indifférente; c'est intelligente que j'aurais voulu être. Je me souviens combien j'enviais une petite Noëlle aux yeux brillants, impulsive, rieuse. Ce n'était pas une bonne élève, rétive à l'orthographe, au calcul, et les maîtresses s'appliquaient sans succès à lui faire honte de ses cahiers tachés, de son écriture de souillon. Mais dans les rédactions d'imagination elle triomphait. C'était si bien qu'on lisait sa rédaction à haute voix devant la classe, comme une histoire qu'on aurait trouvée dans un livre. Péripéties, rebondissements inattendus, chute finale laissant rêveur, rien n'y manquait. J'étais subjuguée. Voilà comment se découvrait à moi l'intelligence. Une flamme dansante au-dessus de la terre. Un elfe en état d'apesanteur. L'intelligence éclatait à vue d'œil. Le nez ne pouvait être que fin et retroussé. Les yeux évoquaient ceux d'un chat. La bouche volait, faisait des pointes partout. L'intelligente brillait naturellement. Rien ne lui pesait, une mauvaise note ne lui causait aucun dépit, elle n'avait pas d'amie de cœur particulière, elle les avait toutes et aucune, elle ne s'attachait pas, elle n'avait ni bouderie ni rancune, elle dansait. Et c'est ainsi qu'elle franchirait tous les obstacles. Elle brillerait sur l'univers entier, elle ferait un jour l'admiration de tous. La gloire elle-même, elle saurait la moquer de son rire...

Je pense m'être ingéniée au cours des années à modifier ma représentation de l'intelligence pour y faire entrer certaines de mes qualités. L'image première demeure cependant, et je ne me crois qu'à moitié. Jamais je ne m'accorde l'esprit allègre et bondissant des vrais intelligents. Je suis bien trop attachée à la terre, enchaînée au réel; trop fidèle pour être libre.

A vrai dire c'est toi, Jean-Jacques, qui as su le mieux me consoler de la lenteur de mon esprit, de la pesanteur même de ma pensée. Chaque fois que je t'ai entendu évoquer ton incapacité à briller, « le peu d'éclat pour ne pas dire la bêtise » de tes entretiens, ou parler de toi comme d'un « écolier embarrassé du choix de ses termes et subjugué par la suffisance des gens qui en savent plus que lui », je me suis dit : tout n'est pas perdu, je me contenterai d'être de moitié aussi bête que celui-là...

Ce qui me tint lieu d'intelligence dans l'enfance fut ma capacité à jouir de ma « frêle existence ». Quand une plage de lumière, de douceur, de vacance s'étalait devant moi, je m'asseyais et je regardais. Le reste glissait tout seul et ne se pensait pas. Si j'avais souffert en ce temps-là, sûr, je m'en souviendrais.

Je me vois grandir sur les photos de classe avec toujours le même doux sourire un peu niais. Je reconnais toutes les petites filles autour de moi. Je me souviens de la robe que je portais, de celle-ci, de celle-là, il me semble que je les aimais toutes et m'aimais en chacune. J'étais installée dans l'enfance comme dans l'éternité. J'aimais le beau temps et j'aimais la pluie. Qu'est-ce que je n'aimais pas à part l'huile de foie de morue? J'ai beau chercher, je ne trouve rien. Ne sont restés que des souvenirs de réjouissance.

Ainsi je sais que j'étais fréquemment malade, retenue au lit plusieurs jours de suite par des angines douloureuses et qui me donnaient de fortes fièvres. Mais si je m'efforce à retrouver quelques traces en moi de ces souffrances, ce sont de nouveau des dragées de plaisir qui me rejoignent. Je me vois sortir du lit en titubant pour aller aux toilettes. Les cuisses brûlantes se raidissent au contact de la froide et blanche cuvette. Tout mon corps est secoué de grands coups de glace dans sa fournaise, je

claque des dents. Je ne saurais trouver ça réellement
pénible tant j'anticipe avidement l'instant qui va suivre.
Je retourne vite dans mon lit. Plus tard, le mot « dissipa-
tion » se chargera pour moi de ces moments extraordinaires où le feu et la glace s'affrontent en tempête, où l'un et
l'autre sont aimés, l'un par l'autre éprouvés dans leur
paroxysme et leur violence. Certes c'est un combat
harassant, mais quel combat! Fort, puissant, irrésistible
comme un fou rire. D'abord le froid triomphe, harcèle,
bombarde l'échine, déferle comme un forcené, mais peu à
peu les îlots de chaleur demeurés dans la tête qui cogne,
dans la poitrine, à l'intérieur des cuisses, vont se répandre
comme une lourde marée de sable. La fièvre s'élargit,
lourde et langoureuse, elle heurte les soldats en armes de
la glace, elle les repousse à la périphérie, les y maintient
vifs et dressés encore, jusqu'à ce que peu à peu ils cèdent,
se couchent le long de la peau attendant désormais que le
corps bouge pour en marquer le dessin au contact du drap
d'un fil de frisson. C'est le chaud qui a gagné. Je cède à
l'envoûtement retrouvé de la fièvre dans la passion de
suivre cette étrange révélation, cette connaissance obscure, confuse et néanmoins certaine, qu'elle seule peut
donner : il fait bon être malade.
    ... Regarde comme c'est drôle. Un instant j'ai cru en
écrivant « connaissance obscure, confuse et néanmoins
certaine » faire une trouvaille, bien modeste il est vrai.
N'empêche, j'étais contente. Me relisant j'y vois à l'évidence de quoi défaire sur-le-champ ma petite fierté. Il ne
s'agit là que d'une inversion pure et simple de cette
connaissance claire et distincte de Descartes requise pour
toute certitude. Je croyais inventer; encore une fois je ne
faisais que répéter. Descartes, que je me suis plu à
fréquenter un certain temps, m'a appris comment dire la
pensée sous son meilleur jour. Alors, voulant l'évoquer
dans son nocturne et fiévreux délire, j'ai recouru sans la
moindre fantaisie aux antonymes les plus proches. Je
reconnais dans mon écriture un tel attachement à tout ce
qui fut dit d'avance, une telle dépendance aux lectures
aimées, aux figures de style familières, aux questions, aux

manières, aux accents de tous ceux que j'ai lus, vus ou entendus avec émoi, qu'il serait vain de prétendre leur échapper. Il me faut consentir à cette bêtise congénitale de mon écriture. Je ne saurai jamais rien inventer. Seulement recopier, humble et appliquée, les traces laissées en moi par tout ce qui fut dit, écrit ailleurs et avant moi.

Ah! bien sûr, j'aurais tant aimé emporter l'admiration pour mes rédactions d'imagination, et le plaisir qu'on aurait pris à me lire aurait plu sur moi comme la rosée au printemps, mais j'ai appris à chérir mes pesanteurs et mes chaînes! Je ne dis rien sans doute autrement que toi. Qu'importe, pourvu que cela soit dit, encore et encore. Je suis contente d'être fidèle, de vivre dans une longue histoire d'écriture dont je sais éprouver à travers la répétition le dessin, les couleurs, le ton, la chair intime, et je cède sans honte au désir fou de la rendre sensible à d'autres, rafraîchie, renouvelée, active peut-être dans mon geste d'écriture. Ce n'est rien qu'un désir de transfert de grâce. Enfanter après avoir été enfantée. Donner à jouir ce qui m'a donné à jouir, à penser ce qui m'a donné à penser. Que se perpétue à travers moi le désir de donner à jouir et à penser! Quand l'écriture me met en famille d'humanité, la mort ne me fait plus peur.

Honte et Gloire

Je mentirais pourtant en disant n'avoir aucun souvenir malheureux de ma petite enfance; j'en ai bien un, un seul (j'exclus évidemment les chutes de vélo, le bris de ma poupée de porcelaine, la peur des Allemands concentrée sur leurs bottes, la terreur des avions militaires, probablement américains, passant très bas en rangs serrés au-dessus de la maison, le chagrin d'apprendre que ma petite sœur ne s'appelle pas Marlène comme je l'ai cru un moment mais Madeleine). Non, je parle d'un événement si noir qu'on aurait préféré être morte plutôt que ça, un petit événement de rien du tout, sans conséquences apparentes sur la suite de mon existence, mais qui a laissé en moi une sorte de béance hébétée, amère, que rien jamais ne pourra combler, je ne le sais que trop. C'est en elle toujours que vont errer mes rêves quand ils sont mauvais. Je vais te raconter ce qui s'est passé ce jour-là dans ma septième année, classe de dixième, maîtresse Madame Binet. C'est l'épisode de la honte.

Mais auparavant, pour ne pas trop te désoler de ma petite histoire, il faut que tu saches que l'épisode de la honte a trouvé son pendant lumineux, trois ans plus tard dans ma dixième année, classe de septième (tu vois comme tout cela s'inverse?), maîtresse Madame Fabre. Cet épisode-là, je crois bien qu'il me faudra l'appeler l'épisode de la gloire. Non, je ne dois pas te raconter l'un sans l'autre. Si l'un me fait rentrer sous terre, l'autre me porte au soleil. Si l'un me condamne, l'autre me bénit. Si l'un me fait mourir (ne dit-on pas mourir de honte?) l'autre m'approuve tout entière de vivre.

Voici donc l'épisode de la honte. Nous faisons une dictée préparée à la maison dans notre livre. J'ai dû douter de l'orthographe d'un mot. Je suis certaine d'avoir craint la faute plus que le point retiré à la note. Toujours est-il que je me suis baissée, que j'ai tenté d'ouvrir le livre resté dans le cartable à mes pieds (je me souviens de la difficulté à tourner les pages à la recherche de la bonne), et c'est alors que la maîtresse m'a surprise. Elle a bondi vers moi. Mon cœur s'expulse de ma poitrine. Elle saisit mon cahier, le barre de deux grands traits rouges crucifiant les deux pages ouvertes et trace en larges lettres, rouges toujours, les mots suivants : JE SUIS UNE TRICHEUSE. Puis elle prend le cahier, l'attache à mon dos et m'envoie dehors. Quand vient la récréation, elle me somme de faire le tour de la cour sans m'arrêter et autant de temps que durera la récréation, afin que soit exhibé aux yeux de tous, maîtresses et enfants confondus, le martyre de mon infamie.

Ah oui! ce fut une terrible souffrance, et qui dut se marquer sur mon visage ou dans ma posture de si affreuse façon que tous les regards se détournèrent de moi : malgré l'insistance avec laquelle la maîtresse me désignait à ses collègues, je ne me souviens pas avoir entendu le moindre rire, le moindre quolibet. Je me souviens plutôt d'un atroce silence. Abandonnée de tous dans une solitude plus sombre que la mort, je crus mon destin à jamais foudroyé là. Je crus au coup irrémédiable de la fatalité.

Ce jour-là mon ciel d'enfance s'obscurcit d'un savoir maléfique : du regard d'autrui dépend mon salut ou ma perte. Autrui est ma loi. La loi a son bourreau servile et apeuré accroché à jamais à ma chair : c'est la honte.

... Un ruban, tu te souviens? Un ruban déjà vieux couleur rose et argent... Sans honte tu l'avais dérobé et sans honte tu l'aurais offert à Marion qui t'aurait peut-être donné un baiser; et jamais il n'y aurait eu de crime... Mais voilà que pris, accusé devant tous, horrifié de honte, tu précipites l'accusation sur l'innocente Marion.

« Je craignais peu la punition, je ne craignais que la
honte ; mais je la craignais plus que la mort, plus que le
crime, plus que tout au monde. J'aurais voulu m'enfoncer, m'étouffer dans le centre de la terre : l'invincible
honte l'emporta sur tout, la honte seule fit mon impuden-
ce, et plus je devenais criminel, plus l'effroi d'en convenir
me rendait intrépide. Je ne voyais que l'horreur d'être
reconnu, déclaré publiquement moi présent, voleur, menteur, calomniateur. Un trouble universel m'ôtait tout
autre sentiment. »

Le châtiment qui me fut infligé n'était pas seulement
brutal, il allait à l'inverse de ce qu'il aurait fallu. Si la
pauvre honte d'une faute d'orthographe m'avait rendue
coupable, la honte dans laquelle on m'abîmait ne me
disposait-elle pas à des fautes autrement graves ? Si j'eus
du remords ce ne put être d'avoir triché mais d'avoir bien
mal triché et ainsi d'avoir été prise. Cruelle sanction qui
tend à m'initier par la terreur de la honte non à la vérité
mais au mensonge et à la ruse.

Si le plus grand malheur, ainsi que je l'avais souffert de
tout mon être, était de voir chacun se détourner de soi
comme d'une hideuse vermine, alors tout ne devait-il pas
être fait pour ne jamais se montrer tel ? Tout. Tricher,
mentir, calomnier, quitte à endurer plus tard les mille
morts de la culpabilité, tout plutôt que d'être abandonné
ainsi, comme à jamais. Plutôt le crime que l'enfer de
l'indignité.

Voilà quelle fut la leçon dispensée là, et pas une autre.
Celle que j'entendis et me répétai d'un cœur glacé de
rage.

Heureusement je ne la retins qu'à demi.

C'est que je voulais être aimée. Moi. Et pas une
autre.

Que m'importait d'être aimée si ce n'était avec mes
misères, mes faiblesses, si ce n'était pas toute ?

Auprès d'un puits tu montras un jour ton derrière aux
filles venues puiser de l'eau. Les unes détournèrent les
yeux, certaines rirent et les autres se fâchèrent. Sans doute

si j'avais été l'une d'elles me serais-je sauvée. Mais maintenant que je suis si loin et que je n'ai plus peur, j'entends ton cœur qui implore.

Prenez-moi, aimez-moi; aussi avec ma honte.

La gloire, elle, vient toujours en deux temps, ou plutôt s'annonce par un signe merveilleux qui est comme la préfiguration de la gloire, comme la manifestation incroyable de sa possibilité et le désir éperdu de sa révélation aboutie. Comme l'étoile annonçant le Messie. Mage ou berger, quiconque saisit le signe, l'agrippant de tout son esprit, tendu, exclusif, et se met en route sera bientôt récompensé de son effort et connaîtra l'épiphanie.

Souviens-toi du jour d'avant. La gracieuse Mademoiselle de Breil qui jamais encore ne t'avait distingué des autres domestiques, pour une réponse particulièrement fine et bien tournée de toi, l'obscur petit valet, à son frère, avait jeté – oh! miracle! – les yeux sur toi, Jean-Jacques. C'est le premier coup d'œil qui t'a saisi, percé, « transporté ». Et l'ambition d'être encore une fois distingué, encore une fois toi, unique, brillant au-dessus des maîtres, glorifié, aimé qui sait, t'empoigna comme un délire. Dès le lendemain l'occasion se présenta.

Tel fiert qui ne tue pas. Toi seul, le laquais de seize ans, sauras entendre comme il convient la devise de la maison de Solar figurant sur une tapisserie. Solar. Tel frappe qui ne tue pas. Solar, tel le soleil. Tel un regard de jeune fille. Telle la gloire, et comme une fois pour toutes, sur le petit Jean-Jacques jusqu'alors maintenu à l'ombre des grands. Eux n'avaient pas bien saisi le sens de ce « fiert ». Toi si, qui te taisais. Tu avais souri, tes joues avaient dû rosir, tes lèvres s'entrouvrir, comme l'aurore de ta fierté à savoir... On t'invita à te prononcer. Et c'est toi qui dis ce qu'il faut comprendre, toi, Jean-Jacques... Alors est revenu sur toi le regard tant désiré, et dans le ciel ouvert par ce regard *on* entendit, elle, toi, ainsi que tous ceux qui étaient assemblés, ta célébration; et toute la table s'empressa de faire chorus.

J'ai le cœur qui bat comme si j'y étais. Point n'est besoin d'être Alexandre ou Napoléon pour connaître la gloire. Dans l'instant de totale splendeur, d'éclat ultime où elle se donne, la gloire est toujours la gloire, entière et indépassable. La réussite, la réputation, la célébrité même pourront bien venir à sa traîne; pour celui qui, esclave ou empereur, a connu son épiphanie, elles n'en seront jamais que l'écho assourdi et désenchanté, la fade singerie.

Tu vas voir que ma petite histoire de gloire est encore plus ténue que la tienne. Et la prouesse par laquelle j'y accédai est si dérisoire qu'il fallait que j'aie de moi une conscience bien terne pour lui trouver un tel éclat.

Un jour, au cours d'une leçon de vocabulaire sans doute, il nous fut demandé de trouver des mots de la même famille que l'adjectif « clair ». Éclairer, éclairage... Et encore? Éclaircir, éclaircissement... Et encore? La série semblait être épuisée. La maîtresse attendait, et son index tendu vers nous allait quérir celle de qui viendrait la réponse définitive. C'était comme un jeu. Et je voulais gagner. Je me concentrai. Soudain un mot jaillit de moi tandis que je dressais la main : éclair! Mais oui, dit la maîtresse en souriant, c'est très bien, mais j'en veux encore un, un seul... J'étais déjà tout excitée de fierté. Ah! il fallait que ce soit moi qui trouve le dernier mot. Je ne pouvais rester sur cet éclair. Rien ne venait. Le silence menaçant – car une autre que moi pouvait s'y avancer – se prolongeait. Je pressai tant mon désir qu'il m'accorda son secret, son jus de lumière. Je dus rougir sous le coup de l'émotion et c'est d'une voix tremblante que je livrai le mot « clarté ». Mais oui, voilà, dit la maîtresse toute contente, dis-le bien fort. Clarté, répétai-je. Il me sembla alors que tous les regards s'étaient tournés vers moi, que j'étais portée, haussée dans une admiration fervente et muette, qu'un silence religieux aussi vaste que l'océan accompagna ma brève mais divine assomption. Et on en resta là.

J'avais dix ans. J'avais trouvé le mot « clarté ». Et c'est par ce petit mot de rien du tout que j'entrai un instant dans une gloire nue et définitive que rien jamais n'a pu ni ne pourra égaler.

Sans doute, d'ailleurs, est-ce par la gloire dont il se couvrit que « clarté » devint pour moi un mot enchanté, qui dit avec une si délicate justesse ce qu'il a à dire que l'aveugle doit pouvoir connaître la clarté rien qu'en écoutant le mot qui la désigne. A peine commencé dans une boucle d'ombre qu'il cède humblement au jour qui le prolonge. A peine ma bouche obscure l'aborde-t-il entre la langue et le palais, que déjà il me dépose au bord de la lumière. Mais peut-être ne l'aurais-je jamais entendu si, alors qu'on l'attendait, je n'avais été, moi, grâce à lui, entendue, approuvée et plus encore portée centralement dans ce bain de soleil liquide, exaltée, exhaussée...

J'appris alors qu'un mot, un seul, pouvait répandre sur vous ce miel adorable, ce nectar, cette ambroisie.

Bien sûr je pourrais te raconter d'autres épisodes heureux de ma vie enfantine, mais je n'en trouve aucun qui ait cette sûreté, cet éclat inaltérable. Aucun ne me semble avoir aussi certainement engagé mon désir de porter les mots en avant de moi.

Serait-ce maintenant l'occasion de te dire tout ce qui m'unit au prénom Claire, tenant de si près à clarté? Si je commençais je ne finirais pas... Sache seulement qu'en toute fiction qu'il me prend d'écrire je veux une Claire. Une toute claire par qui s'ouvrirait la voie de la clarté. Claire, la transparente. Non pas la Julie de ta *Nouvelle Héloïse*, la trop vertueuse, trop fille d'abord, trop mère ensuite, mais l'autre, l'adorable Claire, celle dont Saint-Preux dit qu'il « l'aime trop pour l'épouser », celle que tu aurais tant voulu pouvoir aimer.

De cela je te reparlerai plus tard.

Pour l'instant, attarde-toi un peu avec moi sur la trouvaille de mes dix ans. Je n'en ferai pas de meilleure. Peut-être n'en ferai-je plus du tout. C'est la fin de l'enfance. Dans quelques mois je passerai du côté des grandes, en classe de sixième. Désormais je n'aurai plus à découvrir le mot clarté. Peut-être à la fin l'aurai-je tant usé qu'il n'en restera rien...

La clarté voilée

L'examen d'entrée en sixième se déroula au lycée même en juin. J'abordai en octobre le cycle secondaire. Je quittai les salles du rez-de-chaussée pour les étages supérieurs auxquels jamais encore je n'avais eu accès.

Il y eut des changements notables. Je me trouvai soudain anonyme, égarée dans une foule de nouveaux visages. Aucune de mes anciennes amies de cœur ne se trouva dans ma classe. Je fus déroutée par le nombre de professeurs dont nous dépendions, la rigidité des horaires, la quantité de matières enseignées.

Je pris cependant un vif plaisir à la confection – indispensable – d'un emploi du temps. Ce fut un tableau sur une feuille quadrillée où les jours se distribuaient verticalement et les heures horizontalement. Chaque heure d'enseignement eut sa case et sa couleur correspondant à la matière du cours. Je me réjouis également du grand nombre de cahiers exigés (au moins un par matière). Je me promettais d'en faire des merveilles. Mais je connus là mon premier échec. Certaines réussissaient à garder leurs cahiers aussi beaux qu'au premier jour et plus encore au fur et à mesure qu'ils se remplissaient d'une écriture soignée et régulière, agrémentée de jolies images, soulignée à la règle de vert ou de rouge. J'enviais avec passion ces bijoux de cahiers. J'avais beau faire, je me découvrais impuissante à en tenir de tels. Les miens se cornaient, la couverture se détachait, et la patience de collecter les illustrations qui auraient pu les embellir finissait toujours par me faire défaut. Mais devait-on recourir à un cahier neuf? Aussitôt l'espoir me reprenait; celui-ci peut-être serait de toute beauté. Je m'exhortais aux soins les plus vigilants, à l'application la plus scrupuleuse. Peine perdue. A la première rature, à la première flétrissure je me décourageais. A quoi bon m'acharner si la perfection m'était refusée? D'autres élèves, à l'inverse, présentaient des cahiers réellement sales, défaits, raturés, que les professeurs qualifiaient de «vrais torchons». Mais c'était souvent ceux des élèves dont j'aimais la vivacité d'esprit, les grâces impertinentes, bref, selon ma représentation familière, ceux des plus intelligentes. Mes cahiers ne pouvaient prétendre non plus à la prestigieuse désinvolture des leurs. C'étaient des cahiers qui ne se faisaient pas remarquer, dont il n'y avait rien à dire. Des cahiers passables, qui me confortaient, malgré des résultats «toujours satisfaisants» comme on disait dans les livrets scolaires, dans le sentiment vaguement triste de ma médiocrité.

Ces débuts de ma scolarité secondaire me laissent un souvenir fade, terni d'angoisse diffuse. Les choses ne m'apparaissaient plus dans la même évidence. Les êtres avaient cessé de se montrer uniformément bienveillants. On s'était mis brusquement à nous vouvoyer. Certains professeurs nous appelaient mademoiselle. D'autres allaient jusqu'à nous interpeller par notre seul nom de famille. Leclerc! Au tableau! J'en étais meurtrie comme d'une insulte. Je me fermais. Pour la première fois de ma vie je ressentais de l'hostilité envers certains adultes. Je commençais aussi à observer avec une impression d'étrangeté, de malaise, les filles autour de moi. Certaines portaient des noms bizarres, des prénoms insolites. D'où venaient-elles? Que pouvait être l'histoire de leur vie, celle de leur famille? D'autres différences encore m'apparaissaient, et bien plus troublantes que celles de la couleur des cheveux ou des traits du visage qui autrefois suffisaient à distinguer les petites filles les unes des autres. Les différences de condition étaient devenues visibles, irrécu-

sables. Certaines, par leur mise modeste (toujours repéra-
ble malgré la blouse uniforme obligatoire), leur élocution
souvent embarrassée, aux inflexions populaires, aux tour-
nures jugées incorrectes, du genre « j'ai été au coiffeur »,
étaient vite cataloguées comme « filles d'ouvriers ». Cons-
ciencieuses, appliquées, elles s'asseyaient souvent aux
premiers rangs de la classe. Elles se liaient entre elles et
évitaient de se mêler aux autres. Je souffrais du mépris
qu'on avait pour elles, j'étais blessée par les rires, les
sarcasmes, les petites perfidies dont elles étaient parfois
l'objet, mais je me taisais. Je sentais que j'aurais dû
prendre leur défense, aller vers elles. Mais je ne le pouvais
pas, je ne le voulais pas non plus. Loin de m'approcher je
m'éloignais d'elles, je les fuyais des yeux. Je ne valais
guère mieux que celles qui les moquaient. La honte que
j'en ressentais ne me servait de rien, qu'à accroître mon
malaise.

Dans les quelques livres enfantins que j'avais pu lire
mais aussi à travers tout ce qui pouvait se dire chez moi,
j'avais été comme il se doit informée de l'injustice, de
l'inégalité des conditions. Mais ce que je ne savais pas, ce
qu'on n'avait jamais osé me dire, c'est que sur les pauvres
s'accumulaient toutes les disgrâces. Non seulement les
« filles d'ouvriers » (rares d'ailleurs et pas franchement
misérables) portaient des vêtements ingrats, ravaudés,
trop longs, trop courts, mais elles parlaient mal, faisaient
plus de fautes d'orthographe que les autres, n'étaient ni
roses, ni légères, ni jolies, devaient s'accrocher pour se
maintenir à cette triste et « juste moyenne » qu'elles
franchissaient rarement. Et l'on disait en secouant la
main : oh! celles-là, je peux pas les sentir! Le mot était
adéquat. Ne flairait-on pas sur elles les odeurs rebutantes
et tenaces de la pauvreté, les frites, la sueur, l'oignon, le
renfermé... Or non seulement le sort les avait cruellement
disgraciées, mais il leur fallait encore subir les ironies, les
vexations des gracieuses. Comme si leur infortune, loin
d'engager à la compassion, devait se payer d'un surcroît
d'adversité. Le monde s'assombrissait pour moi d'une
misère dont on ne m'avait jamais parlé ou que je n'avais

jamais perçue auparavant. Cette misère m'atteignait, me chargeait de vaine honte. Car plus j'étais sensible au mal, plus je me sentais lâche devant lui.

Une dernière différence se découvrit à moi au cours d'un épisode d'apparence anodine, mais qui me troubla si profondément que j'en ai gardé jusqu'à ce jour un souvenir des plus vifs, des plus mordants.

J'étais assise au milieu de la classe. J'observais deux nouvelles, au premier rang, légèrement sur ma droite, qui ne se quittaient pas. Elles se tenaient toujours côte à côte, déambulaient dans la cour, bavardes, complices, sans s'occuper des autres, et le soir repartaient ensemble comme elles étaient venues. L'une était brune, sage, le visage intense, les yeux noirs, et s'appelait Denise Blumenfeld. L'autre, toute dorée, bouclée, fofolle, embarrassée de son grand corps, plus rieuse que la première, s'appelait Annette Daniel. Elles me plaisaient. Je confiai à ma voisine (qui était-ce? Ça, je ne sais plus) que j'aimerais les connaître davantage, ces deux-là du premier rang. Elle se pencha vers moi. « Elles sont juives », me souffla-t-elle à voix basse.

Il n'y eut rien d'autre que ce « elles sont juives ». Je ne savais pas ce que c'était que juif. Mais j'entendis très bien que c'était mauvais. Au lieu d'interroger je me tus comme si j'avais su, comme s'il fallait savoir. Il avait suffi de ces trois pauvres mots pour obscurcir d'un coup l'image lumineuse d'Annette et de Denise, pour répandre sur l'innocent désir que j'avais d'elles une sale poisse de dégoût qui le pétrifia. Rien que ce « elles sont juives », et voilà qu'elles avaient perdu soudain leur évidence, qu'elles s'étaient fanées, qu'elles étaient passées très loin de moi dans un monde hypocrite et malsain dont nous devions absolument nous tenir à l'écart. Pourquoi? Sans doute était-ce innommable. Je m'abîmai dans une répulsion sans visage et qui couvrait tout. Je m'écartai de ma voisine de qui venait le saccage. Elle aussi me répugnait sans que je pusse là non plus y voir clair. Je me retrouvai seule, amère, dégoûtée de toutes, mais aussi de moi.

L'événement continua à me tourmenter. Je décidai de

m'en ouvrir à ma mère. J'attendis d'être seule avec elle et
je l'interrogeai sur les juifs. Ce qu'ils avaient de spécial.
Pourquoi on ne les aimait pas. Je ne saurais dire le
contenu de sa réponse. Mais je sais que de l'air pur arriva
soudain en grandes brassées d'amour. Comme si on avait
ouvert toutes grandes les fenêtres, qu'on avait secoué de
toute sa belle vigueur les tapis, les couvertures, les
édredons, qu'on avait vu s'échapper au-dehors les pous-
sières et les salissures, tous les miasmes du dedans,
comme si on chassait d'un coup le malheur et la méchanceté. Je compris que le seul tort des juifs était d'avoir subi
de terribles malheurs. Elle me parla de notre médecin de
famille, le docteur Hechter que nous aimions beaucoup,
de la perte des siens dans les camps de déportation nazis.
Elle me demanda comment était Denise, comment
Annette. Et tandis que je parlais je sentais qu'elles me
revenaient, proches, charmantes, intactes. Elle m'encou-
ragea à les approcher, à tenter de gagner leur sympathie.
Mais il me semble qu'en cet instant je ne pensais plus à
Denise et Annette. C'est ma mère qui me subjuguait. Je
sentais que je l'adorais. Comme si elle était capable, elle
seule, de réparer toutes les injustices, d'effacer les misères,
de purifier ce qui avait été souillé. Sa puissance me
paraissait infinie.

Au souvenir de cet entretien j'associe une image d'elle,
précise, inoubliable, en un autre instant où elle arracha de
moi ce même élan d'adoration. C'était peu de temps
après. Je revins un soir à la maison en compagnie de ma
toute fraîche et nouvelle amie qui s'appelait Jacqueline.
Ma mère nous vit venir. Le soir tombait. Elle écarta le
rideau de la fenêtre du salon, nous fit un petit signe de la
main et nous sourit tandis que nous poussions la grille du
jardin. Comme elle est douce, me dit Jacqueline qui ne
l'avait encore jamais vue... En effet, je n'imaginais pas
que quiconque pût jamais rayonner autant qu'elle.

Mais sans doute était-elle déjà malade. Dans ces vagues
d'adoration qui brusquement m'emportaient vers elle il y
avait quelque chose d'excessif, d'inquiet. C'en était fini de
la confiance béate de l'enfance. Non décidément, rien

n'était plus, ne serait jamais plus comme avant. La cruauté et l'injustice guettaient dans l'ombre. Les hommes pouvaient, à ce qu'on disait, tuer d'autres hommes, arracher les enfants de leurs mères. Désormais tout éclat de bonheur serrerait aussi le cœur d'une sourde menace. L'amour brûlait maintenant d'une ferveur accrue mais comme désespérée.

Grandir

« Chaque pas que je faisais dans le monde m'a éloigné de l'innocence et du bonheur. »

Alors tu as pris ton bâton d'écriture et tu t'es mis en route, acharné à remonter le courant du désastre, vers la source de la lumière, rêvant de la saisir, creusant pour elle le séjour souverain d'un livre, imaginant qu'elle y serait trop brûlante et trop forte pour y tenir; qu'il lui faudrait déborder et se répandre sur le monde coupable et malheureux qui lui aussi, sans le savoir, criait sa soif...

Oui, tu as cru, Jean-Jacques, ne le nie pas, que l'écriture avait ce pouvoir.

D'abord il t'a fallu comprendre comment pas à pas s'était perdue l'innocence des hommes tandis que les liens de la dépendance, de la servitude et du mensonge les opprimaient toujours davantage. Et te voilà écrivant tes *Discours* sur les sciences et les arts et sur l'origine de l'inégalité. Alors de nouveau la lumière s'entrevoit, se saisit presque. Tu t'accordes une immense rêverie pour le séjour imaginaire de l'innocence et du bonheur. Ainsi s'écrit *la Nouvelle Héloïse*. Passionnément tu y respires l'aurore. Tes lecteurs y sont conviés. Ils s'y pressent. Tu les vois fondre de douceur, pleurer d'émotion, tout baignés de candeur, d'évidence retrouvées. La preuve qu'ils ne demandent que ça, la preuve qu'ils sont bons « au fond », la preuve que tout n'est peut-être pas perdu, qu'on pourrait essayer de recommencer... Alors tu leur

donnes le *Contrat social.* Tu leur découvres les fondations
de l'accord entre les hommes. Qu'ils s'arrêtent longuement avec toi à les contempler dans leur belle nudité, leur
sûreté inébranlable. Que chacun sache que c'est sur elles
qu'il faudra bâtir le nouveau monde. Mais quel homme y
mettrons-nous? Un homme très nouveau, un homme
originel, la plante naturelle-homme rendue à sa libre
croissance, à son merveilleux épanouissement, à sa puissance généreuse, et ce sera l'*Émile.* A la fin, à la fin...
Avoue, Jean-Jacques, jusqu'où va ton délire. A la fin, tous
seraient rendus à l'évidence, les penseurs et les politiques,
les législateurs et les prêtres, les maîtres et les censeurs, les
pères, les mères, tous sauraient enfin et se mettraient à
l'ouvrage. La terre entière se peuplerait de charmants
Émile, d'adorables Sophie...
     Et toi, alors, que ferais-tu?
     « Sur le penchant de quelque agréable colline bien
ombragée, j'aurais une petite maison rustique, une maison blanche avec des contrevents verts... »
     Ah! la divine humilité au cœur de ta petite maison! Tu
fermerais tes yeux pudiques sur l'expansion de ta gloire
éternelle et tu t'endormirais dans l'ultime béatitude... Tu
ris maintenant, et tu avoues. Nos rêves sont encore bien
plus fous qu'on ne croit, et illimité notre désir de gloire...
Notre écriture aurait arraché les ferments du malheur,
aurait réparé le désastre, aurait répandu sur le monde le
secret de l'innocence retrouvée, du bonheur toujours
reconductible. Et de cela enfin nous serions éternellement
loués...
     « Il est donc certain, ajoutes-tu en soupirant, que c'est
moins en nous-mêmes que dans l'opinion d'autrui que
nous cherchons notre propre félicité. »
     Mais depuis quand? Tu fais toujours comme si le poids
du regard d'autrui était venu plus tard, comme si notre
vie, ou celle de l'humanité, avait eu son âge d'or, son
indépendance, sa vigueur propre. Comme si l'enfant
savait jouir de lui indépendamment de l'intérêt ou de
l'indifférence, de l'amour ou de la crainte, de l'attirance
ou de la répulsion qui se disent pour lui, devant lui, en

lui. Tu te représentes l'enfance de l'individu, ou celle de
l'espèce, comme celle d'un être se suffisant à lui-même
pour ce qui est de la jouissance d'exister. Tu crois que les
autres sont venus progressivement nous cerner, nous
étouffer, nous aliéner dans leurs jugements, nous précipi-
tant dans la honte avec leur mépris, nous exaltant dans la
gloire avec leurs louanges, nous soumettant à la loi fatale
de toute vie en société : la loi d'autrui se substituant à la
nôtre.

C'est vrai que tu étais heureux, là-bas, dans l'enfance, et
innocent. Mais je crois que ton bonheur n'était pas le tien,
c'était celui de ton père ravi de faire l'enfant avec toi dans
un livre, c'était celui de tante Suzon qui parfois quittait
des yeux sa broderie pour te sourire, interrompait sa
chanson pour te dire un mot tendre, te faire une caresse,
c'était celui des voisins, des amis, charmés de ta
mignonne figure. Ton innocence était celle, rare, exquise,
de l'adulte, soudain gracié de ses misères, de ses péchés,
quand il se penche sur l'enfant.

Quand j'étais enfant, c'est la terre, le soleil, le jour, c'est
ma mère, c'est mon père qui jouissaient en moi. Ce n'est
pas moi qui parlais, c'est la parole des autres qui venait
résonner dans ma bouche, cogner, rouler, claquer et
s'éprouver en moi. Ne l'ai-je pas compris déjà pour
l'écriture ? C'est ce qui est écrit qui passe par ma main et
s'écrit à travers elle.

Ce n'est pas moi qui voyais les jardins, c'est les jardins
qui me voyaient et riaient en moi.

Autrui occupe avant nous, Jean-Jacques, le terrain de
notre âme. Et c'est ainsi qu'il y a des enfants malheureux
avant d'avoir souffert et coupables avant d'avoir péché.

Grandir ce n'est pas rejoindre autrui mais en être
progressivement écarté. Avant ils étaient tout miel et tout
sourire en nous contemplant, mais après... Ce n'est pas
notre bonheur, notre innocence que nous perdons, mais
les leurs dont ils enchantaient pour nous le ciel et la terre
en nous soulevant dans leurs bras. Mais voilà qu'ils nous
déposent sur le sol, s'écartent de nous, laissant apparaître
en se retirant le monde de leurs plaies. Et ce que nous

cherchons désormais éperdument n'est pas tant notre innocence, notre bonheur, que le retour absolu de leur bienveillance et la lumière dont elle baignait notre séjour.

Écoute, Jean-Jacques, ce que disait Gilgamesh, le plus ancien héros, le plus ardent, le plus intrépide, celui qui alla jusqu'à braver la mort :

« Je vis, disait Gilgamesh, pour émerveiller ma mère comme lorsqu'elle me tenait sur ses genoux. »

La mère retirée

Il est trop tard. Les portes de Genève se referment devant toi. Il te faudra désormais aller seul ton chemin...

Pour moi, il est impossible de me souvenir comment ça a commencé. Elle a dû avoir mal au ventre, et encore, et de nouveau, malgré les médicaments. Le docteur Hechter l'a envoyée voir un autre médecin qui lui-même l'a adressée à un troisième. Elle ne guérissait pas. On nous l'a arrachée pour une longue hospitalisation. Il y eut des opérations. Un jour enfin mon père partit la chercher et elle revint à la maison. Maman revient! Maman revient! Nous l'attendons dans le salon. Mon père pousse la grille, et quand je la vois, elle, au seuil du jardin, je défaille d'amour. Elle vient s'asseoir dans son fauteuil de prédilection près de la fenêtre. Elle a pris Madeleine dans ses bras et moi je suis à ses pieds. La tête sur ses genoux. Je pleure. Je crois que la vie recommence. Mais non. Peu de temps après elle se couche de nouveau et ne se relève plus. On dit qu'elle doit reprendre des forces. Mais elle ne mange pas. Elle dort à peine. Les livres peu à peu lui tombent des mains. Elle souffre, je le vois bien, elle souffre. Et moi je ne vis plus. Aucun lieu ne me convient. Je ne suis bien ni chez moi, ni chez les autres, ni dans la rue, ni au jardin. Partout je piétine. Au lycée, j'étouffe dans l'attente de mon retour auprès d'elle. Mais dans sa chambre où je me précipite dès mon arrivée à la maison, c'est une oppression pire encore qui m'étreint. J'attends, j'attends, je ne sais plus ce que j'attends.

Un soir, mon père me prend sur ses genoux. Il pleure. Il dit qu'il va falloir que je sois très courageuse, que je dois me préparer à... A quoi? Il le dit. Je sors de ses bras, je crie, je dis que ça n'est pas vrai, je dis que c'est impossible, qu'il y a sûrement encore quelque chose à faire. Après j'implore le ciel, je me gorge de tout ce que je sais de cette religion qui ne m'a jamais servi à rien, je tonitrue devant Dieu pour bien me faire entendre de lui. Je lui exhibe l'ampleur de ma foi. Une vieille amie de ma mère, une bigote que ma mémoire déteste, m'avait traînée à Lourdes. J'en avais rapporté une petite bouteille d'eau dite miraculeuse. Je vais voir ma mère, je lui demande de boire cette eau infâme, probablement croupie. Je n'aime pas l'air doux et attendri avec lequel elle accède sans enthousiasme à ma demande. A vrai dire, quelle torture, je doute moi aussi du pouvoir de l'eau. Il faut que je croie pour que ça marche. Mais faire tout à fait comme si on croyait, est-ce que ce n'est pas ça avoir la foi? Je supplie Dieu de faire comme s'il suffisait de faire semblant pour avoir la foi. Si j'ai la foi, elle ne meurt pas. Une semaine plus tard elle meurt. J'ai douze ans. Mon enfance meurt avec elle.

Trois jours après, c'est l'enterrement là-bas en Limousin. J'ai toujours douze ans, mais ce n'est plus pareil. Je me souviens de moi comme je suis maintenant. J'ai une petite fille de sept ans blanche et frêle aux yeux dilatés de stupeur et dont je tiens la main auprès d'un homme, mon père, que je vois vieux et souillé d'un chagrin pitoyable. Mes frères doivent avoir dix-huit et vingt et un ans. Mais je ne les vois pas. Je ne pense pas à eux. Je suis entre mon père et ma petite sœur.

Le jour suivant l'enterrement, mon père me dit gravement qu'il veut me faire part d'une proposition de l'amie bigote de ma mère, vieille fille directrice d'école dans un village voisin et que nous appelons Malou. Il dit que je suis grande maintenant, que je dois bien réfléchir avant de lui donner ma réponse. Il me semble que je devine l'horreur avant même qu'il ne la formule. Malou a proposé de prendre Madeleine avec elle. Le bon air de la campagne, les soins vigilants d'une maman, d'une maîtresse de surcroît... Je le savais! Je le savais qu'il y avait des voleurs d'enfants. Je le savais avant même de le savoir. Je n'ai pas eu à réfléchir. Je crie jamais, elle ne l'aura jamais, c'est une voleuse. J'ajoute que je la déteste. Mon père proteste, dit que je suis injuste, que ma maman l'aimait beaucoup et qu'elle nous aime tendrement, et patati et patata... Mais il a soupiré d'aise et m'a embrassée de tout son cœur. C'est que lui non plus ne voulait pas se séparer de Madeleine. Alors nous gardons notre petite.

Je peux enlever Malou de ma mémoire. Il reste toute l'organisation de ma perception. L'enfant est menacé. L'enfance peut lui être retirée d'un coup. J'avais cru à mon éternité. On m'y avait fait croire. Mais déjà je reporte sur Madeleine ce qui vient de m'être retiré. Je m'institue gardienne farouche de son éternité.

Déjà il est question de réparer, de consoler interminablement un enfant de la mort.

Je revins au lycée. Mais c'était un autre lycée. J'éprouvai soudain la résistance des pierres, la hauteur des murs, la longueur des heures. J'avais été foudroyée de douleur. Mais il arrivait que je ne sente plus rien. Je considérais parfois avec étonnement mon absence de chagrin. J'étais déserte et apaisée. Je pris goût au silence, à l'immobilité en classe. Je cessai peu à peu d'accorder mon attention aux cours. Cela se fit sans décision, sans souci de ce qui pourrait en résulter. Je ne sais si je pensais, si je rêvais, si je griffonnais alors sur mes cahiers comme je le fis plus tard. Il me semble que je ne faisais rien. J'appréciais le vide, la distance faite entre les professeurs et moi, comme un élargissement de l'espace, un recul de l'horizon où je trouvais mon aise, ma respiration élargie.

Le lycée lui-même ne me pesait pas. Au contraire. J'en fis mon corps second. Je grandissais. Je confondis la naissance expansive du mien à sa vastitude. J'en accomplissais avec lui, en lui, les troublantes métamorphoses. L'ampleur de l'édifice, sa solidité me donnaient le sentiment d'une consistance de mon être que je n'avais jamais connue auparavant. Loin de m'opprimer le lycée ouvrait en moi une puissance nouvelle, vigoureuse quoiqu'un peu triste. Il suffisait de tourner la tête pour apercevoir le ciel où les nuages naviguaient toujours à portée du cœur et le vent se ramassait à profusion dans les grands arbres de la cour. Je m'étendais en hauteur, largeur, profondeur, mes pieds posaient ferme sur le sol, la plante prenait, étendait ses racines, j'ôtais la ceinture de ma blouse dont je ne laissais plus fixé que le bouton du haut, et je marchais dans la longue allée de tilleuls offrant mon front agrandi aux humeurs fortes de l'avenir.

Mais il arrivait brusquement, et c'était comme un raz de marée imprévisible et furieux, que ma mère se mît à manquer. Un cri de famine du corps, terrible, entier, me déchirait d'un coup. Je la voulais absolument, elle, tout de suite son corps, mon Dieu! son corps, sinon j'allais mourir! Je me sentais soudain incapable de vivre, de respirer, de poursuivre si elle ne m'était pas rendue immédiatement, pour un jour au moins, une heure, un instant. A court de solutions j'allai à deux ou trois reprises me précipiter dans le délire. Je vais rentrer à la maison et elle sera là. *La foi soulève des montagnes...* Je courais comme une folle sur le chemin du retour perdant le souffle, accrochée comme à un radeau dans l'abîme à cette histoire de foi et de montagnes soulevées. Ne rien voir, ne rien savoir de plus. Elle sera derrière la fenêtre, elle me fera un petit signe en me voyant venir...

Après, je m'effondrais sur le divan du salon et les sanglots m'empoignaient, me bousculaient de fond en comble, me lessivaient à la soude brûlante et décapante de la plainte, des imprécations et des larmes.

Le lendemain je reprenais ébahie de blancheur le chemin de ma naissance.

Baisers de consolation

Puis vint le temps des amoureux et celui des amies.
Je ne pleurais plus ma mère. Elle m'avait, en se retirant, laissé le monde proche, immense et désirable. Ma mère disparue, l'étendue de ce que j'aurais désormais à connaître par moi-même m'emplissait parfois d'une exaltation sans mesure. La tâche était si vaste que ma mort demeurait aussi improbable qu'elle l'avait été dans l'enfance; la vieillesse, la maturité même restaient inconcevables. Je me revois un jour de printemps sur le chemin du lycée, haute, allègre, le front nu, butant sur l'idée qu'il me faudrait un jour peut-être avoir trente ans. Quoi! Trente ans? Moi? Mariée? Des enfants? Un métier? Des habitudes? L'image me parut si incongrue que je me souviens avoir, non sans une certaine angoisse, éclaté de rire en pleine rue.

Ma vie se partagea peu à peu en un curieux triptyque dont chacun des volets correspondait à l'une de mes trois activités essentielles: repousser la souffrance à la maison, parler-penser-écrire (ce qui ne se distinguait plus) au lycée et jouir au-dehors.

Bien sûr, je courus, avide, impétueuse au-dehors, ce qui veut dire aux amoureux. Je ne compris pas alors que les longues heures de lycée dérobées à l'étude m'engageaient sur le chemin que je ne quitterais plus: celui des mots. Mots de tant de paroles échangées, mots du texte lu, mots de l'écriture.

Quant à ce qui se passait à la maison, j'appliquais toutes mes forces à l'abolir. Je crispais mes paupières pour ne pas voir, me bouchais les oreilles pour ne pas entendre. Trente ans ont passé. Je sais maintenant que toute mon énergie adolescente s'appliquait à me maintenir à l'écart de la détresse. Il fallait consoler, protéger, ou alors il fallait oublier. C'était l'un ou l'autre. Mais c'était tout un. Un désastre s'était produit que je n'en finirais pas de vouloir réparer chaque fois que j'en reconnaîtrais en quiconque les signes familiers.

J'eus des rendez-vous dans les bosquets du parc de Sceaux, au cinéma de Bourg-la-Reine, à Paris. Je sillonnai à l'arrière d'une moto grondante et enchantée les routes ombragées des environs, Châtenay-Malabry, Verrières-le-Buisson, Jouy-en-Josas. Je courus danser, ce dont je raffolais, chaque fois que mon père y consentit après d'âpres négociations, chez les uns, chez les autres. J'exultais avec le boogie de vitalité impertinente et le blues me faisait défaillir de nostalgie.

J'allais d'un amoureux à l'autre. Je les préférais plus âgés que moi. Il fallait que je pusse me blottir. Si les caresses, les enlacements, les baisers rappelaient ceux d'une mère pour son enfant, alors je fondais dans un bonheur sombre, sans images, comblé. Non que le sexe ne sût déjà s'étonner, s'émouvoir, se réjouir; mais ce n'était pas ce que je voulais d'abord. Je voulais qu'on me remît au monde. Je voulais voir jusqu'à l'extase le ciel si doux d'Ile-de-France. On s'était embrassés, on se taisait allongés sur une pelouse du parc face au soleil déclinant. Alors, parfois, un avion minuscule envoûtait l'espace de sa rumeur sûre et tranquille dont les yeux ravis suivaient la trace précise qui peu à peu se dissolvait en poudre rose avant de s'évanouir tout à fait dans l'azur. Je voulais voir les tours de Notre-Dame dans un envol de ferveur déchirante. Je voulais voir passer l'humble tendresse des péniches. Je voulais voir tout ce qui se voyait, certaine que je n'avais rien vu encore et

que là était l'ultime délice. Je n'aurais su dire pourquoi
les étreintes détenaient ce pouvoir magique (le saurais-je
davantage aujourd'hui?). Cela s'imposait des faits; c'est
tout. Sur le seuil d'un baiser le monde se découvrait
comme si on y arrivait.

Mais je te passerai ce que tout cela me coûtait
d'émois, d'angoisses, de rires, de larmes, tu l'imagines
assez. Sur le coup cela faisait grand effet, mais vu d'ici
cela ne compte presque plus. C'est que maintenant je
sais ce que je ne voyais pas alors. Le plus grand charme
de mes amoureux était de m'occuper entière, corps,
cœur, esprit, et de masquer tout autre souci dans la fête
des regards noués, des lèvres jointes, des doigts enlacés,
dans le désordre enchanteur des joies sans lendemain et
des petits chagrins. Il n'y avait plus de place pour
penser à autre chose. De temps non plus évidemment.
Il était de moins en moins question d'ouvrir un livre,
de s'appliquer à un devoir. D'autant que j'avais besoin
de toute ma tête pour la conception des subtiles stratégies grâce auxquelles je pourrais m'éclipser de la maison
sans dommages, et la mise au point des mensonges qu'il
me faudrait servir à mon père, redoutant bien davantage ses souffrances et ses plaintes que d'improbables
sanctions. Cela dit, il n'y a pas que l'école pour vous
délier l'esprit. Le mien s'étirait, se musclait, se fortifiait
à cet exercice bien davantage que dans les disciplines
auxquelles on le conviait. Je faisais des progrès spectaculaires en imagination.

Restait le tourment secret de ma vie que je ne pouvais ni considérer de face ni oublier tout à fait : la petite
Madeleine dont j'avais cru qu'elle serait mon enfant,
mon bien, ma poupée chérie, m'échappait sans recours.
Elle s'écartait de moi quand nous marchions ensemble
sur le chemin du lycée. Je lui parlais, elle se taisait. Je
prenais sa petite main douce dans la mienne, sa main
d'enfant que je connaissais si bien; comme elle me
déchirait alors en la retirant sans mot dire. Elle fuyait
les baisers, les enlacements dont j'étais friande. Elle
disait : arrête, tu m'étouffes, arrête.

Et c'est vrai qu'elle étouffait; et parfois affreusement. De foudroyantes crises d'asthme l'assaillaient régulièrement et la tenaient alitée plusieurs jours de suite, terrassée d'une souffrance bien trop grande pour elle si petite et qui m'était insupportable.

Tandis que je croissais en santé, m'épanouissais de formes, de couleurs, de rires, d'humeurs fantasques, Madeleine se retirait dans un monde de passion intime, hanté de lectures, de rencontres imaginaires, de délires poétiques, monde immense et secret que je devinais mais auquel elle me refusait tout accès. Je ne l'approchais plus que dans le jeu ou le rire qu'elle m'accordait parfois comme par compassion. Quand elle était malade l'intensité de ses souffrances me mettait à la torture. Et loin de pouvoir l'apaiser, mon angoisse ne faisait qu'irriter la sienne. Ma détresse auprès d'elle se chargeait d'un sourd reproche, d'une obscure malédiction; elle ne le sentait que trop. Parfois la nuit je l'entendais, dans une plainte suffocante, hagarde, ahaner : Maman, je vais mourir... Alors j'avais horriblement le désir, moi, de mourir, mourir tout de suite, plutôt que de vivre ça. Mais je ne mourais pas, je m'enfonçais sous mes draps, je m'écrasais les oreilles pour ne plus entendre. Pourquoi fallait-il que ma vie lui arrachât ainsi la sienne? Plus tard, une fois, une seule fois, elle me dit, en parlant de ce temps-là : « Je sentais que tu me haïssais alors, et moi je te haïssais à cause de ta haine. »

Ce sont là des choses si terribles que le cœur se détourne. En attendant la fin de la crise d'asthme je courais battre la campagne et je volais à mes amours.

Mais ce n'était ni le sexe ni la passion de plaire qui gouvernaient ma vie d'alors, mais plutôt déjà cette hantise qui peut-être ne me quittera jamais : l'enfant qui pleure, je ne sais pas le consoler.

Il n'y a pas que de la ressemblance entre toi et moi. Je m'effraye de ce qui te rassure : la pitié. Cette humaine et naturelle pitié dans laquelle tu vois le germe

initial de la bonté à laquelle nous nous appliquons.
Ce n'est même peut-être pas du tout pour une question de ressemblance que je me suis ainsi ligotée à toi.
Mais plutôt à cause de cette passion furieuse de consoler l'enfant et cette rage exaspérée de n'y pas parvenir.

Cent fois tu le dis que tu es un vieil enfant, je le sais,
je le sens et ne finis jamais d'en être bouleversée. C'est
l'enfant qui souffre dans le vieillard. C'est l'enfant qui a
peur, qui a honte, c'est l'enfant dont on se moque et
qu'on bafoue, c'est l'enfant sur qui on jette des pierres.
Et ton angoisse le jour où tu te heurtes aux grilles closes
de Notre-Dame quand tu viens y déposer – dernier
recours dans l'abîme de ta solitude – ton manuscrit,
c'est l'angoisse même, nue, atroce, de l'enfant qui a
perdu ses parents au cœur de la grande ville. J'en ai vu
un une fois. Aucune sollicitude, aucune compassion ne
pouvait plus l'atteindre. Il voyait l'enfer. Comment ne
pas trembler rien qu'à imaginer certains épisodes d'exil,
de panique, d'exode, de camp de concentration, des
arrachements brutaux à coups de crosse de fusil, deux
mains déchirées l'une de l'autre, la grande et la petite,
au moment où elles se déchirent, et le cri, le cri de
l'adulte, celui de l'enfant, on ne sait plus, un seul cri
déchiré en deux lambeaux de cri... On voit presque
parfois de telles choses sur notre putride rectangle à
images, ils n'ont pas peur de nous montrer ça, ils se
disent que ça fera quelque chose, mais quoi? Moi, c'est
comme quand Madeleine appelait sa mère morte, ma
mère, dans un souffle d'agonie, ça me fait mourir, ça
me fait haïr de vivre, je ne sais plus où va mon
désespoir, peut-être jusqu'au meurtre, qui sait, au meurtre de l'enfant lui-même, qu'il ne souffre plus jamais ça,
que tous les enfants crèvent, qu'il n'y ait plus jamais
d'enfants, qu'on en finisse une fois pour toutes... Pas
plus tard qu'hier, des grands enfants, comme mon Ariane, des quinze-seize ans, en Afrique du Sud, blancs et
noirs confondus pour une manifestation antiapartheid,
sans violence. On appelle ça un sit-in. On s'assied tous

ensemble sur la chaussée. On proteste sans cris, sans armes, sans éclats, radicalement. Déjà l'émotion gagne à les voir, là, faire si simplement ce que les autres, les adultes, ne savent plus faire, ne peuvent plus faire. Et l'incroyable se produit. Les policiers, après de vagues semonces, chargent, dressent leurs matraques et frappent, frappent les agneaux atterrés, frappent comme on le ferait sur des bêtes maudites, des chiens qui auraient la rage, des rats qui auraient la peste... La confusion des cris, des coups, de la bousculade, des corps qui se recroquevillent au sol et qui roulent, mêlés, mains sur la tête... Il y a ceux qui parviennent à se relever et se sauvent, courbés, en hurlant, et les autres qu'un nouveau coup vient frapper, et encore un, dès qu'ils tentent, titubants, de se redresser, alors ils retombent, tordus, roulés, s'accrochant parfois deux à deux dans une ultime détresse où se confondent en chair originelle d'humanité le parent et l'enfant, je te prends-je te protège, prends-moi-protège-moi, et ils se prennent, se serrent, se blottissent et se protègent également, l'un par l'autre, car chacun offre son corps à l'autre et dans le même temps se roule dans le corps de l'autre pour s'en couvrir. Cela se voit, cela se connaît d'une évidence somptueuse dans un hurlement de certitude : l'amour de soi et la pitié sont une seule et même chose. Oui, Jean-Jacques, il y a de la bonté en l'homme avant la bonté, mais cette bonté ne connaît ni le bien ni le mal. C'est une bonté effroyable qui peut précipiter la mort pour abolir la souffrance monstrueuse, qui peut abandonner l'enfant plutôt que de subir, impuissante, sa détresse, qui peut redoubler par le coup dément – et que je te frappe, et que je te massacre, qu'enfin tu sois anéanti...

Oui, Jean-Jacques, je vais te dire cette chose qui effraye la pensée et qu'il faudrait que tu considères avec moi pour que j'ose enfin la regarder de face : les pires bourreaux, les bêtes sanguinaires et hideuses furent peut-être des enfants doux et sensibles qui soudain, sauvagement, se souviennent. La souffrance de l'enfant les horrifie tant, les mord d'une si terrible façon que c'est à lui qu'ils s'en prennent, hâtant la mort dont ils n'ont fait qu'entrevoir le plus intolérable visage.

Il arrive que la pitié sombre et défaille dans le meurtre.

Jacqueline et Macha

Mais c'est au lycée, à cause sans doute de la vacance à laquelle il me contraint, que se tire peu à peu le fil de la pensée, que je cherche le sens, les mots, que s'approche notre rencontre, que s'anticipe mon désir d'écriture, entêté, exclusif.

Mes amoureux, auxquels je pensais parfois au lycée, laissaient entier ce désir d'aimer et d'être aimé dont tu dis toi-même qu'il n'a cessé de te dévorer sans que tu puisses jamais pleinement le satisfaire. C'était une aspiration sans mesure qu'aucune image idéale ne parvenait même à représenter. Tout visage que je tentais de donner à qui m'aimerait et que j'aimerais me décevait par ses limites, sa mesquinerie. Un seul point accrochait de façon satisfaisante mon désir : son prénom. Il aurait dû s'appeler Pierre. J'avais laissé à ma mère le soin d'emporter avec elle la religion à laquelle elle m'avait initiée. N'empêche ! Je continuais à rêver de fondation. Un grand amour ne pouvait porter que le nom de Pierre.

Les heures se nouaient parfois d'une angoisse impatiente, irrespirable. Je m'accoudais aux larges fenêtres. Je suppliais Pierre d'exister et de se présenter enfin. Dans le vide je m'élançais de tout mon amour vide.

En attendant qu'il vienne, je me faisais aimer du vent, jetant mon cœur au loin vers les arbres denses du parc de Sceaux. J'aspirais de tous mes poumons l'espace d'ombres et de lumières que je connaissais bien. Je m'apaisais

peu à peu en parcourant par la pensée le tracé des allées,
le dessin des bassins, des terrasses, du vaste escalier d'eau,
de l'octogone, du grand canal, des buissons taillés de près.
Alors je me promettais de rejoindre le parc dès la fin des
cours. Je pénétrerais les sous-bois familiers, je soulèverais
les feuilles mortes de mes pieds sûrs, enfoncés et terres-
tres, je me gorgerais d'humus, de sauvagerie et d'innocence, je redeviendrais enfant, insouciante, animale, je guet-
terais les petits écureuils roux si gais et intempestifs que
j'en serais toute rafraîchie. Un homme, assis sur un banc,
lirait. Un homme d'extravagante beauté ; un prince, un
mendiant, un prophète. Ce serait Pierre. Il lèverait les
yeux sur moi, me reconnaîtrait, fermerait son livre et
s'avancerait vers moi...
    Mais quand venait la fin des cours je me sentais
affreusement lasse. Je rentrais à la maison, je m'allongeais
sur mon lit, les jambes en l'air, les talons appuyés sur le
mur, et je m'endormais jusqu'à l'heure du repas.

    Pourtant, en ce temps-là, j'aime le lycée plus que je ne
l'ai jamais aimé. Parce que c'est le lieu où je m'applique
avec passion à déchiffrer ce que c'est que vivre. Parce que
c'est là que, défiant toutes les contraintes qui me sont
imposées, j'éprouve l'immensité de ma liberté. Je veux
être moi, et je veux grandir seule, sans l'appui de
quiconque. Rien ne m'intéresse que ce que je pourrai
penser par moi-même. Je résiste farouchement à tout
savoir, à toute connaissance qui viendrait d'ailleurs. Cela
ne se fait pas sans mal. Il y a des devoirs à remettre, des
interrogations à subir, des compositions trimestrielles à
affronter. Il faut tricher, louvoyer, copier sur les autres,
accumuler les mauvaises notes, oublier la déception,
l'inquiétude de mon père, juguler la panique qui me vient
parfois à imaginer les conséquences ultérieures d'une telle
dérobade à l'étude. N'importe, la passion d'être à moi, à
mes pensées, à mes désirs, à mes nostalgies, l'emporte sur
tout.
    C'est aussi que, dans le même temps, m'est venue la
double passion des mots : celle de la parole et celle de

l'écriture. Pour la parole il y a mes amies, surtout
Jacqueline, la première d'entre elles. Pour l'écriture il y a
mes cahiers de classe, torchonnés, imprésentables, où les
mots de l'instant, bouts rimés, aphorismes, inscriptions
brèves de mépris ou d'amour, viennent s'immiscer dans
les marges et finissent par gagner le corps de la page, se
substituant peu à peu aux notes de cours qui d'ailleurs ne
sont jamais prises que pour faire semblant. Mais l'écriture
n'est encore que le substitut de la parole. C'est parce que
je ne peux pas tout le temps parler avec Jacqueline ou
avec une autre qu'il me faut écrire. Et c'est parce qu'il
m'est impossible de parcourir sans cesse les couloirs, les
cours et les allées ombragées que je m'applique à tirer
quelques fruits de l'immobilité et du silence obligés. Peu à
peu ils me deviendront précieux, indispensables. Malgré
les ennuis qu'il me cause, j'aime le lycée comme le lieu de
ma plus entière respiration. Quand, pour me soustraire
par exemple à la composition d'anglais, il me faut simuler
une grippe, je sens monter du fond de mes draps et de ma
triste application à la somnolence un poignant regret de
lycée, d'amies, de cahiers, de grésillement de radiateur, de
ce temps étiré et paisible dans la voix des professeurs, de
cette contrainte sans douleur autorisant l'esprit au vaga-
bondage illimité. Oui, c'est au lycée, entre les murs et les
heures rigoureuses, entre les devoirs et les interdits que se
creuse l'espace le plus délectable de ma liberté.

Le lycée n'a plus maintenant de secrets pour moi. J'en
connais tous les passages, les recoins, les circuits, et même
les terrasses où nulle n'est censée aller, et même les
souterrains où nous sommes descendues, Jacqueline,
Macha et moi, et que nous avons parcourus le cœur
battant, progressant dans le noir, courbant le dos, les
mains en avant, étouffant nos rires anxieux. C'est une
expérience d'ailleurs fort décevante à laquelle je n'aurais
jamais songé à me livrer seule. Je ne l'ai accomplie que
pour ne pas démériter de Jacqueline dont le courage
toujours sans faille, la bravoure flamboyante m'envoû-
tent.

Jacqueline, c'est Bayard. Il est impossible de ne pas se

rendre à ce qu'elle fait briller d'un éclat incomparable. A travers elle, la Valeur, la Vertu ont un visage toujours inséparable d'une épreuve de courage. Ce qui n'est pas difficile ou périlleux ne vaut rien. Telle est la loi de Jacqueline à laquelle je me soumets sans pourtant y acquiescer totalement. Ma loi n'est pas la sienne. Je n'ai qu'un faible penchant pour les actions d'éclat. Je cherche à exister là où je suis, ici, maintenant, et ce sont des mots, des mots à profusion qu'il me faut et non des actes. Mais Jacqueline me trouble et m'impressionne. Jacqueline sait où est le juste et l'injuste, le bien et le mal, la vérité et le mensonge. Je ne me demande pas comment il se fait qu'elle sache si assurément tant de choses dans lesquelles je m'égare. Elle sait, voilà tout, et c'est admirable. Figure rare parmi les demoiselles du lycée Marie-Curie qui dédaignent tout ce qui touche de près ou de loin à la politique comme indigne de leur jeune féminité, Jacqueline est « communiste », révolutionnaire, et Saint-Just est son chéri. Bien que je ne cherche pas sérieusement à partager le souci politique de Jacqueline, son arrogante générosité, son mépris souverain du modèle « jeune fille » en cours m'en imposent plus que je ne saurais dire. Je ne me lasse pas de l'entendre parler, dénoncer, pourfendre. Je suis contente d'être son amie. Je puise auprès d'elle l'éclat, la fermeté, l'esprit de décision dont je me sens démunie. Son amitié me réconforte. Si elle m'a élue, n'est-ce pas pour avoir pressenti en moi certaines de ces qualités si précieuses qui brillent chez elle? (Jamais l'idée qu'elle pouvait apprécier quelques traits de mon caractère dont elle se serait sentie, elle, dépourvue ne me traversait l'esprit. Les autres pouvaient n'être ni aimables ni attirants; ils n'en étaient pas moins, à mes yeux, toujours entiers, et comme définitivement achevés dans leur être. Moi seule était incomplète, informe, déficiente.)

Mais nos relations n'allaient pas sans heurts. Ainsi cette histoire de souterrains (il y en eut bien d'autres et de plus graves). Je ne voyais pas l'intérêt de s'enfoncer dans ces boyaux d'inquiétante obscurité, de courir pour cela le risque d'une punition, et je détestais l'insistance avec

laquelle elle m'engageait à la suivre. Pourtant je la suivais.
Elle proposait (mais, en raison de l'ascendant qu'elle avait
sur moi, c'était « imposait ») des actes absurdes, dans le
seul but de mettre à l'épreuve notre courage, ou plutôt le
mien seul puisque le sien était infaillible. La peur de me
montrer lâche à ses yeux l'emportait sur l'autre peur et je
faisais en général ce qu'elle exigeait. Mais que valait cette
audace qui, alors que nous étions en vacances ensemble à
la campagne, me jeta, malgré mon effroi, à plusieurs
reprises de la plus haute poutre d'une grange immense
dans un tas de foin cinq ou six mètres en contrebas?
Toute à l'humiliation de m'être rendue, je ne tirais
aucune fierté d'avoir vaincu mon appréhension, et le
courage que Jacqueline m'avait arraché j'en souffrais
comme d'une lâcheté.

Quand nous nous revîmes il y a quelques années, je me
plaignis, un peu tard, de ce pouvoir abusif qu'elle avait eu
sur moi. Elle s'insurgea vivement contre cette accusation
qu'elle trouva des plus injustes. C'est moi, à l'entendre,
qui n'en faisais jamais qu'à ma tête, tranchais de tout,
suivais mon chemin sans concession aucune. Va-t'en
savoir... J'ai souvent eu dans ma vie le sentiment amer de
me soumettre par faiblesse, par crainte de blesser, de
déplaire, à la loi de l'autre. Mais chaque fois que j'ai osé
m'en plaindre on m'a répondu comme Jacqueline que je
ne faisais jamais que ce qui me plaisait. Étranges malen-
tendus. A moins qu'il ne faille admettre qu'il y a toujours
quelque avantage à se faire rudoyer, serait-ce celui de
cette mise à distance de l'autre et de cette fortification
secrète de soi qu'on y gagne... Si les autres n'étaient
jamais cruels envers nous, dis-moi, Jean-Jacques, où
irions-nous puiser le sentiment de notre puissance, notre
verte sauvagerie, et même l'espace de notre libre respiration?

Avec Jacqueline le lycée devient une sorte de navire,
érigeant notre parole comme une immense figure de
proue à l'avant de nos vies. Nous parlons sans cesse sur le
chemin du lycée, pendant les récréations, la cantine, à
voix basse pendant les cours. C'est un jaillissement, une

fulguration ininterrompue. La parole est l'organe même
de notre intelligence en acte. Elle creuse nos souffrances,
elle attise et précise nos désirs, elle sollicite inlassablement l'ordre du monde et le partage des êtres. La parole
nous tient debout, vigoureuses, ardentes. Mais parfois la
parole nous sert à nous écarter l'une de l'autre, à faire
l'épreuve de la solitude et du silence sous prétexte que
nous sommes fâchées (Jacqueline a refusé d'entendre ce
que je lui disais, je n'ai pas voulu opiner à l'une de ses
formules tranchantes et définitives dont elle a le secret,
mes confidences l'ont fait rire, elle m'a trouvée légère,
futile, irresponsable), bref nous ne nous parlons plus; une
heure, un jour, deux peut-être, mais pas davantage, on
s'ennuierait trop. Certes je ressens une sorte de douleur,
d'anxiété plutôt, sans doute due au fait que nous n'avons
pas fixé la durée limite de l'épreuve, pourtant, c'est
étrange, notre fâcherie dresse en moi une petite joie drue,
entêtée. Je m'assieds en classe loin de Jacqueline, j'ouvre
mon cahier ou je prends une feuille vierge, j'écris. J'écris
la parole empêchée, j'écris dans une griserie d'impertinence. J'observe à distance ironique le professeur, les élèves
attentives ou rêveuses, Jacqueline un peu plus loin qui
fait mine de m'avoir oubliée. Cela fait une petite scène
vaguement ridicule dont l'écriture m'écarte, me délivre.
J'use de formules caustiques, de mots acides, d'images
saugrenues. D'abord je prends cela comme un jeu, une
revanche. Mais peu à peu il m'apparaît que l'écriture
m'ouvre un espace incomparable de puissance et de
liberté. Je commence à rêver d'écriture comme d'un lieu
d'ordre et de lumière dont j'occuperais le cœur souverain.
Si je me mettais pour de bon à écrire? Un vrai roman?
Est-ce que mon très jeune âge ne ferait pas sensation
auprès du public? J'écrirais un livre et ce serait comme le
jour où j'avais déniché le mot « clarté »... A peine trou-
vait-elle le temps de me faire battre le cœur que mon
exaltation tournait court. L'angoisse m'étreignait. Il allait
me falloir inventer une histoire, concevoir des personnages, définir leurs caractères, nouer leurs intrigues. J'étais
accablée d'avance par l'ampleur de la tâche. J'étais

incapable de voir plus loin que le bout de mon nez. Je n'avais rien d'autre à écrire que cette libération de l'espace, cette acuité d'oiseau des cimes qui me venait de ma brouille avec Jacqueline. Avec trois petites phrases d'écriture serrée, mordante, sur mon cahier, j'avais un instant jubilé de hauteur distante et conçu une pure splendeur de vivre qui se suivrait à la trace. Mais comment prétendre continuer à écrire avec ça, aller jusqu'à faire un livre? Quelle dérision...

Pendant un temps je m'essayai au journal dont l'idée m'avait été soufflée par la douce Michèle.

Michèle, qui tient quotidiennement son journal, qui garde les photos de classe et les autres, les lettres, les dessins faits pendant les cours (j'ai souvent croqué son adorable profil), le tout soigneusement rangé dans des boîtes à souvenirs, Michèle m'a dit : pense au plaisir que tu auras quand tu seras vieille à relire ton journal, à revivre par le menu tout ce que tu auras vécu dans ta jeunesse. Une idée qui ne serait jamais venue à Jacqueline! Quelle sage prévoyance! Ne devrais-je pas en effet considérer qu'un jour je serai vieille? En manque d'amour? A court d'émotions? Dans l'effroyable ennui de la répétition? Michèle a raison, je laisse passer comme on dit mes plus belles années, je gaspille, je dilapide sans rien mettre de côté... Je me précipite pour acheter un cahier sur lequel j'inscris « journal » et je m'y jette avec une hâte fébrile, il n'est que trop temps de songer à engranger de la bonne nourriture de vie pour mes lointains jours de disette. Je m'applique une semaine, mais peu à peu le tissu se défait, le journal me tombe des mains. Ce qui quelques heures plus tôt avait fait rire ou pleurer, ce qui avait fait douleur ou joie, se fane sous ma plume dans le soir morne de ma chambre et donne immédiatement à la relecture une impression de marasme uniformément gris et inutile. Je lorgne avec envie sur les petits cahiers de Michèle qui s'empilent avec les années, 1953, 1954, 55, 56... Je n'arrive même pas à en remplir un par an. Tant pis, j'abandonne. Je n'ai pas le temps, moi (me dis-je pour me venger de Michèle), voilà la vérité, pas le temps de

penser au temps où la vie s'échappera de moi. Advienne
que pourra...

Mais la vie n'est pas là, pas encore, je l'attends, je
l'implore de venir. Elle qui manque tant, comment
pourrais-je la consigner dans un cahier? Ce qui m'arrive
ne peut pas s'écrire puisque ça ne ressemble à rien, que ça
s'en va dans tous les sens. Tout se préfigure, rien ne
s'accomplit, ni la détresse, ni l'amour, ni le chagrin.
Comment voir clair dans ce désordre de sensations, ce
déferlement d'épreuves dont aucune ne lâche jamais son
dernier mot?

C'est pourtant à débrouiller l'écheveau incroyablement
emmêlé de mes fièvres et de mes humeurs que je
m'appliquais avec le plus de constance. Qu'est-ce que tout
cela voulait dire? Pourquoi n'étais-je pas comme les
autres, bien définie, avec un caractère arrêté, un visage
typé, un tempérament marqué, une intelligence mesura-
ble, des compétences spéciales? J'échouais même à me
voir dans la glace. Mon visage, parce qu'il ressemblait à
tous les visages, ne ressemblait à rien. Visage nul à force
d'être commun. J'en conclus que j'avais une conforma-
tion singulière qui me faisait indéterminée et générale. Je
fis de ma différence un privilège et j'enrobais mes
déficiences d'orgueil secret. Forme vide de l'humain je
saurais les éprouver et les connaître toutes. Les formules :
« Rien de ce qui est humain ne m'est étranger » ou : « Je
porte en moi la forme de l'humaine condition »,
m'étaient familières bien avant que je ne les retrouve chez
Montaigne, Nietzsche ou tant d'autres. Alors je m'observais, je m'auscultais, consentant aux contradictions, aux
incertitudes, aux revirements impromptus du sentiment.
J'écrivais par bribes comme ça venait, où ça venait,
cahier de géographie, cahier de physique, feuilles de
brouillon, c'était sans importance car je ne gardais rien. Il
ne s'agissait que de suivre le cœur à la trace, dans l'espoir
d'apprendre au fil des mots et des phrases ce que c'était
que vivre.

J'aimais aussi beaucoup la communauté des jeunes
filles et des professeurs. Nous parlions, Jacqueline et moi,

des unes et des autres. Jacqueline se montrait plus pressée que moi d'arrêter son jugement. Il était sans cesse question d'élection. Quelle était la plus belle, la plus intelligente, la plus généreuse, la plus charmante. Je me souviens que nous avions été jusqu'à fabriquer un questionnaire que nous avions fait circuler dans la classe parmi les intéressées, c'est-à-dire les « intéressantes », celles qui avaient quelque chance d'être élues (les autres, les misérables, les pauvres, laides et bêtes, ou simplement les solitaires discrètes étant toujours superbement ignorées). Le questionnaire présentait verticalement la suite des noms et horizontalement celle des qualités retenues. Une note devait être attribuée sous chacune des rubriques. On faisait des totaux, des moyennes. A la fin on voyait apparaître la « meilleure ». Le procédé me semblait peu convaincant. La preuve : j'ai oublié le nom de celle qui décrocha la palme, mais je sais bien que Macha qui brillait assurément plus que toute autre n'arriva qu'en quatrième ou cinquième position.

Un peu russe, mais pas trop, fantasque sans être insolente, haute et légère, dansante et malicieuse, Macha ravissait tous les regards, autant ceux des professeurs que des élèves. Chaque trait de son visage se dessinait comme une aile, le nez retroussé, les yeux clairs, la fine bouche aux pointes exquises, tout s'envolait vers la lumière sur une arabesque gracieuse ; une révérence, un pas de menuet tournant sur lui-même, et hop ! je m'en vais vers le ciel ! C'était aussi une très bonne élève. Elle excellait en tout sans jamais donner l'impression du travail ou de l'application. Elle courait très vite, elle sautait plus haut qu'aucune autre, elle dessinait d'une main allègre et sûre, elle chantait merveilleusement, elle s'habillait à ravir de vêtements souvent usagés, défraîchis, qu'elle seule pouvait transfigurer. Elle portait des ballerines éculées, des pull-overs sans forme, des jupes trop longues, trop amples pour l'époque, mais l'ensemble toujours inédit, souple et charmant, nous faisait pâlir d'envie. Elle seule avait la grâce dont nulle rivale ne pouvait s'approprier la source. La grâce ? Je me demande si nous n'avions pas utilisé

entre nous, pour la désigner et à voix basse, le terme de
« génie »... Je ne la vis jamais ni pleurer, ni souffrir, ni
même trébucher. Elle avait la maîtrise de toutes les
apparences.

Je me souviens l'avoir entendue débiter à un professeur
ce que je savais être un mensonge avec un tel accent de
sincérité que j'en fus confondue. Il s'agissait de justifier
une absence, un devoir non remis, une leçon non apprise,
je ne sais plus. Je la vois encore debout répondre sans
faillir, le regard droit, la voix claire, qu'une malheureuse
obligation familiale, et laquelle, l'avait retenue. Or nous
avions la veille passé la journée ensemble. Je ne pouvais
m'empêcher d'imaginer la scène qu'elle évoquait de façon
si convaincante que mon souvenir de la veille se mit à
vaciller d'incertitude. Elle m'éblouissait.

Je voulais la voir sans cesse, être près d'elle, me réjouir
des mouvements de son corps, de ses mains, de ses
jambes. Je me régalais de tout ce qui venait d'elle; mais
c'était quoi tout ça? Des histoires, des plaisanteries, des
fantaisies commençant par : « Imagine que... » Elle riait
en couchant son visage de chat doux et soyeux sur ses
longs doigts. Puis elle disparaissait sur une pirouette. Je la
perdais ainsi trois, quatre fois par jour, je la cherchais et
soudain je la surprenais, dans la même familiarité complice, gaie, penchée, avec une autre. Alors, le cœur serré,
j'observais l'autre, et je voyais sur son visage les signes de
ce même contentement béat qui venait de m'être arraché.
Je souffrais plus de honte que de jalousie. J'étais bien trop
prudente pour avoir jamais réclamé à Macha une fidélité
qu'elle m'aurait sans doute volontiers promise et qu'elle
aurait aussi allègrement trahie avec le premier mensonge
passant par là. Bien que nous ayons été pendant un
temps très proches, il n'y eut jamais de serment; il n'y
avait donc pas trahison. Pouvais-je sérieusement la blâ-
mer de sa frivolité? C'était impossible. Bien sûr, je
l'aurais voulue toute à moi, mais je ne pouvais la
concevoir grave, attachée, aimante. Je ne lui en voulais
pas. C'est l'autre qui m'était insupportable, chaque autre
dont elle s'approchait et dont elle faisait pour une heure,

un jour, parfois deux ou trois, sa complice ravie. Savoir à quel point j'étais commune, me voir répétée ainsi, voir se répandre sur le visage de l'autre ce même plaisir sucré dont j'étais brusquement spoliée, ah! oui, comme c'était difficile! Même Jacqueline, Jacqueline d'airain, Jacqueline d'ébène, celle qui ne dit jamais ni s'il te plaît ni merci, Jacqueline la fière, l'incorruptible, même Jacqueline ploie sous le charme de Macha, s'amollit, s'arrondit d'aise auprès d'elle. Si Jacqueline est capable de céder à ce point, où en suis-je moi-même?

Je lui dis : tu l'adores, hein! Tu l'adores, Macha? Elle hausse les épaules, rétorque agacée que je n'y suis pas du tout, qu'elle la trouve drôle, plaisante, jolie même (pas « belle », nuance...), mais tellement superficielle, peu intéressante au fond. Avec Jacqueline c'est toujours la même chose. On ne peut pas discuter de sentiments, seulement de la valeur des êtres dont tous nos sentiments doivent dépendre. Comme s'il était bien entendu que nous ne pouvons aimer que ce qui a de la valeur. Le Vrai. Le Bon. Le Beau. Et que nous aimerons celui ou celle en qui nous reconnaîtrons le plus de valeur. Bien que nous soyons libres de décider que celle-ci est plus vraie, plus profonde, plus généreuse, plus belle que telle autre, nous sommes néanmoins soumises à la hiérarchie des valeurs. La grâce, la drôlerie, la légèreté ne valent pas tripette. Ce que nous devons aimer suprêmement est la profondeur d'esprit alliée à la générosité du cœur. Rien de plus étranger en effet à Macha. Elle court de succès en plaisirs, butine, ne s'attarde sur rien, ne manifeste aucune passion, tout juste le goût de plaire. Très tôt je pensais en l'observant : c'est bizarre, elle n'a pas de cœur, ni pour être bonne, ni pour être méchante; une infirmité rare, étonnante, une incapacité radicale à voir les autres, à les aimer, et plus encore à souffrir. C'est sur ce point qu'elle m'impressionnait le plus. Il lui manquait l'organe de la souffrance sans laquelle il ne pouvait y avoir ni profondeur ni générosité d'âme. Tu l'adores, disais-je à Jacqueline pour ne pas dire que je l'adorais, moi, et pour la blesser de ce que je n'osais avouer pour mon propre compte. J'aurais pourtant voulu que nous nous risquions à cet aveu, pourvu qu'il fût commun, et que nous pénétrions par la parole dans ces mystères insoupçonnés de l'amour. La vérité me tenait plus à cœur que notre dignité. D'ailleurs, s'il y avait bien quelque chose d'indigne dans notre emportement fasciné et ravi vers Macha, le nier était peut-être plus indigne encore.

Mon amitié pour Jacqueline, toute sincère qu'elle fût, n'allait plus sans réserve. Jacqueline m'était arrivée avec la mort de ma mère dans un tel élan d'amour, avec une telle force et gravité de sa part, que ce serait à la vie, à la mort. Là non plus il n'y avait pas eu de serment mais c'était tout comme. Je continuais à aimer son intégrité, sa sensibilité précoce à la cause des déshérités, son audace et même la sauvagerie – dont j'eus bien souvent à souffrir – avec laquelle elle séparait les bons des méchants, les valeureux des lâches, les purs des impurs. Elle était aussi sombre et intense que Macha était claire et évaporée. Ses yeux d'un or incomparable gardaient pour moi un trésor secret, une incandescence de toute beauté et inaliénable. Pourtant son refus des nuances, des investigations plus confuses du sentiment, la raideur hautaine avec laquelle elle rejetait toute expression de trouble ou d'indécision finirent, non par me lasser d'elle, mais par me donner la mesure d'une distance entre nous que rien ne permettrait de franchir. Il m'apparut qu'elle n'usait de la parole que pour décréter et trancher. Je voulais une parole libre, ouverte à tous les possibles, à toutes les épreuves, elle voulait une parole arrêtée. Et Jacqueline fut pour moi la première figure du dogmatisme. Non pas sans doute du dogmatisme idéologique ou de parti, soumission délibérée à un système, à des mots d'ordre venus d'ailleurs, mais du dogmatisme cependant à l'état pur, individuel. Jacqueline ne cherchait pas la parole pour engager la pensée mais pour la fixer. Une fois décrété où étaient le juste et l'injuste, le bien et le mal, il n'y avait plus lieu de parler. Macha ne méritait pas notre amour. Donc nous ne l'aimions pas. Discussion close.

Et pourtant nous l'aimions.

Découvrant Jacqueline censeur, je me fermais peu à peu à elle, non sans quelque délectation. Perdant le goût des longues confidences je gagnai celui de la macération solitaire dans l'alcool des sensations et des pensées secrètes.

Nous ne traversions plus la cour, soulevant l'avenir en larges pans d'aventures, de passions, de combats généreux. Nous passions le temps ensemble en bavardant avec les autres autour d'un banc ou assises sur les marches de ce qu'on appelait l'escalier d'honneur. Soudain je me mettais à souffrir, à étouffer, à vouloir que quelque chose arrivât, là, maintenant, tout de suite. Alors je m'éloignais. J'errais la gorge nouée, malheureuse, ne sachant où tourner mon attente. Déjà je regardais en arrière. Déjà je pleurais l'enfance.

Mais parfois, du fond de ma tristesse, voilà que je sentais pousser une sorte de petite fierté drue, jalouse, et qui me sortait gaiement de la poitrine. Tandis que les autres usaient de la récréation pour jouer, rire et papoter, bref pour se divertir, il me semblait que j'étais seule à avoir attrapé un bout d'existence et que je le tenais comme une chance unique de je ne sais quelle lumière. Alors que les autres se laissaient à mes yeux porter et emporter dans le courant des heures, des jours et des années, inconséquentes et comme animales, je me flattais d'avoir su, moi, faire un pas d'écart et de me tenir là, légèrement en retrait, observant l'instant comme un tableau, m'arrêtant à la figure de chacune de mes compagnes, notant leurs expressions, leurs postures particulières, tentant d'élargir ma conscience jusqu'à lui permettre d'accueillir la vibration unique de ce jour, de cette heure, sise en ce point précis de France, au milieu de ce siècle... Bien sûr j'étais triste, puisque j'étais seule, mais parfois, levant le front, élargissant la poitrine, je me sentais caressée, embellie, comme si on m'aimait, de très loin ou de très haut. Mon mérite était d'avoir su dénicher un secret minuscule, mais essentiel, anticipation si vivace, si précisément formulée de la jouissance qu'on la touchait presque, déjà, le cœur battant. Il fallait faire tout à l'inverse des autres; ne pas courir, mais s'arrêter. Faire un pas d'écart et regarder... Que valaient les lointains et fabuleux trésors auprès de ce que je pouvais voir, et enlacer de ma conscience attentive, ici et maintenant? Peu importaient la modestie des choses, l'humilité des êtres, la noirceur des chagrins, des regrets. Chaque instant découvrait un paysage bruissant d'une parole infinie. Il fallait se disposer à l'entendre, à l'accueillir, à la recueillir... Tâche immense, humaine et surhumaine que je pressentais, brûlée, inquiète, exaltée, sans la comprendre. Petite fille d'honneur aux noces de la vie, j'étais fière soudain comme si on m'avait demandé de tenir le voile de la mariée.

Sans raison l'instant suivant me rejetait dans la disgrâce et l'ennui. Je ne voyais plus rien de ce qui, quelques secondes plus tôt, m'avait transportée. Comme j'étais loin soudain de mes compagnes! Et lourde, et stupide, et pire qu'inutile : importune... Et comme elles me semblaient vives, brillantes. Leur grâce seule suffisait à justifier leur existence. Ah! comme j'aurais aimé, moi, réjouir un cœur, un regard! Savoir que quelque part quelqu'un me remerciait pour mon existence... C'est ainsi, j'en suis presque certaine, que le sourd désir de l'œuvre dut commencer à germer en moi.

Je n'étais contente ni de mes amoureux, ni de mes amies, ni de mon père, ni de mes frères, ni de ma sœur, ni de personne. Mais je me gardais bien de fuir ma morosité ou ma tristesse. Je m'appliquais au contraire à en éprouver chacun des contours, à en suivre par la pensée ou l'écriture le dessin complexe à travers les mots. C'est ainsi que je me mis à chérir le chagrin que me causait Macha. A force d'y penser, de trouver les mots qui l'approchaient, l'abordaient, lui donnaient du sens et de la profondeur, le chagrin changeait de visage. C'était *mon* chagrin. Précieux, unique. Et je ne l'aurais pas changé contre la plus belle partie de plaisir.

Plus je voyais Macha croître en charme et en assurance, mieux je concevais qu'elle m'échappât à jamais, qu'il était dans sa nature – et peut-être aussi dans son pouvoir de

séduction – de se dérober à toute prise. Mon émerveille-
ment à la contempler, comme un soleil que la brume
cache et exaspère tout en même temps, se voilait, mais
aussi s'exaltait, d'une tristesse définitive.

Elle s'éloigna peu à peu dans un monde de brillance,
d'argent, de voyages, de soirées, à des années-lumière de
ma banlieue feutrée et déjà nostalgique.

Il m'arrive encore de la voir en rêve. Je lui prête son
âge de maintenant. Mais je ne lui accorde pas la moindre
ride, pas la moindre flétrissure. Bien au contraire, j'accomplis comme en un bouquet épanoui, généreux, le
souvenir de ses grâces, de ses beautés, de ses rires
d'adolescente. Elle vient sonner à ma porte, coiffée d'un
grand chapeau noir qui lui va à ravir, ou alors elle est la
reine d'un spectacle auquel je suis conviée. Elle s'avance
vers moi en souriant, contente de me revoir. Mais moi je
la salue à peine, je me tais, je me dérobe, je m'écarte, je
recule, je disparais. Où? Je ne sais pas. Finalement je la
perds tout à fait. Au matin j'écris dans mon petit cahier
du moment que j'ai vu Macha en rêve. Puis je regrette de
n'avoir pas su prendre ce que le rêve m'offrait et d'avoir
boudé (pour quelle raison obscure et obstinée?) le plaisir
de son apparition.

Comme il est tortueux le chemin qui tente de nous
conduire à la jouissance tout en nous évitant les souffrances qui peut-être l'accompagnent fatalement... C'est si
triste aussi la beauté.

Une grâce immense s'est dépensée en pure perte. Et
aussi peut-être cet amour ébloui que j'avais d'elle...

Elle est venue, elle a eu quinze ans, un jour je l'ai
entendue chanter *Röslein,* la mélodie de Schubert sur le
poème de Goethe, un jour elle dansait le be-bop et sa
large jupe bleu marine riait sous cape avec elle, un jour
elle courait dans un champ de blé... Et alors?

Et alors? Et alors? Alors, rien...

Un tel gaspillage...

Comment en voudrais-je à Macha? Ce n'était pas sa
faute, mais celle de toute beauté qui se répand, se déverse
à profusion, toujours excessive, se dilapide en pure

perte... Pourquoi? Pour rien, seulement pour vous ravir, vous enchanter, vous échapper, vous faire souffrir...

L'adolescence m'apporta cette épreuve du beau (n'est-elle pas au fond celle de toute jouissance?) lorsque s'atteint au cœur même de la joie éblouie, au centre même de soi, le noyau noir, inexpugnable, de la détresse, sans qu'il soit pourtant jamais question d'échapper à cette crucifixion de l'amour...

Comment oublier la première fois où je trouvais cela exprimé dans un livre? C'était *la Naissance du jour* de Colette. Quelques lignes non pas de Colette elle-même mais de sa mère, Sido, extraites d'une lettre et retranscrites.

« Il y a dans un enfant très beau quelque chose que je ne puis définir et qui me rend triste. Comment me faire comprendre? Ta petite nièce C... est en ce moment d'une ravissante beauté. De face, ce n'est rien encore; mais quand elle tourne son profil d'une certaine manière et que son petit nez argenté se dessine fièrement au-dessous de ses beaux cils, je suis saisie d'une admiration qui en quelque sorte me désole... »

Sur le coup de la lecture je ne pus m'empêcher de penser à Macha, même si je comprenais que cela, qui pouvait valoir particulièrement pour un très bel enfant, valait aussi pour une musique, une jolie mariée tout en blanc sous le porche d'une église, un premier matin d'été sur le jardin des vacances... N'empêche! C'était Macha d'abord qui me venait en tête, peut-être parce qu'il était dans sa nature de se dérober et de manquer à quiconque l'aurait trop approchée. Et ces lignes de Sido qui, par la lecture, renouvelaient l'épreuve de la beauté firent couler de mes yeux de douces et lentes larmes dont je n'aurais su dire, là encore, si elles étaient de joie ou de chagrin.

C'était le temps où je dévorais Colette. Je me lovais, je me nichais, je m'enfonçais avec délices dans tous les livres d'elle qu'avait laissés ma mère, sans pour autant me représenter que je lisais. Je prenais ça comme les friandises, les valses viennoises, le be-bop, les caresses, les fous rires, les nuits étoilées, la plage, bref comme les plaisirs.

Et celui-là qui était fort, et vaste, et presque grave parfois, se découvrait d'un accès facile, immédiat. Mon père qui avait adoré ma mère, qui, elle, à n'en pas douter, avait adoré Colette, hochait la tête sur un sourire malicieux chaque fois qu'il me surprenait dans un coin avec un de ses écrits entre les mains. Il pouvait bien me demander si je n'avais rien de mieux à faire, il ne me trompait guère; je lui rappelais ma mère et il était content. Et les livres de Colette, on en trouvait partout dans nos deux maisons, dans chaque bibliothèque, sur chaque rayonnage, en brochures bon marché au grenier, sous couverture reliée dans les pièces du bas. *La Paix chez les bêtes, la Seconde, l'Étoile Vesper, le Fanal bleu...*), il n'y avait qu'à tendre la main et on en attrapait un.

Mais pas plus que je ne remarquais que je m'étais tout bonnement, avec Colette, mise à la lecture, je n'aurais dit que j'écrivais, alors que c'est bien à ça que je passais l'essentiel de mon temps de présence au lycée. Je griffonnais, je cherchais des mots, j'essayais des phrases, mais il ne me venait pas à l'esprit qu'il pût s'agir d'écriture. Je ne cherchais pas à relater des événements, ni à exprimer des sentiments, ni même des pensées, mais plutôt à fixer dans la trace délicate du mot, le sillage immobile d'une phrase enfin arrêtée, des images de beauté ou ces transes brutales et brèves d'un bonheur, lui si vaste que c'était effrayant, comme le déchirement inépuisable et adorable d'un premier baiser.... Comment marquer là sur ma feuille la lèvre approchée, le vertige, l'abîme d'ivresse, de joie, de désespoir? Ah! Jean-Jacques, souviens-toi : « Une faveur?... c'est un tourment horrible... Non garde tes baisers, je ne les saurais supporter... ils sont trop âcres, trop pénétrants, ils percent, ils brûlent jusqu'à la moelle... » Et dans une lettre un peu plus tardive de Saint-Preux à Julie : « Je te vois, je te sens partout, je te respire avec l'air que tu as respiré; tu pénètres toute ma substance; que ton séjour est brûlant et douloureux pour moi! Il est terrible à mon impatience. Ô viens, vole, ou je suis perdu... Ah cherche des forces pour supporter la félicité qui t'accable... » Voilà ce que je faisais sur mes

cahiers innommables, sur mes feuilles de copie inutiles,
mes cahiers de brouillon, de souillon, des gribouillis, des
croix, des mots, des ronds, des traits, des bouts de
phrases, figures si acérées du désir, du souvenir émer-
veillé et déchirant, que la feuille en était parfois transper-
cée et que la page suivante témoignait encore de la force
du désir, mais aussi de l'impuissance à saisir une fois
pour toutes et à tout jamais le profil d'un enfant de
lumière, la grâce de Macha, la brûlure interminable d'un
baiser... Pas plus que je n'aurais imaginé que se fondre
jusqu'à s'anéantir dans les livres de Colette c'était s'adonner à la lecture, je n'aurais pu penser que je m'étais
engagée sur la voie de l'écriture au point où l'on n'en
revient pas.

Promenade sur le lac

Il fallut attendre le jour de notre première rencontre (je sais maintenant que ce n'était pas vraiment la première, mais alors je l'ignorais, je te raconterai cela plus tard) dans le Lagarde et Michard, classe de seconde sans doute, pour que je sache à l'évidence que l'écriture était, serait mon vrai pays, mon ultime demeure.

Oui, c'est cet après-midi de juin que ton écriture s'ouvrit devant moi et que j'y pénétrai entière, corps et âme confondus, comme dans l'eau la plus aimée, la plus familière, celle de mon étang là-bas en Limousin où l'on se baignait l'été, eau sombre et douce, comme la substance homogène et pure de tout ce qui était bon, bon ensemble, bon mélangé, le plaisir du ciel, les odeurs de l'herbe et de la terre et du corps de ma mère couché dans les gros draps de lin qui ont séché dans le plaisir du ciel et les odeurs de l'herbe et de la terre et du corps de ma mère et... Voilà ce qu'était l'eau de l'étang et ce que me fut soudain ton écriture me disant que je serais écrivain, non parce qu'elle m'aurait soudain donné l'idée d'un avenir mirobolant, mais parce qu'elle se découvrait à moi comme la manifestation tangible de ce qui n'avait jamais cessé de m'attirer, de me séduire, depuis toujours, depuis le jardin d'enfants et les Crayolor...

Ton nom bien sûr ne m'était pas inconnu. Il s'associait sans doute aux idéaux de justice proclamés par la Révolution française et ne se distinguait pas à cet égard de celui de Voltaire. Pourtant il ne brillait pas comme les autres, il n'avait pas cet éclat simple, incontestable des noms de grands écrivains accrochés pour toujours au firmament de la gloire – Racine, Corneille, Voltaire, Hugo, Balzac, Montaigne, Shakespeare, Goethe. Une sorte de trouble, de suspicion dans le jugement précédait ton nom. On savait qu'il y avait des pour et des contre. Étais-tu vraiment un grand écrivain? Oui, *mais*... Tu avais beau figurer en bonne place dans nos manuels de littérature, je savais, « on » savait, que tu ne bénéficiais pas de la même adhésion irréfléchie, immédiate, qui s'accordait aux autres. Qui avait propagé jusqu'à moi la rumeur? Certains de mes enseignants? Nos cousins plus bourgeois, plus intellectuels que nous? Pas mon père en tout cas que j'eus l'occasion d'interroger plus tard sur ce qu'il pensait de toi... Mais c'est bien ce qui se passe avec toute rumeur malfaisante, on ne peut jamais dire comment ça a commencé, comment ça s'est répandu, comment des familles entières s'en sont trouvées infestées. C'est ce que tu écris dans tes *Dialogues* :

« Une aversion une fois inspirée se communique de proche en proche dans les familles, dans les sociétés, et devient en quelque sorte un sentiment inné qui s'affermit dans les enfants, par l'éducation et dans les jeunes gens par l'éducation publique... » Ils disent que tu avais la maladie de la persécution et ils s'en étonnent... Quand je me souviens de cette odeur vaguement dégoûtante qui te précédait avant même que tu ne sois apparu, ta maladie de la persécution ne me surprend pas trop. On pouvait avec toi faire la fine bouche, risquer quelques grimaces, dire même qu'on n'aimait pas du tout. Au fond tu étais le seul qu'on pouvait prendre avec des pincettes. Tu n'étais pas juif pourtant. Mais c'était un peu comme ça. Tu dégageais une odeur fade de mollesse, de sensiblerie, de dissimulation. Peut-être une sorte de faux jeton, un « vicieux »? Ce dernier mot te convenant d'ailleurs spécialement puisque, comme ce nom de Rousseau qui te désigne, il s'avance, avant même d'avoir un sens précis, chargé de troubles sous-entendus à connotation sexuelle, mais non dite, donc sale, laide, répugnante. Si une petite jeune fille du lycée Marie-Curie disait de quelqu'un qu'il avait l'air vicieux, on pouvait être certain qu'elle n'en dirait pas davantage, l'indication étant qu'il était préférable, quoi qu'il en fût au fond, de s'écarter et de prévenir par là toute éventuelle souillure.

Je ne sais pourquoi depuis l'enfance, et pas seulement me semble-t-il depuis l'histoire de mes deux petites juives, j'étais sensible à cette « répulsion d'avance » dont font preuve certains êtres – ils sont d'ailleurs toujours plusieurs, membres d'une même famille, ou groupe, ou société – face à un objet quelconque du monde extérieur, ce peut-être un homme, un pays, une œuvre, un peuple, qu'ils ne connaissent que de nom, qui ne leur a rien fait de particulier ni qui ne les menace d'aucune manière. Ce mouvement, qu'on identifie et dénonce dans certains cas patents sous le nom de racisme, ne vise pas seulement les juifs, les nègres, les arabes, c'est un mouvement qui court les rues, les cafés, les maisons, les écoles, c'est celui du dégoût *a priori* et *définitif* puisqu'il comporte le refus de toute approche véritable. Très jeune j'ai senti que cette aveugle répulsion s'attrapait par contagion, que c'était une maladie, qu'il faudrait toujours essayer de s'en garder, ce qui n'est pas facile, loin de là... C'est insensiblement que celui qu'on a méprisé devient méprisable. Parce qu'on a craché sur celui-là il devient « crachable ». Je soutiens que le premier mouvement auprès de celui que le sort vient de frapper, le grand malade, le chien battu, le vieillard humilié, le chômeur mendiant, la femme violée, n'est pas de sympathie, mais de méfiance, de retrait, pour ne pas dire de répugnance. Ne le savent-ils pas eux qui ont honte d'une faute qu'ils n'ont pas commise... Comme si le malheur, l'infirmité, était souillure.

J'aimerais tant évoquer d'emblée ce bonheur de te lire pour la première fois et comme les phrases glissaient les unes dans les autres, et comme je me sentis soudain réconciliée, vivante, perspicace... Mais je ne peux négliger cette antipathie d'avance que tant de gens manifestent toujours à ton endroit (alors même qu'ils n'ont pas lu trente lignes de toi, alors même qu'ils n'oseraient jamais accabler aucun autre grand auteur d'un semblable mépris), cet obscur discrédit, cette propension à médire, à dénigrer dès qu'il est question de toi, non je ne peux pas faire comme si c'était une incongruité spéciale, une bizarrerie de ton sort, une curiosité anecdotique. Or je sais que si on ne parle pas de *ça*, de cette antipathie qu'on dirait d'instinct vis-à-vis de toi, si forte qu'elle existe encore en cet instant où je t'écris plus de deux siècles après ta mort, si on oublie ça, on manque le cœur immense et insondable de toute ton entreprise d'écriture, unique en effet et toujours inimitée :

« Je forme une entreprise qui n'eut jamais d'exemple et dont l'exécution n'aura point d'imitateur. Je veux montrer à mes semblables un homme dans toute la vérité de sa nature ; et cet homme, ce sera moi. »

Car que montres-tu, Jean-Jacques, en effet ? Tu montres ce que les autres cachent et qui n'est pas le mal, ni le vice, ni la noirceur d'âme, mais la honte, la pauvre honte, source commune de nos misères et de nos prétentions à la grandeur. Tu leur dis ce qu'ils ont voulu oublier et c'est ce qu'ils ne peuvent te pardonner.

On pourrait imaginer que les gens ont commencé à s'écarter de toi, à médire, à prendre des airs dégoûtés après avoir lu tes *Confessions*, mais non, ils ont fait ça bien avant, ou toi, tu as senti ça bien avant, puisque c'est dans la souffrance de celui qui se sent méprisé, mal-aimé et rejeté d'avance parce qu'il se découvre trop, que tu as entrepris d'écrire tes *Confessions*. Il y en a toujours de ces gens qui n'ont jamais mis le nez dans tes *Confessions*, qui pourtant savent qu'ils ne veulent pas t'aimer et qui ont grand plaisir à dire qu'ils ne t'aiment pas. Or il y a là un très grand mystère, dont tu n'es pas, loin de là, l'unique enjeu, mais une victime remarquable et dont nous n'avons pas fini d'entendre le témoignage, tant il est profond et subtil. Révélation sur les complexités de l'âme humaine que nous sommes loin d'avoir entièrement déchiffrée.

Non, cette drôle de chose poisseuse, méfiante, que j'ai sentie autour de toi avant de te connaître n'est pas une invention de ma part, un petit délire rétroactif dont je me servirais pour accompagner les tiens. Cette drôle de chose existe.

Depuis que je te connais, je fais comme avec tous ceux que j'aime ou que j'ai aimés, j'attrape souvent au vol dans les conversations une occasion de parler de toi. Je raconte un petit épisode de ta vie, je mentionne une de tes observations paradoxales, j'expose ta façon de voir sur une question que l'on vient d'évoquer... Il y a longtemps que mes intimes ont dû en prendre leur parti. Ils trouvent ça normal. Mais les autres, ceux qui n'ont pas l'habitude, si tu voyais la tête qu'ils font parfois en m'entendant parler de toi, avec mon admiration, ma tendresse déployée, sans réserve, sans pudeur! Si j'évoque de cette façon d'autres écrivains que j'aime, je ne sais pas moi, Kierkegaard, Kafka, Proust, Valéry par exemple, ils hochent la tête d'un air entendu, ils ne donnent pas toujours leur sentiment, mais ils manifestent bien que je manie là des valeurs sûres; s'ils contestaient, s'ils me disaient : Kierkegaard? Ah bon! Quelle idée! Kafka? Bof! Bof! Ou Proust, tu as bien dit Proust? Beurk! Quelle horreur! c'est eux, ils le savent bien, qui risqueraient de passer pour des imbéciles. Or avec toi, c'est tout à fait extraordinaire, ils ne semblent pas courir ce risque. On peut tout à fait s'exclamer sans crainte du ridicule : Rousseau? Quelle idée! ou : Rousseau? Bof! Bof! ou encore : Rousseau? Beurk! Quelle horreur!

Je me souviens d'un temps où je me mettais en colère, où je demandais des explications, presque des excuses, maintenant je laisse dire tout en cherchant à savoir discrètement pourquoi on t'en veut. Inutile de préciser que ce n'est jamais très clair, bien que la gamme des griefs possibles soit variée et étendue : ta thèse débile du bon sauvage, ton influence sur les bouchers sanguinaires de la Révolution, ta douceur mielleuse, tes misères sexuelles, ton apologie (paraît-il) de la propriété privée, ton délire de persécution, ton mépris du peuple (si, si, j'ai lu ça), ton art de flagorner les grands (toi!), c'est vrai, je t'assure. On va jusqu'à te faire dire l'inverse de ce que tu as écrit dans l'espoir toujours vif et gaillard de t'abattre. Hier encore je lisais le compte rendu d'un entretien « à bâtons rompus » que le président de la République actuel a eu avec des jeunes gens qui souhaitaient l'interroger, et voilà que je tombe au moment où je m'y attendais le moins sur une de ces extravagances que l'on te réserve. Figure-toi cet honnête homme, éclairé, loyal, et qu'on imagine volontiers mieux disposé à ton endroit que ses prédécesseurs, venir nous annoncer qu'il n'est pas d'accord avec toi sur un point essentiel, écoute bien lequel. Il pense, lui, contrairement à toi, que la loi est nécessaire pour fonder la liberté des citoyens, tandis que toi, Rousseau, tu aurais prétendu qu'il n'y avait de liberté que dans l'état de Nature... Le plus triste ici n'est pas qu'on te fasse dire des bêtises mais que toute ta pensée politique va justement dans le sens de l'idée que voulait défendre le brave président. C'est écrit partout, noir sur blanc, il n'y a qu'à se pencher pour ramasser :

« L'observation des lois n'est si sévèrement exigée que parce que la loi n'est qu'une déclaration de la volonté publique et qu'on ne saurait l'enfreindre sans attaquer la liberté. »

Ou encore : « C'est à la loi seule que les hommes doivent la justice et la liberté. »

Ou tout simplement : « L'obéissance à la loi qu'on s'est prescrite est liberté. »

Mais il est vrai que si le président avait dit ce qu'il aurait dû : je pense comme Rousseau que... il eût vite fait de passer pour un benêt, un despote sanguinaire, un tyran démagogue selon l'image peu flatteuse que l'on préfère se faire de toi...

Celui qui, dans la parole, se démarque de Rousseau s'affirme auprès de son auditoire, et c'est en dénonçant la naïveté politique de Jean-Jacques qu'il affiche sa propre maturité.

C'est comme ça; c'est toujours comme ça. Quiconque veut faire montre dans les salons, les assemblées, les colonnes de la presse, de la virilité de son caractère et de ses manières peut encore avec succès railler tes répugnantes mièvreries, tes larmoiements hypocrites, ton masochisme rampant. Fustiger tes bassesses et tes vices peut encore servir à l'exhibition d'une implacable vertu...

Curieusement l'histoire des enfants abandonnés semble tomber en désuétude, comme si la simple indignation morale se portait moins bien depuis quelque temps... N'empêche, les décennies, les siècles passent, et on trouve toujours, dès qu'on en a besoin, quelque malveillance nouvelle à dire de toi. Et ce qu'on trouve fait toujours l'affaire.

Juste un dernier exemple de cet acharnement étrange à médire de toi deux siècles après ta disparition, et après je m'arrête. A quoi bon retourner indéfiniment ce couteau dans ta plaie... J'ai sous les yeux une édition récente de tes *Confessions*, édition bon marché mais de bonne tenue, probablement donc la plus populaire à l'heure actuelle (Livre de poche, 1963). On a confié à François Mauriac, écrivain alors chargé d'ans, d'honneurs, de vertus et de style, le soin de rédiger une préface présentant ton ouvrage. Je ne voudrais pas que tu voies ça, tu souffrirais trop, mais je voudrais que tous les autres le voient. C'est un modèle de ce qu'on s'autorise à faire avec toi. Ce n'est pas de-ci de-là une coulée de venin acide à la Voltaire pour pimenter l'affaire, c'est un grand bouquet de crachats tiré d'une auge de fiel. Bien pire que tout ce que ta pauvre tête malade a pu imaginer. C'est le plus répugnant des portraits qu'on puisse inventer de toi. Te voilà lâche, menteur, impuissant, monstre d'orgueil et de vanité, égoïste, exploiteur, méprisant, traître avec tes amis, profanateur des valeurs les plus sacrées, et avec ça carpette, hypocrite, grincheux, hypocondriaque, en un mot : SINISTRE... Chez toi « vertu devient le prête-nom du crime ». « Rousseau a toujours menti. » Tu confères « aux mœurs les plus corrompues toutes les grâces de la pureté ». Toi « l'amant infirme » qui trouve dans ces *Confessions* « l'exutoire par où s'échappe tout le pus d'un organisme pourri », enfin bref tout ça, même si c'est du génie, c'est le

génie du mal, et pour tout dire « une chiennerie »... La
question devient alors : pourquoi continue-t-on à lire cet
affreux, à le dévorer même parfois ? Mauriac répond.
C'est parce que nous reconnaissons en toi l'indignité
même qui nous habite. Parce que tu nous révèles le
bourbier fangeux de nos cœurs. Nous sommes « fascinés »
par le dégoût que tu nous inspires, parce que tu exhibes la
part d'ignominie présente en chacun de nous. Même en
Mauriac ? Il consent à le dire, oui, oui, même en lui. (Rien
à voir évidemment avec toi qui, lorsque tu vas clamant
que tu es bon au fond et incapable de faire du mal à une
mouche, touches le fond de l'ignominie.)

Pour achever le tableau, Mauriac nous propose une
phrase de Nietzsche dans laquelle il reconnaît un « involontaire portrait » de toi « plus criant de ressemblance
que le pastel de La Tour ». (C'est à peine si j'ose
recopier... et pourtant il le faut, sinon on ne me croirait
pas...) Voilà donc la pensée de Nietzsche, citée par
François Mauriac, page 17 de sa préface aux *Confessions*,
comme l'ultime portrait de toi, celui qui « crie » de
ressemblance :

« On méprise l'être méfiant, avec son regard inquiet,
celui qui s'abaisse, l'homme chien qui se laisse maltraiter,
le flatteur mendiant, et surtout le menteur... » Toi !...

Je ne pleure pas seulement sur toi, Jean-Jacques, je
pleure sur moi, sur tous les enfants, les femmes, les
vieillards-chiens, je pleure sur l'horreur de cette humanité
où les bottes cloutées des puissants militaires piétinent,
superbes et arrogantes, l'agneau déjà vaincu, terrifié,
souillé, profané...

Je ne sais pas de quel côté se trouve assurément le vice
ni de quel côté la vertu. Mais je sais une chose, je la sais
depuis l'enfance et je préférerais mourir plutôt que de la
renier ou de l'oublier : quand la haine active, la sauvage
violence du mépris osent se glorifier d'elles-mêmes, alors
le mal absolu est atteint.

Bien sûr je n'avais pas lu ces lignes de Mauriac quand
je te rencontrai pour la première fois dans le Lagarde et
Michard. J'étais à mille lieues d'imaginer de telles outran-

ces dans la méchanceté déployée publiquement vis-à-vis de toi. Pourtant j'avais déjà perçu, j'en suis certaine, autour de ton nom (phénomène rarissime pour ne pas dire unique au panthéon des belles-lettres) les vapeurs troubles de la médisance. Et déjà j'avais vu les illustrations du livre pour le chapitre Jean-Jacques Rousseau. Une reproduction photographique du pastel de Quentin de la Tour notamment, et une du fameux buste d'Houdon ; l'un te représentant dans la force de l'âge, et l'autre plus vieux. C'est bien le même visage, et pour moi d'une saisissante proximité. Je me souviens d'avoir été frappée par la « familiarité » extraordinaire de ce visage. Je ne sais si les deux artistes avaient tenu à flatter leur modèle (pour quelle obscure raison, j'ai du mal à imaginer quelle faveur ces artistes auraient pu attendre de toi), toujours est-il que je fus troublée par ce que je sentis de désaccord entre cette défiance étrange dans laquelle « on » te tenait et la franchise immédiate et bienveillante de ton visage. N'avais-je pas déjà flairé une possible injustice ? N'avais-je pas déjà, sans rien savoir, pris parti pour toi ? Il se peut. Au moins s'agissait-il d'un préjugé favorable et à ce titre inoffensif.

C'est un après-midi au cours de français.

Je suis vers le fond de la classe, comme d'habitude, près des grandes fenêtres, mais pas trop, ménageant le recul suffisant pour suivre à ma guise la course des nuages. Nous allons étudier un texte intitulé « Promenade sur le lac », extrait de *la Nouvelle Héloïse*. Qui veut lire ? Moi, moi, moi... J'adore ça. Sur ce point je n'ai pas changé depuis l'enfance. Copier, écrire sous la dictée, lire à haute voix ou réciter un texte qui me plaît, ces activités qui ne requièrent pas un travail propre de l'esprit me plaisent infiniment et j'y réussis particulièrement bien. Je suis choisie pour « Promenade sur le lac ».

Au début je lis comme d'habitude, devançant des yeux la phrase pour en attraper le sens auquel ajuster le ton de la voix, appréciant comme une faveur personnelle l'écoute immobile qui m'entoure.

« ... Insensiblement la lune se leva... »

Peu à peu une étrange métamorphose se produit. Le monde recule, les autres s'éloignent comme des vapeurs, les mots montent dans ma voix.

Deux jeunes gens s'installent dans une barque, glissent sur un lac en se tenant la main, tandis que la nuit descend et que le silence gagne l'univers.

Alors, goutte à goutte, naît la musique sur la portée de l'eau, notes suspendues, traits légers dans l'azur, affleurement des soupirs... L'air est tiède. Le clapotis des rames égrène un frêle chapelet de perles sonores. Le cri des bécassines enivre l'espace. J'entends tout. J'y suis.

Le texte me pénètre d'une émotion si profonde et si douce que les larmes me viennent aux yeux et que j'ai le plus grand mal à maintenir ma voix dans la gorge. Il me semble qu'elle pourrait, qu'elle veut aussi se noyer dans l'eau si bonne du texte, finissant « dans ses bras ma vie et ses longs tourments ».

Je ne sais rien de cette Julie, de ce jeune homme accablé de mélancolie, mais c'est aussi, car c'est ainsi que je le sens, glissant entre les lignes, d'inexorable bonheur. Pourquoi sont-ils tristes? Pourquoi ne peuvent-ils s'aimer encore et de nouveau comme ils s'aimaient naguère, puisqu'ils s'aiment? Pourquoi doivent-ils taire cet aveu d'amour auquel ils se rendent pour une dernière fois? Que leur est-il arrivé? Notre professeur nous en a certainement informées avant de nous engager à la lecture du texte, mais comme d'habitude je n'y ai pas prêté attention. Quelle importance, au fond? Ce qui se passe ici échappe évidemment à l'anecdote, ce n'est pas le détour d'une intrigue mais la matière accomplie du désir, comme si tout ce qui avait été vécu entre eux, se vivait et se vivrait encore, était alors donné. Tout remonte et redevient sensible : les jouissances d'autrefois et les blessures qu'elles ont laissées en se retirant, et cet immense chagrin qu'ils peuvent étreindre ensemble les console aussi absolument. Je ne souffre pas pour eux, je ne me soucie pas de savoir ce qui leur arrivera par la suite. Il me semble qu'ils sont arrivés. Au plus haut, au plus heureux, en ce point où leur séparation découvre son revers enchanté : celui d'une éternelle alliance où la parole entre eux atteint sa perfection de silence plein de certitude : on peut se taire puisqu'il est maintenant pour toujours entendu que l'on n'a jamais cessé de s'entendre.

« Ah! lui dis-je tout bas, je vois que nos cœurs n'ont jamais cessé de s'entendre! Il est vrai, dit-elle d'une voix altérée, mais que ce soit la dernière fois qu'ils auront parlé sur ce ton. »

Il me serait bien difficile d'expliquer pourquoi cette lecture me fit soudain une si puissante et si douce impression, pourquoi je me sentis caressée d'un bout à l'autre de ma vie d'un baume de tendresse, pourquoi j'eus la sensation d'avoir moi aussi longtemps erré et d'être enfin arrivée, chez moi, en un lieu que je ne quitterais plus.

Moi aussi je me souviens, je me souviens de tout, de mon enfance, de ma mère, de mes chagrins, du chagrin de Madeleine, de mes faux amoureux, de mes amies futiles ou cruelles, je me souviens de mes bonheurs passés, de jardins, de saisons. Je me souviens d'une gravure accrochée au mur dans la chambre de ma mère à la campagne : on y voit deux très jeunes filles tout juste nubiles, nues et pudiques, les pieds dans une eau nocturne, penchées sur le reflet proche, vibrant, insaisissable de la lune; cela s'appelle *Pêcheuses de lune*.

... Oh! lune liquide, lumière d'intimité la plus secrète, serais-je revenue chez moi, en ma mère, en mon espace d'enfance, là où je suis aimée, où les jours qu'aucun tourment jamais ne brise coulent l'un dans l'autre? Mais non, on ne revient jamais, on se souvient, c'est tout. L'important est de ne plus se séparer de sa mémoire, l'important est de la rejoindre, de s'y couler tout entière, de s'y laisser accueillir, prendre et bercer...

En te lisant, Jean-Jacques, je me suis allongée dans la barque des mots, j'ai croisé mes mains sous la nuque, j'ai regardé le ciel. Je me sens bien, tellement bien. Voilà que j'ai trouvé ma demeure, mon refuge, c'est un lit très ancien et très neuf, plus profond et plus délectable encore que celui où parfois je m'étais endormie contre ma mère.

Au creux de ce lit on entend toute chose exister, et non seulement les objets de la chambre, les allées, les fleurs, les arbres du jardin, mais aussi les étoiles du ciel, et plus loin encore le monde qui existe, et son histoire, et sa respiration, et tant de gens qui vivent, et les morts, tant de morts, car les mots des livres, je le conçois soudain, peuvent tout accueillir, tout concilier, apaiser, consoler...

C'est dans ce passage qu'on nous avait donné à lire que figurent ces deux vers italiens que tu cites :

« E tanta fede, e si dolce memorie.
E si lango costume! »

(Et cette foi si pure, et ces doux souvenirs, et cette longue familiarité...) Est-il besoin de connaître l'italien pour sentir qu'on vous prend dans les bras, qu'on vous emporte, qu'on n'a plus rien à craindre ?

Au fur et à mesure de ma lecture je me sentais changer, me débarrassant de tous mes vieux oripeaux, mes croûtes d'envie, de ressentiment, mes miasmes d'ennui, de paresse, de mollesse, et devenir étonnamment subtile, délicate, perspicace, prête à accorder à toutes les choses et les pensées du monde une attention sans faille, à m'engager à mon tour dans une œuvre de toute beauté, à lui consacrer mes jours et mes nuits... Jamais encore je n'avais connu ça. Ce bain tout à la fois de mémoire et de jouvence, cette impression de naître à soi-même dans l'humeur, la texture, le goût des pages que l'on vient de lire, de sourdre de la liqueur du texte comme un prolongement, une émanation, une créature de cette liqueur...

Oui, c'est au cours de cette lecture-promenade sur le lac que je subis pour la première fois, surprise, émerveillée cette sorte de transfiguration qu'opère en moi (n'est-ce pas sur chacun ?) toute lecture vraiment heureuse.

Je me sens devenir alors « comme » l'écriture de celui que j'aime lire. Toute écriture est d'une étoffe unique, d'une matérialité propre, tangible, dont on peut apprécier les qualités de souplesse, de liquidité, d'onctuosité, de langueur ou de rapide précision, mais aussi une certaine façon de réfléchir, d'arrêter la lumière ou de la laisser

passer. Je peux ainsi au sortir d'une longue et bonne
lecture me sentir réellement transfigurée en écriture de
Proust, de Rousseau, de Kafka... Je deviens pour un
moment exactement cette beauté-là, ce rythme, cette
ondulation, cette figure du désir, cette tension entière de
soi, cet appétit de vérité, cette quintessence de prière, et
mon corps se sent tout enjoué et vibrant d'être ainsi
habité, possédé, mon front s'éveille, les yeux s'agrandis-
sent, les bras se déploient, la poitrine s'élargit, les jambes
s'élancent... Ah! comme je vis alors, je vis animée d'un
souffle inépuisable!

Ne comprends surtout pas que je me mette à penser
exactement ce que tu penses, ce qu'ils pensent, ou à écrire
comme toi, ou comme eux, si j'écris – du moins je ne le
crois pas. Je ne cesse pas du tout d'être moi pour devenir
quelqu'un d'autre, au contraire c'est comme si on me
donnait la possibilité d'être enfin moi, toute moi, capable
d'appréhender le monde, de jouir et de penser en grande
vérité et profondeur, dans l'humeur même, l'haleine, le
souffle, la musique d'une écriture aux contours nets et
assurés.

Je sus, me semble-t-il, en cet instant, en cette première
fois de lecture poignante et régénératrice, que je serais
écrivain. Ou plutôt que rien ne pouvait être désiré au-delà
de l'écriture. Mon destin m'apparut comme une prose
d'eau douce en laquelle j'allais me glisser toute pour la
quérir, encore, et encore; en elle j'écrirais indéfiniment
dans les sillages élargis des beautés qu'elle m'a fait
entrevoir...

Écrire... En faire son activité quotidienne sans avoir à
s'en cacher, sans voler pour cela le temps, l'attention
qu'on aurait dû consacrer à autre chose... Écrire sur de
vrais cahiers qui ne seraient ni d'histoire, ni d'anglais, ni
de mathématiques, mais seulement d'écriture... Cela donnait le vertige. Un vertige semblable à celui qui me venait
à la pensée que certains (jeunes gens mariés ou étudiants
vivant loin de leurs parents) pouvaient s'adonner à tous
les délices de la sexualité sans avoir à mentir, à ruser, à
tant devoir se cacher que le plaisir en était à la fin

assombri. (Je m'étonnais d'ailleurs que ceux qui avaient cette liberté-là parviennent si bien à garder secret ce bonheur insultant, ce bonheur d'oiseaux des cimes, à n'en rien laisser paraître...) Toujours est-il que la profession d'écrivain m'apparut sous le même visage enchanteur que l'amour sans parents et sans prêtres... J'imaginai soudain la félicité de l'adulte écrivain.

Emportée par cette rêverie j'observai, conquise, ravie, ton portrait par La Tour. Ah! ce n'est pas sur toi que le bonheur pouvait passer inaperçu! Tout dans ton visage disait que tu savais en ramasser la moindre parcelle pour la porter à la lumière, jusqu'à la sertir à tout jamais dans le collier des mots... Je m'accroche à ton regard, à ton front, à ton nez, à tes lèvres pour imaginer ce que c'est que vivre et écrire quand c'est tout un. Quelle passion, quelle brûlure, quel régal ce doit être!

Je ne veux rien savoir de ce qu'il faut penser de « Promenade sur le lac », je n'écoute certainement pas la suite du cours. Je feuillette le Lagarde et Michard à la recherche d'autres images pour mieux te deviner encore. Il y a une gravure représentant la maison des Charmettes où tu vécus avec Mme de Warens, une autre de l'Ermitage de Montmorency. (Après être retournée voir dans le Lagarde et Michard, je me suis aperçue que ma mémoire a confondu les deux gravures et ajouté le rivage d'un lac qui ne figure sur aucune.) Je rêve. C'est là-bas que je veux vivre, dans une gravure du XVIIIe siècle, à la campagne. Je rêve tout à fait comme toi, sans le savoir bien sûr, puisque je suis convaincue, rien qu'à voir ton visage, ton sourire, les lieux où tu as vécu et écrit, que tu n'as pas eu à rêver, toi, puisqu'à l'évidence tu as EU...

Je ne sais si c'est depuis ce premier jour de notre rencontre mais je sens bien que le goût que j'ai pour la campagne, celui que j'ai pour les gravures anciennes et l'amour que j'ai de ton écriture s'alimentent à la même source, participent d'un même désir, anticipent un même lieu du bonheur à son plus extrême : là où vivre et écrire seraient tout à fait confondus.

C'est ainsi que parfois un bout de campagne se met à

ressembler de façon saisissante à une gravure du XVIIIe : manifestation du travail humain dans la délicatesse des lignes, la netteté des contours, le repos, l'équilibre, la sérénité des figures bien tenues, bien tracées. Champs, bosquet, village, église : la nature s'efface, les hommes sont invisibles; se montre seulement la perfection de leur alliance. L'inclinaison d'un toit de ferme, un instrument aratoire abandonné dans une cour, une allée de saules, un banc sous les tilleuls, un chien devant un puits; je m'arrête pour voir et me réjouir de voir comme si tout était si judicieusement là à sa place que rien jamais ne devrait être changé. Délicatesse et certitude des lignes. La simplicité même tracée dans la lumière. L'humilité inscrite. Il ne faut pas aller chercher la beauté ni la bonté trop loin, puisqu'elles sont là.

Mais il arrive aussi qu'un coin de campagne me fasse très précisément penser à toi, ou plutôt à ton écriture... Mais non, ce n'est ni tout à fait toi, ni tout à fait ton écriture, c'est cette chose tangible entre toi et l'écriture et que j'appelle Jean-Jacques. C'est une certaine façon d'attendre et d'accueillir l'humilité de l'heure. Cela arrive par exemple certains soirs d'été. Je me dis, tiens, voilà Jean-Jacques. Je n'ai pas froid, je n'ai pas chaud, je suis assise sur les marches devant la maison, les hirondelles sillonnent de leurs cris l'air haut et limpide. Le soleil incliné touche de pastilles d'or les choses les plus modestes, un coin de palissade un peu effondrée dans les ronces et qui s'appuie sur une ancienne roue de charrette abandonnée là, je ne sais depuis quand ni par qui. Un vieux pommier qui ne donne plus de fruits depuis longtemps et que se partagent sans concurrence le houx et le gui, et voilà que la modeste et sombre frondaison s'enorgueillit d'un subtil treillis de cuivre fin et que, devant mes paupières à demi closes de plaisir, passe une résille de miel. Je suis contente. Je me sens pleine d'amour en dessin, en gravure, en dentelle. Je me sens au cœur de mon paysage favori auquel depuis longtemps j'ai associé ton nom. Je l'appelle Jean-Jacques. C'est alors que je deviens friande d'écriture; je la sens prête, ici, au bout

des doigts. Je m'imagine déjà au lendemain matin, à
l'aube, dans la cuisine, assise à la table, mon cahier, la
page blanche, le stylo. Ce n'est bien sûr que la texture
d'une rêverie d'écriture. On peut des années durant en
rester là. On peut se contenter de l'enchantement de la
lecture et de l'appétit délicieux d'écriture au sortir du
livre, au détour d'un chemin, au seuil de toute beauté...

« Oh! monsieur, si j'avais pu écrire le quart de ce que
j'ai vu et senti sous cet arbre... ce que j'ai pu retenir de ces
foules de grandes vérités qui dans un quart d'heure
m'illuminèrent sous cet arbre, a été bien faiblement épars
dans les trois principaux de mes écrits... Tout le reste a été
perdu. »

Même toi qui sais si bien écrire, qui sais si bien porter à
l'évidence les pensées les plus profondes, suivre à la trace
les émotions les plus délicates, même toi, tu as connu la
déception de l'écriture, alors moi, pense...

Je m'épuiserais à vouloir te dire comment ce « Jean-
Jacques » vit en moi, il me faudrait évoquer une certaine
organisation de l'espace, mais aussi une couleur, une
tonalité, une mélodie, et peut-être encore, le plus difficile,
comment cela se mêle à la mémoire obscure que j'ai de
ma mère et que je n'appréhende vivement que dans les
rêves... Non je n'en finirais pas... Je suis allée le mois
dernier me promener au parc de Sceaux. Parce que je t'y
ai maintes fois cherché, parce que souvent je t'y ai lu en
ma saison préférée qui fut aussi la tienne, celle de l'été
finissant, parce que l'eau des bassins est pleine de ta prose
d'eau douce, ces lieux sont pour moi tout animés du
souffle de Jean-Jacques. Et si je veux dire à quelqu'un ce
que c'est pour moi que ce « Jean-Jacques » qui me plaît
tant et qui me met si fort en pressant désir d'écrire, alors
je devrais aussi lui montrer le parc de Sceaux et lui dire
comment cela se compose à « Jean-Jacques ».

Le plus curieux, c'est qu'il me semble que ce « Jean-
Jacques » ne s'est pas découvert peu à peu et enrichi,
élargi, au fur et à mesure de ma lecture et de ma pensée de
tes écrits. L'histoire de ma longue liaison avec toi m'ap-

paraît tel un roman d'amour s'ouvrant sur un coup de foudre. C'est comme si, en cet instant de mes quinze ans, j'avais tout vu de toi, de ce que tu serais pour moi, de ce que j'allais entreprendre à cause de toi. Comme si la magie de « Promenade sur le lac », confondue à toutes les rêveries déployées autour de ton portrait et des gravures des lieux où tu avais vécu, t'avait livré à moi dans un éclair de certitude. Comme si j'avais tout senti d'avance avant même de te connaître. Ainsi, je le sais bien, se raconte l'amour...

... Mais surtout ne crois pas que je te raconte ça maintenant pour servir à ma « littérature », que j'invente dans une complaisance de romancier cette historie de première rencontre, de coup de foudre scriptural...

... Il y a très longtemps – depuis que je t'ai fréquenté régulièrement – que je me souviens de notre première rencontre dans le Lagarde et Michard comme je te la raconte aujourd'hui. Crois-moi, je n'affabule pas pour l'ornement...

... A moins qu'il ne faille considérer (j'en connais qui ne s'en priveraient pas) que tout ça c'est de la littérature, de l'imagination livresque, de l'amour de fiction...

Qu'ils croient ce qu'ils voudront après tout, ça m'est égal.

Plus je t'ai lu, plus j'ai vécu, plus j'ai écrit, et moins j'ai su faire la différence entre le réel et la littérature. Et mieux il m'apparaît qu'au fond je ne l'ai jamais faite. Je ne dis pas que j'ai raison. Je ne dis pas qu'à la fin ne se trouve une épreuve de la folie. Mais c'est ainsi. Rien du réel ne m'apparaît qu'à travers son écriture possible et désirable. Le reste n'existe pas et meurt sitôt que né. Mais si l'écrit aimé me brûle ou si je m'enfonce à mon tour dans l'écriture, c'est dans la quête d'un trésor de vérité qui n'a plus de mots, qui est outre livre, outre écriture... C'est bien d'une lumière réelle dont il s'agit au début ou à la fin de l'écriture, pas d'une lumière littéraire...

C'est la lumière réelle qui parfois me frôle, me saisit, me brûle, m'irrite de désir. Alors je la presse de venir plus près encore, d'entrer pour de bon, de me posséder toute,

mais voilà qu'elle m'échappe sans pourtant disparaître
tout à fait, elle se tient à l'écart, tantôt narquoise et tantôt
triste... Alors je prends de l'encre et du papier comme si
j'allais, par miracle, trouver les mots pour la circonve-
nir...

L'écriture est désespérante; tu le savais mieux que
quiconque, et pourtant, jusqu'au dernier jour...

Mais pourquoi jeter maintenant de l'ombre sur cet
instant de mes quinze ans où j'ai conçu l'écriture comme
la voie d'accès au bonheur le plus grave, le plus intense,
ou j'ai cru que par elle la lumière entrevue se jouirait
infiniment.

Ce jour-là je n'imaginais pas que pour écrire il me
faudrait besogner, fomenter, renâcler à l'ouvrage.

Je ne soupçonnais pas non plus l'écriture de ne pouvoir
jamais attraper que des fragments, des débris de splendeur.

Ce jour-là j'aurais certainement refusé d'admettre
qu'on n'y arrivait jamais. Que la beauté, la vérité profuse,
la pure jouissance étaient insurmontables.

Ce jour-là, à cause de toi, je me croyais déjà au paradis
de l'écriture. A vrai dire j'y étais.

La fin du lycée

C'était trop beau. A peine connus l'exaltation de te rencontrer et ce rêve simple et ambitieux de me faire écrivain à ta suite, à ton image, il fallut déchanter, baisser les yeux, tourner la tête...

La délation tomba de la chaire même du professeur le jour suivant la lecture de « Promenade sur le lac ».

Le doux Jean-Jacques, le chantre de l'enfance, de l'innocence, de la bonté humaine, le chevalier de la vertu, et qui avait écrit un fort gros traité d'éducation, avait abandonné ses propres enfants à l'Assistance publique.

Quel coup! Les petites jeunes filles du lycée Marie-Curie de Sceaux en suffoquèrent d'indignation. Elles échangèrent des regards stupéfaits en ouvrant la bouche comme des poissons. La plus cultivée de la classe hochait la tête d'un air entendu et se penchait vers sa voisine, probablement pour lui apporter quelques compléments d'information...

Moi, je me sentis plus que flouée, humiliée, j'éprouvai une sorte de trahison. Je détestai mes compagnes et leurs mines outragées. Je détestai comme on déteste le messager de mauvaises nouvelles. Je me détestai moi aussi pour cet élan de passion irréfléchie que je venais d'avoir pour toi. Je me souviens encore du trouble que je ressentis. En lieu et place de cette félicité qui avait de toute part miroité devant moi, voilà qu'il me fallait soudain inscrire l'image de ce qui m'était le plus intolérable : la détresse d'un enfant arraché à l'amour des siens.

Je crois bien que je ne dis rien. Je fermai le Lagarde et Michard de peur d'entendre encore la petite musique des jeunes gens sur le lac. Je résolus de penser à autre chose. Je ne fus pas volontaire pour lire à haute voix le texte suivant.

Longtemps je réussis ainsi à t'éviter, à ne plus repenser à l'étrange émotion de notre rencontre, ni même, me semble-t-il, à me faire écrivain, comme toi, dans une petite maison blanche avec des volets verts, sur la pente d'une colline, à proximité d'un lac... Alors même que j'entrai pour de bon au pays de la lecture, je me gardai près de deux ou trois ans de te lire, de te connaître. Entendre prononcer ton nom m'était désagréable. Je préférais ne plus rien apprendre de toi, que ce fût en bien ou en mal. Il y avait là un trop grand mystère pour moi. Mieux valait s'en écarter plutôt que de chercher à le résoudre, ou pire, à s'en accommoder...

La roue tournait. La fin du lycée approchait. Macha, puis Jacqueline quittèrent le lycée. Mais le temps de notre amitié était déjà révolu. Leur départ ne me causa pas de vrai chagrin. Toutes mes préoccupations allaient désormais à l'extérieur du lycée. A vrai dire je crois bien que je ne pensai plus qu'à l'amour.

J'habitai tout entière ce temps où « le désir d'aimer et surtout d'être aimé vous dévore », ce désir que, dis-tu, tu ne « parvins jamais à bien satisfaire ». (Qui y parvient? Ceux peut-être que ce désir ne fit qu'effleurer et qui surent le satisfaire bien avant d'en être dévorés...) Je me livrai à corps perdu à cette dévoration. Les jours passaient et l'amour manquait toujours davantage. Les rendez-vous, quand j'en avais, les baisers, les caresses, les regards n'apaisaient rien; bien au contraire, on aurait dit que la souffrance d'amour s'en aggravait d'autant.

Alors j'eus hâte d'en finir avec les années-lycée. Tous mes regards se portaient maintenant vers Paris. J'allais régulièrement au ciné-club du lycée Montaigne avec mon amie Annie (que Jacqueline n'aimait pas). Je ne connaissais guère du cinéma que les péplums du Regina de Bourg-la-Reine. A travers les films de Carné, René Clair,

Dreyer, Renoir, Clouzot, je découvrais un monde pour moi jusqu'alors insoupçonné de la pensée, de l'image, mais aussi de la parole, car après chaque projection nous débattions du film ensemble. Ce ciné-club fut ma première expérience de parole collective qui réunissait pour autre chose que le flirt des garçons et des filles. Instants exceptionnels où j'oubliais tout à fait ma déréliction habituelle. Je nous trouvais beaux, intelligents, touchants dans notre ardeur à parler, à comprendre, à vivre. Je nous sentais prêts à réaliser de grandes choses. J'aimais me penser au seuil d'un avenir dont j'ignorais tout mais que je ne pouvais concevoir que passionnant. J'aimais discuter avec Annie dont j'appréciais la gravité et ce goût têtu qu'elle avait pour les grandes entités : l'Amour, la Beauté, Dieu, la Poésie. Nous nous exercions ensemble à la représentation cohérente de nos attentes, de nos espoirs. Elle y parvenait mieux que moi qui avais du mal à voir, sans doute parce que je voulais tout, l'amour unique, mais aussi toutes les épreuves possibles du cœur, la gamme indéfinie des expériences, la richesse mais aussi la pauvreté, la vie mondaine, le monastère, la ville, la campagne... A bien y réfléchir tout me faisait envie. Je nous revois, Annie et moi, marchant à grandes enjambées à travers le jardin du Luxembourg, commentant encore le film que nous venions de voir, le mesurant à notre expérience, l'examinant comme figure possible de notre destin. Je nous vois, allant d'un pas vif, déterminé et avec une confiance tellement naïve en notre avenir qu'elle m'apparaît maintenant comme un peu stupide. Certes nous admettions que nous aurions peut-être à souffrir, mais certainement plus jamais à vivre dans la contrainte ou le mensonge. Quand nous aurions enfin fini d'être filles de nos parents, nous serions libres, à jamais libres et vraies, franches, sincères, transparentes... Je buvais avec elle dans les bistros du quartier Latin mes premiers cafés noirs. Ils avaient le goût exaltant, la densité, la dureté, l'implacable tenue que je souhaitais à ma vie.

Je t'oubliai. Je ne m'occupai même plus d'écrire. J'étais devenue une si mauvaise élève qu'il me fallut redoubler une année scolaire avant d'avaler rapidement la classe terminale où l'on faisait de la philosophie.

L'idée de faire de la philosophie m'enchantait. Là encore il fallut déchanter. Il fut question de beaucoup de choses dans cet enseignement mais certainement pas de philosophie. Ce ne fut pourtant pas une année perdue. J'y appris deux ou trois choses importantes dont le fait que j'aimais réfléchir, faire de l'écriture – traces tangibles d'ordre, d'équilibre, d'harmonie – avec mon travail de pensée. Je découvris enfin un domaine dans lequel, sans avoir à étudier, je pouvais obtenir de très bonnes notes. Et ma voie se trouva donc tracée sans que j'eusse même à en débattre : je ferais des études de philosophie.

Je ne sais pas si le goût de l'étude m'était enfin venu, je pense que mon désir d'être étudiante tenait surtout à l'autre désir dont nous parlions plus haut, celui qui vous dévore. A l'évidence le grand amour avait plus de chances de se présenter au quartier Latin, dans les couloirs de la Sorbonne ou même au jardin du Luxembourg qu'à la sortie du lycée Marie-Curie ou dans les espaces tristement et définitivement déserts du parc de Sceaux.

Je me souviens de mon dernier mois de lycée, un mois de juin superbe. J'allais déjà à Paris presque tous les jours après le lycée. Je commençais à lire les journaux. J'avais coupé mes cheveux très court, je portais des jupes larges et des mocassins blancs. J'étais heureuse et j'étais triste. J'aurais voulu passer ma vie au café. Mais quand je me retrouvais dans mon jardin, bavardant avec mon père qui arrosait ses roses ou égrainant contre mon palais les groseilles translucides, j'aurais voulu que cela ne pût jamais finir. Comme si dans mon désir empressé de partir j'anticipais déjà tout le chagrin de la perte. Je m'attardai à observer avec une attention inégalée ce qui avait fait ma vie jusque-là : le lycée, le parc, la maison, le jardin, les amis d'enfance, les voisins, et ma tendresse pour eux ne fut jamais plus vive qu'en ce mois de juin dont je me souviens si bien.

On était en 1959. La guerre d'Algérie battait son plein. Mes deux frères étaient partis l'un après l'autre. Mon père vécut quatre ans d'attente de courrier qui ne venait pas, quatre ans d'angoisse pour ses fils jetés l'un après l'autre dans un combat qu'il réprouvait et qu'il savait perdu d'avance. Mais c'est à peine si je m'en étais aperçue.

En 1959 je savais tout juste que le monde existait; de ses misères, de la guerre, de l'injustice, de l'exploitation, j'ignorais à peu près tout.

Pour tout dire, je ne savais à peu près rien du tout. J'avais réussi à traverser ma scolarité sans ouvrir de livres, sans même écouter ce que tentaient de m'enseigner mes professeurs. Je savais lire, écrire, compter.

Je ne m'explique pas encore très bien le fondement en moi d'une résistance aussi têtue au savoir inculqué. Mais plus tard, quand je lus l'*Émile,* je m'aperçus que malgré mon indiscipline, mais peut-être aussi grâce à elle, j'avais réussi une sorte d'éducation par moi-même, finalement assez voisine de celle d'Émile. J'étais nulle en histoire, en géographie, en anglais. Mais je savais sentir, jouir et souffrir, je savais m'arrêter, m'étonner, regarder, et même réfléchir. Ainsi qu'Émile, j'avais « peu de connaissances, mais celles que j'avais étaient véritablement miennes ».

Parfois je m'effrayais (je m'effraye toujours) de mon abîme d'ignorance. J'en avais honte (j'en ai honte aussi encore). Mais à d'autres moments, quand je voyais à quel point les autres n'osaient par exemple ni juger ni parler pour eux-mêmes, alors j'étais soulagée et contente. Au fond je le savais, je n'avais pas tout à fait perdu mon temps. Et même, à certains égards, j'en avais gagné beaucoup. Car ainsi que tu le dis si bien, en matière d'éducation, « l'essentiel n'est pas de gagner du temps, c'est d'en perdre ».

Paris, V^e

Enfin je devins étudiante. Au lieu du lycée immobile dans son éternité tranquille, ce fut la Sorbonne mouvante, ouverte, sans contrainte ni contrôle. Au lieu du chemin de toujours entre les villas pudibondes, les jardins secrets et odorants, ce fut le métro tout chahuté de pensées, d'images, l'autobus qu'on attrapait à la volée par l'arrière, l'ivresse de la ville découverte à travers un flamboiement de possibles, de libertés nouvelles, insoupçonnées. Les rencontres succédaient aux rencontres. Le boulevard Saint-Michel, la rue Soufflot, les cafés, les cinémas, les bibliothèques du quartier Latin me devinrent en peu de temps aussi familiers que les sous-bois, les allées, les statues du parc de Sceaux et l'aise à m'y déplacer aussi grande que dans les rues de ma petite province.

Un sacré charivari. Le monde m'arrivait d'un coup, à travers tous les modes d'expression possibles. Les discussions dans les cafés, dans les rues, dans les couloirs de la faculté captaient mon attention, les polémiques dans les journaux, dans les revues brisaient le fil de toutes mes méditations antérieures. Les préoccupations dominantes des jeunes gens qui m'entouraient n'avaient apparemment plus rien à voir avec ce qui m'avait occupée jusqu'alors. Je ne m'en plaignais ni ne m'en réjouissais. J'étais captive. Le cinéma, fréquenté à peu près quotidiennement, m'habitait d'images puissantes et insolites qui m'éveillaient au mouvement des choses et des êtres, à la précarité de notre jeunesse, à l'histoire en général. Mais c'est aussi dans ce même temps que j'abordais la beauté des livres lents, pesants et sages qui réclamaient une patience et une immobilité que je n'étais pas toujours, pressée de rendez-vous et de sollicitations diverses, en mesure de leur accorder.

Ce concert de messages faisait en moi un curieux tintamarre, mais j'en aimais l'amplitude, l'aspect fragmentaire, inachevé, la multiplicité presque cacophonique. Je me laissais porter souvent ravie, parfois inquiète, égarant sans cesse le fil de ma propre pensée, me souvenant parfois comme d'un rêve qui laisse traîner sur l'éclat irrésistible du jour les traces sombres de ses humeurs nocturnes, de mon désir d'écrire. La puissante douceur de ce que j'avais éprouvé à la lecture de cette page de *la Nouvelle Héloïse* me revenait en mémoire, cette prose adorable, ces lianes de caresses aux mots enlacées, comme elles étaient loin de moi maintenant et comme il serait long le chemin pour les rejoindre. Car je ne doutais pas que je reviendrais. Il me semble que si je n'avais pas su alors avec certitude que l'écriture m'attendait, jamais je n'aurais pu me livrer avec une telle absence de réserve à cette débauche d'impressions, d'idées, d'images qui me venait du dehors. C'était un voyage initiatique, une aventure nécessaire dans mon époque, parmi les miens, une navigation sans boussole, bousculée de découvertes en révélations qui n'étaient pas toujours heureuses.

Mais je le savais, un jour je reviendrais chez moi. En retrait. En écriture.

En attendant il fallait être là, ouvrir les yeux et découvrir stupéfaite l'immensité de ce qui avait été dérobé à ma conscience. Je ne pouvais dire à qui, à quoi revenait la faute d'être demeurée si longtemps dans une telle négligence du monde et de ses drames, la guerre, l'injustice, la misère, le racisme. Qui fallait-il tenir pour responsable : mes parents, mon milieu, l'acharnement de tous à effacer de trop cuisantes douleurs, mon égoïsme de papillon, mon refus d'apprendre quoi que ce soit qui ne fût pas fruit de mon expérience ou de ma réflexion ? Je ne sais, toujours est-il que je n'avais pas encore fait entrer dans ma pensée la représentation du mal : le mensonge, la haine, la violence, la destruction systématique et acharnée de l'autre. Du mal je ne connaissais que la souffrance, la séparation, la mort, ou plutôt c'est à ce seul visage du mal que j'avais accordé mon attention. Comme si la méchanceté, le mal moral, n'existait pas, ni en moi ni en quiconque. Comme si c'était une affaire périmée, enterrée dans les fosses communes de la dernière des guerres, celle qui m'avait vue naître. Et pourtant mes deux frères étaient partis l'un après l'autre en Algérie, un de mes amis y était mort, j'avais vu l'angoisse de mon père, son désespoir même de ce nouveau conflit qui s'emparait de ses fils, j'avais même compris qu'il aurait aimé parler avec moi, mais je n'avais rien voulu savoir. Je ne voulais pas de ces questions. Je ne voulais pas qu'elles me concernent.

Cela devint impossible. J'aimais trop la parole pour ne pas entendre, j'aimais trop regarder pour ne pas finalement voir. Mais sans la rue, les cafés, les discussions auxquelles j'assistais, les tracts, les revues qui circulaient, sans l'émoi, la fébrilité de certains propos, j'aurais pu passer à côté de tout cela, sans surtout cette bagarre violente entre deux groupes, un jour, rue Soufflot... J'étais là, pétrifiée sur mon bord de trottoir, étranglée de stupeur, tremblante, effrayée... Je ne pouvais ni m'avancer, ni fuir, ni proférer un seul mot. Je restai là, stupide, jusqu'à ce que la police intervînt. Une sorte de lait d'effroi s'était répandu dans tout mon corps, le vidant de sa substance propre. Cette même chose que j'avais ressentie quand, toute petite, j'avais buté sur le cadavre d'un chat au fond du jardin de Sceaux. Je me réfugiai dans le premier café venu ; mes jambes ne me portaient plus. C'était la première fois que je voyais des hommes se battre, et qui plus était, pour des idées. Je n'en revenais pas. Je n'en suis sans doute jamais tout à fait revenue. D'un coup il m'apparut que mes frères étaient mortels, qu'on les avait appelés à se battre, qu'on leur avait fourni des armes, qu'on leur avait appris à tuer, qu'ils avaient peut-être

tué... Je ne sais ce qui me bouleversait le plus, cette image
de mes frères choquante, intolérable, ou le fait que je
n'étais jamais encore entrée, et par quelle effrayante
désinvolture, dans cette pensée-là, dans la conscience de
ce coup sinistre qui les avait frappés. Pourquoi ne m'en
avaient-ils jamais entretenue ? Pourquoi avait-on consenti
à ce que je me tienne si éloignée de ces choses ? Honte à
ceux qui n'avaient pas parlé, à cause de la honte peut-être,
ou honte à moi qui n'avais pas entendu... Je baignais dans
la honte. Je n'eus pas par la suite, ni jamais, le courage
d'interroger mes frères sur cette question. Mais souvent je
les observais à la dérobée. Je savais qu'ils avaient l'un et
l'autre souffert, qu'ils avaient vu la mort de près, j'imaginais la frayeur, le désarroi, l'absurdité, mais est-ce que...
Est-ce qu'ils... Je compris qu'entre eux deux même un
silence rigide, durci de ressentiment, dominait. Ils s'en
étaient parlé, ils ne s'en parlaient plus et ne s'en parle-
raient sans doute plus jamais. A vrai dire, j'en savais
beaucoup plus que je ne voulais me l'avouer. Je connaissais la divergence de leurs idées. Cela était devenu si
grave, si douloureux soudain qu'ils choisissaient de se
taire. Au fond je savais même ce qu'ils pensaient l'un et
l'autre. D'ailleurs je pensais comme Henri, ou plutôt il
était entendu que si je devais éprouver, sentir, m'engager
dans quelque chose, ce serait comme lui. Il était acquis
depuis toujours que c'était à Henri que je ressemblais le
plus (tandis qu'on rapprochait le caractère secret, profond, de Madeleine de celui de Jean). C'est donc Henri
que j'admirais, c'est comme Henri que je voulais être.
D'avance j'étais d'accord avec lui, même si je craignais
toujours que Jean, qui savait tant de choses, Jean l'intelligent, n'eût finalement plus raison que nous. Mais
comme ils ne parlaient plus politique entre eux ou, s'il
leur arrivait encore de s'y risquer, comme ce n'était certes
pas devant moi, c'est aux positions supposées d'Henri
qu'allait mon cœur, sans que je pusse jamais me résoudre
à imaginer que Jean pensât mal ou qu'il y eût en lui
quelque chose d'injuste ou de méchant. Là aussi je
pouvais me reposer sur la rumeur familiale. On avait

toujours laissé entendre que Jean était d'un esprit supérieur. Cela faisait de lui un être à part, un original. Ses
idées ne pouvaient pas être celles des autres. C'est de cette
façon qu'on s'accommodait, sans s'y arrêter davantage,
de ce que Jean ne pensât pas comme nous. D'ailleurs ce
n'était pas en famille, où je me trouvais de moins en
moins, ainsi que mes frères, que se levaient pour moi tant
de questions sur l'histoire, la société, l'« engagement »,
mais au café où j'aimais particulièrement me trouver
seule pour pouvoir suivre tout à mon aise les conversations auxquelles je n'avais pas à participer, les yeux posés
sur un livre ou un journal que je ne lisais pas.

Guerre, violences, attentats sauvages, massacres, tortures peut-être... Non, décidément, jamais je n'aurais pu
imaginer que cela concernerait un jour les hommes de
mon temps, de mon pays, mes voisins, mes amis, mes
frères. J'avais été stupide, et niaise. Je ne voulais plus
l'être. Mais quelle épreuve c'était... Si seulement les
histoires de guerre étaient simples... Si seulement on
pouvait y distinguer chaque fois nettement un camp de
bourreaux et un camp de victimes, si on départageait à
l'évidence les infâmes agresseurs des nobles résistants, si
on voyait clairement les peuples exploités, humiliés, unis
contre les spoliateurs et les tyrans, si seulement la guerre,
les luttes des hommes entre eux nous donnaient la chance
d'assister au combat éclatant du bien contre le mal... Mais
non, rien n'était jamais tout à fait sûr. Les faits rapportés
n'étaient-ils pas toujours contestables? L'analyse des
situations partisane? Et comment s'assurer que les
actions entreprises ne finiraient pas par aggraver le mal
qu'elles étaient destinées à combattre? Chaque fois que
j'entendais : il faut... il n'est pas question de... on doit
absolument... on aurait dû... tel est un incapable... tel un
vendu... chaque fois j'étais déchirée de perplexité. Je me
souvenais de Jacqueline. Cette même audace à trancher, à
arrêter son parti, à s'engager. Je me disais : comment
peuvent-ils savoir? Je les enviais aussi et je cherchais à
déterminer celui ou ceux qui savaient le mieux, pour me
reposer pendant un temps au moins à l'ombre d'une opinion.

A côté de ceux qui lisaient la presse politique, prenaient position, débattaient, je me sentais infirme, désarmée, mais différente aussi. Je voulais les fréquenter, eux, les écouter, les comprendre, mais je ne m'imaginais pas devenant comme eux. Je me sentais à jamais incapable de la fermeté de jugement dont ils faisaient preuve.

Vues d'ici, un quart de siècle plus tard, les différences s'estompent, et la réelle parenté de ces jeunes gens dont j'étais m'apparaît. Nous étions tous enfants de la dernière guerre. C'est-à-dire de la honte de nos aînés. Il y avait un péché si terrible à faire pardonner qu'on ne pouvait même pas en parler. Combien de juifs exterminés, d'hommes, de vieillards, de femmes, combien d'enfants? Non, non, on n'en parle plus, on va payer voilà tout, on va donner notre intelligence, notre générosité, notre amour, on va laver la tache... Mais la tache était si honteuse qu'on ne l'évoquait pas. On ne voulait même pas savoir de quelle proche infamie on tirait tant d'énergie combative et purificatrice.

« Cette mauvaise honte dont je n'ai jamais réussi à me guérir », dis-tu.

Cette honte d'autant plus mauvaise, oui mauvaise, qu'elle ne voulait ni s'avouer ni même se connaître.

Sans toi, Jean-Jacques, sans cette évidence aussi flagrante qu'insolite qui s'impose de la lecture de ton œuvre : à la source du meilleur et du pire, il y a la honte, à la source de l'action la plus héroïque ou du mensonge le plus vil, c'est la honte, la honte toujours qu'il faut chercher; sans cet extraordinaire aveu que tu fais, car il va, lui, bravant la honte la plus profonde qui est honte de la honte, je n'aurais pas su lire ni dans mes conduites, ni dans celles de ceux qui m'ont entourée.

Il me restait encore à découvrir qu'on a honte avant même d'avoir péché, qu'on porte la honte du péché de l'autre, du proche, du semblable, du tout-comme-soi. Comment se lave-t-on de la honte de l'homme? Dans le sang des bourreaux, dans l'imprécation? Dans la dénégation? Dans l'aveu?

Même dire la honte, même avouer ne guérit pas, ainsi

que tu l'as souffert jusqu'à tes vieux jours... Même être
innocent, même payer, souffrir, œuvrer à l'effacement de
la faute, à la rédemption, à la résurrection de l'homme ne
suffit peut-être pas...

Au moins pouvoir formuler ça, et le cœur un peu
s'allège, car tant qu'on ne le dit pas, quelle mortelle
oppression! J'en connais qui en sont morts ou qui ont
porté la mort, à cause de ça, de la honte qui ne s'est pas
dite...

La génération d'intellectuels qui nous devançait prônait
l'«engagement» dont elle donnait l'exemple par ses
débats, ses prises de position publiques souvent courageu-
ses, une profondeur dans la réflexion politique introuva-
ble chez les intellectuels, les écrivains d'avant la guerre.
Ils parlaient de ce qu'il fallait faire de sa conscience, de sa
parole, de sa pensée, de sa liberté. Mais pas de ce qui avait
été fait. Pas de ce qui s'était passé exactement. A côté,
tout près, presque sous leurs yeux. Ils ne disaient rien de
la honte. Ils s'appelaient Sartre, Camus, Malraux, Mer-
leau-Ponty; on lisait leurs écrits polémiques avec ardeur.
Comme toujours je suivais le mouvement avec beaucoup
d'intérêt, mais en retrait, à distance, dans l'expectative
passionnée et parfois malheureuse. J'aurais aimé me
mêler davantage à ces lectures si importantes, puis à la
fièvre des discussions, mais je ne pouvais pas. C'est
comme si j'étais vouée malgré moi à l'observation de ce
qui était en train de se passer, ce qui m'en laissait
fatalement isolée. Et honteuse.

«C'est une des bizarreries de mon caractère» (pour
parler comme toi) qui me faisait rechercher les «militants», dédaignant ceux qui ne l'étaient pas, préférer leur
compagnie à toute autre et cependant ne jamais me mêler
à eux sans réserve. On me voyait ici ou là, parmi ceux-ci
ou parmi ceux-là, mais dès qu'ils faisaient mine de me
prendre pour une des leurs (ou dès que ma crainte d'être
prise pour une des leurs me saisissait), je m'écartais. Sans
pouvoir m'expliquer à moi-même cette rage subite d'indépendance.

Je vois bien maintenant le bénéfice que je tire encore de

ma circonspection d'alors. Pour n'avoir jamais adhéré
franchement à aucun groupe, aucun parti, aucun clan,
aucun syndicat, on s'épargne la peine et les désagréments
qu'on a à les quitter. Pas de liens devenus contraignants à
rompre, pas d'anciens compagnons à dénoncer, pas
d'idole collectivement adorée à brûler en public. Personne ne vient me demander des comptes sur mon passé
politique : je n'en ai pas. On ne peut pas m'accuser
d'avoir menti puisque je n'ai rien dit, d'avoir trahi
puisque je n'ai scellé aucune alliance. Quel luxe, dira-t-on,
de n'avoir porté aucun drapeau, servi aucun pouvoir,
récité aucun catéchisme ! Mais non, c'est une autre sorte
de misère. Il y a eu un feu de la jeunesse auquel je ne me
suis pas risquée. Aujourd'hui on dirait prudente sagesse ;
mais hier on disait lâcheté, individualisme petit-bour-
geois. Encore une fois je prétends ne pas trancher. Je ne
sais toujours pas. Tantôt je pense qu'ils avaient tort, et
tantôt je pense qu'ils avaient raison. Comme en ce
temps-là. Leurs adhésions me semblaient toujours exces-
sives, insuffisamment réfléchies. Mais de consentir, témé-
raires, impulsifs, à cette part d'ombre leur donnait un
éclat juvénile qui manquait cruellement à ma réserve
effarouchée, à mon trop grave scepticisme, à ma
lâcheté.

Le devoir seul m'entraînait à suivre les manifestations
dont j'approuvais les mots d'ordre. Je ne pouvais presque
jamais me résoudre à crier avec les autres. Je détestais la
foule. Plus elle était soudée d'un bel élan unitaire, plus j'y
éprouvais ces sortes de fulgurance de solitude qui pouvaient aller jusqu'à la plus incompréhensible détresse.
« ... Je ne suis seul que dans la foule, où je ne puis être ni à
toi ni aux autres. Mon cœur voudrait parler, il sent qu'il
n'est point écouté : il voudrait répondre ; on ne lui dit rien
qui puisse aller jusqu'à lui. Je n'entends point la langue
du pays, et personne ici n'entend la mienne... »

Sais-tu que malgré la peur, ou à cause de la peur
partagée, je ne sais, quand les policiers se découvraient
soudain nous barrant la route au carrefour suivant, je
soupirais de soulagement, car j'étais prise enfin dans un

souffle de fraternité. Les mains se serraient, les voix
arrachaient la mienne, je nous aimais soudain jusqu'aux
larmes du soutien que nous prétendions apporter aux
Arabes. Je me souviens de la pâleur soudaine de Bruno,
un jour, de sa main raidie dans la mienne, je me souviens
de son regard avant que la course pour éviter les matraques des policiers ne nous sépare. Je ne peux pas me
souvenir de cette beauté-là sans pleurer. C'était une
seconde, un éclair. J'avais pensé : une telle candeur ne
peut pas ne pas retomber sur le monde, le mal va être
pardonné, les péchés vont s'effacer, les pauvres, les
enfants, les humiliés vont être consolés... Il fallait courir,
je perdais ceux que je connaissais, soudain j'étais de
nouveau seule dans le désordre, les cris, les bousculades,
les appels confus à d'improbables regroupements.
L'acharnement des policiers à nous poursuivre, leur
visage mauvais, leur mépris de notre jeunesse, de notre
générosité, loin d'exciter ma combativité, flétrissaient
d'un coup l'enthousiasme qui quelques minutes plus tôt
me donnait des ailes. C'était affreux à voir, insupportable.
Je n'avais plus qu'une envie : fuir. Oublier ces visages
bouffis de haine stupide, oublier mes amis, ces naïfs
exaltés qui prétendaient défier le mal, oublier, rentrer
chez moi, mon trou, mon nid, mes rêves, ma solitude, ma
souffrance...
   Dans ma tête surgissaient des images de la manifestation, saisissantes de force et de précision. Je ne savais pas
que j'avais vu à ce point l'expression du visage d'un
policier levant sa matraque, le mouvement d'un étudiant
surpris dans sa course se courbant trop pour ne pas
tomber, les mains sur la tête. J'avais vu des gens derrière
leur fenêtre, un libraire descendre en hâte le rideau de son
magasin, j'avais vu la couleur du ciel, la forme des
nuages. Je laissais venir les visions, s'imposer, se pousser
les unes les autres, se mêler, et finalement se reposer.
Alors c'est comme si je les poussais délicatement dans
mon grand sac à mémoire, ma réserve de trésors fragmen-
taires, inexploités, n'ayant pas dit, loin de là, leur dernier
mot, et je leur promettais de revenir les chercher un jour

comme ils le demandaient pour extraire d'eux le sens et la
beauté dont la jouissance m'échappait encore. En attendant, je couvais mon bas de laine d'une obscure et
maternelle vigilance, et je m'endormais, contente d'avoir
été à la manif et de n'en être pas rentrée les mains
vides.

Philosophes et militants

Je passais désormais mes journées entières au quartier
Latin, et je ne concevais plus aucun autre lieu dans
aucune autre ville où il eût été souhaitable de vivre. Je ne
voulais même pas me représenter que si j'étais là c'était
pour me préparer à aller ailleurs. J'étais une étudiante des
plus fantaisistes. Recevoir un enseignement dispensé
selon un programme, m'appliquer aux études exigées
pour l'obtention d'un diplôme, bref préparer mon avenir
restait tout à fait secondaire. J'étais si passionnément
attachée à ce qui se vivait là que je ne voulais rien savoir
de ce qui arriverait par la suite.

La plupart des professeurs dont j'étais censée suivre
l'enseignement m'ennuyèrent parce qu'ils s'ennuyaient.
Ils ne brûlaient d'aucun feu. Ils parlaient de vérité, de
morale, de liberté comme d'autres devaient parler des
fluctuations du marché. Il y avait longtemps sans doute
que la question du bonheur, celle de la relation à autrui,
celle de la mort même, ne leur faisaient plus aucun effet,
si tant est qu'elles leur en aient jamais fait un. Je ne
voulus entendre que ceux dont la voix vibrait du beau
désir de penser qu'elle s'appliquait à quérir en nous. Cela
faisait peu de monde et jamais plus, au bout d'un certain
temps, de trois ou quatre heures de cours par semaine.
Mais entre les cafés, les cinémas, les manifestations de
rue, les rendez-vous amoureux et aussi, il est vrai, le
bonheur de la lecture philosophique, j'acquis une forma-

tion plus authentique que celle des étudiants consciencieux, vissés pour des heures entières aux bancs des
sombres amphithéâtres où l'esprit ne soufflait à peu près
jamais. Or il soufflait tout près, tout autour, en folie, en
désordre, en prétention aussi, en grande vanité parfois,
qu'importe, il soufflait; et si abruptement pour moi qui
venais de ma banlieue charmante et niaise que souvent
j'en avais le souffle coupé.

Crois-moi, Jean-Jacques, Sceaux était aussi loin de
Paris que ne le sont pour Saint-Preux les bords du lac
Léman quand il parvient dans la capitale. Ses lettres à
Julie fourmillent de notations où je me reconnais telle
que j'étais alors. Comme lui, fascinée par le spectacle des
autres, dans la profusion des mots, les brasiers d'images,
sous le choc des idées, des controverses, des conflits,
confondue par la diversité des conduites, j'égarais un à un
mes repères intellectuels les plus familiers, mes critères de
valeur les plus constants. Plus je voyais de gens, plus
j'entendais de paroles, moins je parvenais à réfléchir.
Séduite de dix côtés à la fois j'étais incapable de me poser
nulle part. Les propos les plus divers pouvaient m'im-
pressionner et les caractères les plus opposés pouvaient
m'attirer. Mes jugements se troublaient, s'inversaient. Je
trouvais soudain plus de beauté à un homme amer, au
teint gris, aux traits usés, avachis, séducteur blasé, aux
propos grinçants, ironiques, qu'au jeune homme ardent,
pur et enthousiaste dont la grâce était d'un ange. Et c'est
finalement celui qui savait le mieux bousculer toutes mes
représentations antérieures qui m'attirait le plus.

C'est ainsi que j'engageai pour la première fois une
véritable liaison amoureuse avec un homme dont l'esprit
extraordinairement acide, paradoxal, impitoyable, me
mettait à la torture. Il y avait de la joie aussi dans cette
souffrance. Toute épreuve de vérité donnait à l'existence
un charme aigu, irremplaçable. Or Saint-Preux ne parle
que de l'« ivresse », de cette perte de soi dans le tourbillon
des mots et des idées insolites de la ville. Tu l'as fait, à
mon avis, exagérément critique. Mais peut-être craint-il
d'inquiéter sa tendre Julie en évoquant la séduction

irrésistible de certains esprits, cette excitation de café noir
qu'ils vous procurent, cette passion de la pensée dont ils
vous brûlent? Certes ils vous blessent, ils vous humilient
parfois, et comme Saint-Preux, on revient « le soir pénétré d'une secrète tristesse, accablé d'un dégoût mortel, et
le cœur vide et gonflé comme un ballon rempli d'air ».
Certes, mais quelle vigueur pourtant, quelle audace on
puise à leur fréquentation. Ne sais-tu pas, Jean-Jacques,
ce que tu dois à Diderot? Tu le sais d'ailleurs, et tu as
tenu à l'écrire, alors même que la vie vous avait séparés.
Ce que tu dois à Diderot, que tu aimas comme aucun
autre, dont tu écrivis que c'était lui le génie de ton temps,
ce ne sont pas des idées, un système philosophique, moral
ou politique, tu lui dois la force de penser par soi-même,
l'impertinence joyeuse et fière à se délivrer des opinions
communes, le risque assumé de la solitude, tu lui dois au
fond le meilleur de toi, ton amour souffrant, total, éperdu,
de la vérité. Mon Diderot à moi s'appelait Jacques. Nous
mîmes quelques années, l'un et l'autre, à comprendre que
nous ne tenions pas l'un à l'autre comme un homme peut
tenir à une femme et une femme à un homme. Notre
séparation nous délivra de l'amour que nous n'éprou-
vions pas pour nous rendre à l'amitié la plus vraie que j'ai
connue et qui durerait encore, j'en suis certaine, si sa
mort ne l'avait brutalement interrompue.
   Parfois, épuisée par les joutes théorico-politiques des
cafés ou par les acrobaties mentales, les délires esthéti-
ques de Jacques, je m'éloignais avec une sorte de ressentiment rageur contre « les autres » en général. « On » me
volait ma pensée, mes paroles, mes émotions, tout... Je
n'avais plus rien à moi; d'ailleurs, qui c'était, moi?
J'errais dans une solitude angoissante que je n'avais
jamais connue auparavant où je me sentais séparée des
autres, de moi, dispersée, nulle... Une sorte de folie où
l'on ne sait plus à qui on pourrait s'adresser ni même ce
qu'on aurait à lui dire, une solitude qui va jusqu'à
l'égarement du monologue intérieur... Mais voilà que peu
à peu tandis que je marchais, je m'assouplissais, m'arron-
dissais, et la soif de lire me venait soudain comme au

cinéma, à l'entracte, celui d'un esquimau. Je prenais alors
le chemin de la Sorbonne, soit vers la grande bibliothèque, soit vers la petite bibliothèque de philosophie,
m'auscultant, me tâtant intérieurement pour savoir quel
auteur me faisait sur l'heure le plus envie, à peu près
comme on hésite sur le choix du parfum de sa glace.

Car c'est ainsi que la lecture m'était arrivée enfin, non
comme un devoir grave et austère mais comme un cadeau
inattendu qui valait son pesant d'or. Je découvrais à
déchiffrer certains grands textes de la philosophie un
plaisir rare et subtil qui me surprenait moi-même. Précieux répit où je retrouvais mon souffle, mon humeur
propre, loin de l'effervescence confuse des sentiments, des
idées, des paroles communes où je finissais par me
dissoudre. Je crois bien que sans la lecture, sans cette île
solitaire et tranquille où je pouvais ramasser les fragments
éparpillés de ma pensée, je me serais perdue pour de
bon.

La grâce se répand dès que le livre s'ouvre. Plage
découverte de silence sous le front qui se penche. Lignes
d'écriture. Promesse d'un ordre simple et souverain.

Ailleurs tout est chaos pour la pensée, on va de chocs
en étonnements, de surprises en fulgurances, mais ce ne
sont jamais que fragments ou ébauches; rien ne se
poursuit, ne se pénètre, ne s'achève. Comme si la pensée
toujours en alerte ne trouvait plus le temps de penser. On
a des pressentiments d'intuition superbes, des esquisses
de révélations extraordinaires. On va de première fois en
première fois : jamais je n'avais pensé à ça, ou senti ça, ou
imaginé ça, mais c'est comme si aucune idée, aucune
perception, aucune impression ne trouvait le temps,
l'espace de son accomplissement, comme si elle tendait la
tête au-dessus de la mêlée, cherchant son souffle, son
séjour, son pays, jusqu'à y renoncer, se laissant finalement mourir, étouffée par cent autres impressions se
pressant en foule à l'entrée de la conscience.

On dit, pour parler de quelqu'un qui s'approche de la
mort : sa vie ne tient qu'à un fil... Il me semble que
chaque fois que j'ai entendu cette drôle d'expression j'ai

Origines

pensé quelque chose comme : si seulement c'était vrai, si
seulement à la fin on émergeait du magma des pensées-
phrases-images toujours avortées, de cet épuisant et
interminable chahut chuchoté de la tête pour attraper le
pur fil de la pensée et s'y tenir. Dans cette vie qui ne tient
qu'à un fil, au lieu de voir le gros paquet de chair
suspendu au fil usé de la vie, je me représente la
simplification extrême de l'être, ramené au tracé d'une
fine ligne d'exquise et totale conscience, réalisant *in
extremis* le vœu poursuivi une vie durant d'une écriture
parfaite.

Ainsi dans la petite bibliothèque de philosophie où
régnait une douceur de grand-mère, une humanité candide, je m'autorisais à oublier d'un coup les violences du
monde, de la rue, du café, de ma tête, les ratonnades, les
bombardements au Viêt-nam, j'oubliais de chercher ce
que je pensais de tout et de chacun sans pouvoir répondre, j'oubliais les paradoxes cruels de mon ami Jacques,
j'oubliais mon égarement, mon tourment; je lisais.

Pour bien suivre à la trace les pleins et les déliés du
texte, je m'applique à ressembler moi-même à une écriture de philosophe. Je me fais lente, patiente et mesurée.
J'écarte du revers de la main sur la feuille de papier que je
dispose à la droite du volume tous les soucis intempestifs,
les borborygmes du cœur et de l'esprit, je me fais blanche
et disponible, puis taillant le crayon noir qui me servira à
noter les étapes parcourues, les articulations, les fécondes
synthèses, j'aiguise délicatement mon attention. Enfin
prête, je me livre au beau chemin de rigueur et de
certitude.

Pendant que nombre de mes amis « militants », eux
aussi apprentis philosophes, prenaient avec des pincettes
critiques les monuments de l'histoire de la philosophie
(« les philosophes, disaient-ils, n'ont fait qu'interpréter le
monde à leur manière, il s'agit maintenant de le transfor-
mer »), moi je faisais mes délices secrets de Kant, Platon,
Descartes, à l'abri des tumultes du dehors dans un silence
tout attendri du gargouillis d'un vieux radiateur et de
vagues chuchotements.

A vrai dire, si tous ces sérieux philosophes avaient eu vent de mes lectures et de la façon dont je m'y plaisais, je ne suis pas certaine qu'ils en auraient été satisfaits. Je m'intéressais à la raison avec plus de passion que de raison, le ciel intelligible me donnait des émois qui ne l'étaient guère et la loi morale loin de se découvrir à moi sous les traits austères du devoir me gorgeait d'enthousiasme et de fraternité joyeuse.

Deux choses me plaisaient tout particulièrement chez les philosophes. La première était leur impertinence. Je sentais bien que chacun à sa manière avait entrepris d'insulter la morne pensée académique de son temps. Les siècles et les vieux professeurs bedonnants et redondants avaient donné aux philosophes bien trop d'eux-mêmes, de leur pesante et prétentieuse gravité ; je devinais chez Descartes, à travers sa prose même, le frémissement de l'audace qu'il y a à penser seul et la jeune allégresse à se moquer de tous ces lourds messieurs de la Sorbonne. Alors je goûtais la verdeur de cet esprit indépendant comme s'il se fût agi de la mienne. Voilà ce que j'aimais d'abord chez les philosophes que j'aimais, simplement parce que j'étais jeune et que j'aimais tout ce qu'on sentait s'éveiller d'un sommeil de la pensée. Mais il y avait autre chose qui me faisait rechercher la philosophie, appréhender les grands systèmes, avec un appétit franc et déterminé que je n'avais jamais eu pour la littérature. (Je tiens beaucoup à essayer de t'expliquer ça. Parce que, lorsque je t'ai connu à travers tes livres, c'est d'abord ce que j'ai pensé : à lui j'aurais pu dire ces choses étonnantes concernant le plaisir de lire, de penser, d'écrire, que je n'arrive à formuler devant personne.)

Si j'aimais la philosophie parce que j'étais jeune, je l'aimais aussi parce que j'étais femme. Je m'explique.

J'ai été initiée aux bienfaits de la vigilance et du labeur des femmes. Balayage, lavage, repassage, soins et repas des enfants. Je sais ce que c'est qu'une maison rutilante et gaie, toute à la grâce de vous accueillir quand on rentre de l'école. Et cette odeur de pâte chaude, de légumes cuits, de pain, de confiture parfois ! Et ce lit aux draps blancs et

bien tendus! Et ces livres sages sur les rayonnages, ces
coussins bien gonflés, ces bibelots gentils sur les meubles
sans poussière! Sait-on bien ce que c'est qu'une maison
en ordre où chacun est chez soi, à l'égal de tous, pour se
nourrir, dormir, rire et parler, une vraie maison où celui
qui s'est blessé sera soigné et celui qui pleure sera
consolé? Une maison où tout est disposé pour alléger
chacun des fardeaux passés, des soucis d'avenir? Comment ne pas désirer être maîtresse de maison qui sait
abolir les tourments du dehors, tintamarres, désordres et
agressions, et vous rend à la « pure jouissance d'exister »?
Puissance du ménage, trésor de l'économie... Quand je
pense qu'il vint un temps où on voulut me faire dénigrer
ces miracles quotidiens accomplis de mains de femme et
pour lesquels j'avais moi-même un goût véritable
(pourvu bien sûr que rien ne m'y presse ni surtout que nul
ne m'y oblige)...

J'abordais les *Méditations métaphysiques* ou la *Critique
de la raison pure* dans le désir d'une belle maison de
vérité où l'on pourrait s'installer pour vivre dans la plus
juste adéquation de soi au monde, ordre souverain dont
on aurait banni tout objet inutile ou factice. Pouvoir, à
travers la lecture, aménager peu à peu cet espace de
lumière sereine et anticiper le plaisir qu'on aurait à y
vivre, quel plaisir déjà c'était... Je nouais mes cheveux sur
la nuque pour n'en être pas gênée. Je retroussais mes
manches comme une femme se met à l'ouvrage...

Si le philosophe avait la témérité extrême d'un jeune
homme qui prétend refaire le monde, il avait aussi le
courage des milliers de gestes menus, la patience obstinée
du pas à pas d'une femme amoureuse, d'une mère
aimante qui se pique de réaliser ici et maintenant un
séjour de bonheur.

J'emboîtais le pas de mon philosophe, je me fondais à
lui, je le suivais sans réserve ni critique; sinon ce n'était
pas la peine et tout le plaisir était gâché. Le philosophe
jetait ce qui encombrait, salissait, obscurcissait. Il faisait
le tri entre ce qui convenait d'être entreposé à la cave et ce
qu'il fallait porter au grenier, il rangeait chaque chose à sa

place, il ne gardait que l'essentiel et le disposait de telle sorte qu'on sache immédiatement faire la part du vrai et du faux, du bien et du mal, du connaissable et de l'inconnaissable. Puis content de son travail il ouvrait grandes les fenêtres afin qu'on puisse respirer les odeurs du jardin et jouir des effluves du monde. Mais une fois que tout était prêt, que faisait-il mon philosophe, allait-il s'effondrer dans un fauteuil, ronronner comme un chat en attendant qu'on vienne lui tenir compagnie? Je ne sais pas, mais j'en doute. Il devait faire comme moi, se laisser prendre d'un besoin impérieux de se jeter au-dehors, au vent, à l'incohérence, au hasard... D'ailleurs la lumière du système ne plaisait que parce qu'elle faisait miroiter au-delà une autre lumière, d'ailleurs je n'ai jamais aimé les maisons que parce qu'elles me permettent de penser au ciel, à la terre, au monde, aux autres, et me donnent la vigueur de leur échapper...

Tandis que je lisais depuis une heure ou deux, appliquée, active, exaltée d'avancer, de comprendre, me retournant parfois sur les pages parcourues et comme labourée des traces de mon crayon pour mesurer le travail accompli et jouir du paysage nouveau qui se découvrait, le texte me donnait soudain un plaisir de penser qui le débordait, l'excédait de toutes parts. Une sorte de précipité d'attention qui m'aveuglait et se métamorphosait en désir impérieux d'exprimer par moi-même la lumière entrevue dans l'au-delà du livre. Je ne tenais plus en place. Je jaillissais de la bibliothèque comme un diable de sa boîte et je me retrouvais dans la grande cour, hébétée de clarté, vaguement titubante, je rejoignais la rue. Je me sentais fraîche, rieuse, comme si je commençais une vie illimitée.

Voilà comment alors s'organisait le monde. Le centre, que fort heureusement j'occupais, ne pouvait être que le quartier Latin. Il ne m'apparaissait pas qu'il pût y avoir de meilleur point de vue sur le monde. Certes, il fallait admettre que toute perception était relative, que toute appréhension de la vérité ne pouvait prétendre se soustraire à la pâte historique, sociale, culturelle, dans laquelle

elle prenait naissance. N'empêche! Tout était relatif,
d'accord; mais on était tout de même plus près de la
vérité ici qu'ailleurs. Je ne saurais dire avec précision ce
qui conférait au quartier Latin, pour moi mais aussi pour
la plupart d'entre nous, j'en suis certaine, ce statut
extraordinairement privilégié. Sans doute le mélange du
très ancien savoir bien tenu dans les milliers de livres des
bibliothèques et le foisonnement des idées nouvelles,
déroutantes, subversives. La contiguïté des hautes et
vieilles facultés cérémonieuses et des cafés enfumés,
gorgés de paroles, de rires, de journaux, de revues. Où
pouvait-on trouver une telle concentration de savoirs
divers, et d'intelligence active, mais aussi de beauté (je
connaissais par cœur le musée de Cluny et il ne se passait
pas de semaine que je n'aille faire un tour à Notre-Dame
pour rêver devant les vitraux) et de charme nostalgique:
le jardin du Luxembourg manquait des profondeurs
secrètes du parc de Sceaux mais que de grâces il offrait
aux amitiés, aux rencontres, aux chamailleries et aux
baisers. Oui, j'aimais à la folie ce quartier Latin comme
un creuset de vérité.

J'écris ce mot de vérité parce que c'est celui qui me
venait à l'esprit. Je sortais dans la rue. Je traversais la
place de la Sorbonne et je pensais: j'ai soif de vérité...
Hauteur des jambes, fraîcheur du front, élargissement de
la poitrine, bonheur expansif à découvrir le ciel entre les
immeubles, et cela soupirait de nouveau en moi, soif, soif
de vérité. Mais que dire de cette vérité? Rien, sinon que
c'était la quête d'expression ultime, et qui avait la forme,
le ton, la couleur, le style de ce que je venais de lire. Par
exemple si je sortais de Descartes, c'était un élancement
délié, malicieux, musical, si je sortais de Kant c'était une
aspiration architecturale, ample et grave. Chaque lecture
profonde me rendait une ville rajeunie, volubile, gonflée
de sens encore obscurs, comme une orange gorgée de jus,
parce qu'elle m'apparaissait dans une lumière encore
inédite. Je ne pensais pas du tout à ce que je venais de
lire, j'oubliais tout de mes philosophes, mais il m'en
restait une humeur vive, un goût affirmé du plaisir

d'exister et de quérir les mots qui donnent forme et portent trace. C'était une navigation qui cherchait son ancrage, son inscription; c'était un désir d'écrire. Marquer noir sur blanc la splendeur contrastée, généreuse, opulente qui se découvrait à ma conscience. La preuve que cette soif de vérité n'était autre qu'un désir d'écrire, c'est que je ne trouvais d'autre moyen de lui plaire, ce qui finalement d'ailleurs la désolait, que de lui acheter dans la papeterie la plus proche un beau cahier relié. Je choisissais un café où j'étais assurée de ne rencontrer personne de ma connaissance, je commandais un express, j'ouvrais mon cahier, je défaillais de gourmandise. Après quelques lignes d'écriture coulant de source où j'indiquais les circonstances présidant à l'achat du cahier, date, lieu, humeur et couleur du jour, je séchais, c'était trop difficile, je n'y arrivais pas.

Mon désir d'écrire s'étranglait de ne pouvoir saisir son objet, celui-là même qui m'avait paru si évident, si attirant quelques instants plus tôt.

Écrire... mais écrire quoi? Je me désespérais. Je me sermonnais, me traitais vulgairement. Il fallait ramener mon désir d'écrire à la raison. Me défaire de cette sotte présomption qui me propulsait en des lieux où mon esprit faible ne pouvait que s'égarer. Je faisais le tour de la situation : j'avais vingt ans, un «joli brin de plume» comme on disait (quelle honte! Mais que faire? Autant en tirer parti...), peu de connaissances, guère d'appétit pour en acquérir davantage, une vive curiosité des autres assortie d'une répugnance à me mêler concrètement de leurs affaires, une constante préoccupation des choses de l'amour... Bref, je devais voir les choses en face et accrocher mon désir d'écrire à l'objet qui lui convenait presque naturellement : un roman. Alors j'en concoctai un, sans enthousiasme et presque par devoir.

Mais mon penchant à l'écriture, l'obscur, l'impétueux, le démesuré, me reprenait en certains moments, comme si la prose romanesque à laquelle je m'attelai ne le concernait nullement. Je me souviens d'une réunion dans le local des étudiants communistes à laquelle j'assistais, en retrait comme toujours. Je ne sais même plus qui m'y avait entraînée. J'ai tout oublié du thème de la discussion. Je revois le visage grave et doux du président, les tables circulaires, le plaisir physique que j'avais d'être comprise dans ce cercle qui devait rassembler ce jour-là une dizaine de jeunes gens, mais qui m'apparaissaient plus âgés que moi, des hommes en quelque sorte, alors que je ne pouvais me considérer moi que comme une jeune fille. Je les écoutais tout en observant leurs mimiques, leurs postures, leur façons d'intervenir, de se couper la parole, de surenchérir les uns sur les autres. La question à l'ordre du jour devait être importante, la discussion se serrait sous la lumière électrique du soir. On suffoquait de cigarettes. Le monde extérieur avait disparu.

Soudain, peut-être parce que j'étais incapable de suivre le détail des interventions, et davantage encore d'arrêter sur la question débattue une opinion que d'ailleurs on ne me demanderait sans doute pas, je vis la scène dont je me retirais, de très loin, comme si j'étais vieille, comme si je me souvenais d'une jeunesse depuis longtemps disparue et qui avait été tellement émouvante.

Jamais je n'avais encore été empoignée comme je le fus précisément là du désir d'écrire. D'écrire ça; ça qu'un peintre aurait eu aussi soudainement le désir de peindre. Moi, c'était écrire; écrire ce que je voyais là. Comme si la scène se découvrait à moi dans une beauté, une profondeur où je m'égarais. Écrire pour ne pas perdre le fil. Fil d'une grâce à l'évidence éphémère... A l'instant où le réel se découvrait à moi dans sa plus grande force, j'en connaissais aussi l'intime fragilité, la si proche dissolution... Bien sûr je n'écrivis rien alors. C'est seulement maintenant que je m'y risque, inquiète, tremblant d'être maladroite, infidèle, abusive...

Il me semble que je n'ai pas tout vu d'un coup (mais c'était aussi une *pensée* qui se voyait, peut-être une profusion insurmontable de pensées...). D'abord je les ai vus heureux, heureux d'être ensemble, et jeunes, et vigoureux, se nouant de paroles, de regards, d'interpellations, se caressant de rires, de moqueries, se heurtant de brèves querelles, se piquant de mises en garde, se faisant les dents, les muscles, la voix les uns sur les autres, sans pudeur, entièrement justifiés du plaisir qu'ils se donnaient par la générosité de leur cause, si fréquemment rappelée dans les débats que nul ne pouvait l'oublier : c'était l' « internationalisme prolétarien ».

Leur bonheur d'être ligués l'emportait – et de loin – sur tout autre mobile. Définir une liste juste, identifier correctement l'ennemi principal, examiner l'efficacité de telle ou telle action du point de vue de l'internationalisme prolétarien, faire des propositions stratégiques d'ensemble, fixer la marge d'indépendance qu'on s'octroyait par rapport au parti, tout cela était important, certes, indispensable même, et pourtant secondaire. Ce qui était premier, c'était la ligue, le groupe, l'association libre de ces jeunes gens. Ah! comme j'aurais voulu me sentir tout à fait des leurs en cet instant, prise avec eux, enlacée à eux, arrachant pour ces tendres liens si vifs tous les vieux liens qui nous avaient tenus, la famille, l'Église, la bonne éducation, la France et son honneur, et dont certains nous étouffaient encore! Ah! comme j'aurais aimé qu'ils me considèrent tout à fait comme leur compagne, leur sœur! J'eus dans une sorte de vertige l'impression que le plaisir d'être jeune et de débattre entre « camarades », le plaisir de la communauté intelligente, active et peut-être féconde, dépassait tous les autres plaisirs, dont je m'étais pour quelle obscure raison – timidité? lâcheté? – toujours tenue à l'écart, me tenais encore à l'écart, malgré mon désir de les rejoindre, éprouvant comme une fatalité entêtée, malheureuse, la distance maintenue entre eux et moi...

Il est vrai aussi que « voir » cette scène dans laquelle ils étaient pris sans pouvoir, eux, en saisir la beauté était un privilège merveilleux.

Car moi seule pus la voir enfin resplendir de la lumière même qu'ils se refusaient : celle de la moralité. Mais si j'avais demandé : qu'est-ce qui vous incite, vous qui serez médecins, avocats, enseignants, fonctionnaires (je n'imaginais pas à l'époque qu'on pût rêver de faire carrière

dans la politique, ce qui était peut-être le cas de certains),
à épouser la cause du prolétariat, des déshérités, du
peuple algérien, sinon votre conscience morale? ils se
seraient récriés comme sous le coup d'une insulte; leur
engagement n'avait rien à voir avec la morale. Mais avec
quoi alors? Ils auraient parlé de sens de l'histoire, de
raison dialectique, ou même de vérité. Une détermination imposée par la science et non par l'idéologie, qui
n'avait à faire ni avec le sentiment ni avec la générosité.
Une fois qu'on avait ouvert les yeux on ne pouvait que
suivre leur voie. Une nécessité. L'intérêt de tout homme
(donc le leur) était *d'abord* l'intérêt du prolétariat. Dont
acte. Je n'en pensais pas moins.

C'est ainsi que je les vis soudain, non seulement
heureux d'être ensemble, mais rayonnants de l'exaltation
d'être bons. Je les vis «enivrés de vertu». Je me représentai avec une émotion accrue que plusieurs dans le
groupe étaient d'origine juive. L'idée du prolétariat en
lutte se serait effondrée d'elle-même si elle n'avait été
portée, nourrie par un extraordinaire désir de fraternité
réparatrice, consolatrice – rédemptrice peut-être.

Ce que je voulais écrire, c'était ça, que je ne voulais pas
oublier. Je n'ai pas oublié. La preuve.

... Un instant ils brillèrent comme les premiers chrétiens des catacombes, comme des maçons de cathédrale,
des chevaliers partant pour la croisade...

Enfin, ça y est, je l'ai écrit. Pour que cela reste écrit.
Que cela, jamais, ne soit effacé.

Qu'on sache cependant que c'est bien en deçà de ce que
j'aurais voulu écrire. Que c'est faute de mieux; en
attendant.

«... si seulement j'avais pu écrire le quart de ce que j'ai
vu ou senti... »

On a l'impression que si on arrivait à écrire tout ce
qu'on a vu et senti, les hommes cesseraient soudain de
s'entre-tuer, le mal se disperserait comme une brume
matinale sur l'éveil enfantin d'une nouvelle humanité...
Avoue, Jean-Jacques, jusqu'où va le délire de l'éblouisse-
ment qui cherche à se dire... La folie s'empare de nous

bien avant la folie. Mais malheur à qui dit du mal de cette
folie-là, car elle s'appelle aussi Amour.

Or, plus la vision, enflammée par le désir d'écrire,
avait brûlé, moins j'y réussissais. Tout pouvait s'écrire,
mais pas ça justement. Je restais muette, interdite,
stupide.
Personne ne voulait de ce que je voulais dire. Voilà
sans doute ce qui pétrifiait le désir, l'opacifiait, l'étranglait.
Écrire le plaisir extravagant et doux de boire ensemble
ce bel alcool de jeunesse et de générosité, quand de cela
précisément mes si aimables militants ne voulaient pas
qu'il fût question, devenait impossible, l'absurdité
même.
Qu'on se tourne du côté de la morale ou de celle du bon
sens, il y avait une loi. La Loi elle-même. Celle de la
Raison. Nul ne pouvait prétendre bien penser, bien agir,
s'il n'avait pris soin de se prémunir contre toutes les
ingérences du cœur, les dérèglements de la sensibilité, les
aveuglements de la passion. Même un enfant pouvait
comprendre cela. Moi aussi je comprenais. Comment ne
pas être d'accord? Sans cet acquiescement préliminaire je
n'aurais jamais pu suivre trois pages de philosophie. Or je
suivais très bien. J'escaladais avec des ivresses exaltées de
chamois l'austère rigueur kantienne, persuadée de suivre
mon philosophe à la lettre, quand soudain j'étais saisie
d'une sorte de vertige à l'idée du vide immense qui sans
doute nous séparait. Plongée dans la lecture de la *Critique
de la raison pratique*, j'en étais à me dire : ah! comme
c'est bien! Il est vraiment formidable ce Kant, sa loi
morale est indéniable, irrésistible, c'est la pureté même, la
vérité même, l'humanité même, sa loi de liberté, ah! quel
plaisir de penser! ah! quel plaisir que le plaisir! J'en étais
là quand soudain Kant me secouait par l'épaule, sévère,
terrible : « La majesté du devoir n'a rien à voir avec la
jouissance de la vie. » Hein? C'est compris? On est là
pour s'occuper de la loi, pas de la jouissance de la
vie...

Que répondre à ça ?

Et quand c'était l'internationalisme prolétarien qui venait se substituer à la loi morale, la mise en garde était encore plus redoutable.

En effet, qu'est-ce que leur belle jouissance à faire corps, bande, tendres soudures de la parole et du débat, dans le projet moral d'envergure politique, cette consommation heureuse, ardente de la vie, avait à voir avec l'internationalisme prolétarien ? Rien, rien de rien... J'égarais ma certitude, ma pure évidence. C'est à peine si je savais ce que j'aurais tant voulu dire quelques instants plus tôt... La phrase de Kant m'avait choquée, et eux aussi ils m'avaient choquée, mais je ne savais plus pourquoi, j'avais eu le sentiment très vif d'une sorte de scandale que mon écriture allait réparer sans que j'aie besoin de me fâcher contre eux qui d'un certain point de vue, je le comprenais, avaient raison (si on fait le bien par plaisir ce n'est pas le bien) ; et puis tout s'évanouissait, ce que j'avais de si précieux à dire ainsi que l'enchantement de ma vision.

Parfois il n'en faut pas davantage pour que la sympathie la plus exaltée se change en irritation, en mépris même. Souvent face aux militants (je parle de ceux dont je me sentais proche, bien sûr) il m'arriva de passer ainsi, brusquement, de l'humeur la mieux disposée à l'humeur la plus renfrognée, la plus hostile. Soudain je devenais froide, grinçante, ironique. Leur masque de fins stratèges, leur intransigeance de militaires, leur gravité d'ecclésiastiques, non, vraiment, quel cinéma...

Mais le trouble et la versatilité de mes jugements me blessaient plus qu'ils ne me consolaient de la lumière entrevue et que je n'avais pas su attraper.

Au fond, je ne croyais pas vraiment à leurs histoires. Plus grave encore : je ne croyais pas qu'ils y croyaient. Chacun faisant semblant de croire ce qu'il disait et semblant de croire que les autres croyaient ce qu'ils disaient.

Comment aurais-je pu être des leurs avec un tel soupçon ?

Et pour les philosophes que j'avais tant de plaisir à lire, c'était finalement la même chose. Ce qui m'intéressait suprêmement n'était jamais leur affaire. De la jouissance à penser, à écrire, à enfiler des certitudes, de ce déploiement fervent de puissance qui met le monde en ordre, balaie, range, trie, bâtit, aère et fait briller, de cette douceur de l'heure qui s'égoutte pour celui qui prépare le banquet de l'esprit où chacun est invité, RIEN, pas un mot, jamais.

Qu'est-ce qu'une jouissance qui n'est pas dite, une jouissance que rien ne représente? C'est un bébé sans lait, ni lumière, ni baiser, un bébé pour mourir...

Alors, au lieu de jouir du monde, des cafés, des autres, du ciel, de moi, dans la verte agilité de Descartes, dans l'ample architecture de Kant, dans la générosité féconde de mes militants, et parce que tout ce que j'avais vu et senti s'étouffait dans ma voix sans que je pusse en parler à quiconque ni en écrire quoi que ce fût, je me sentais abandonnée de tous, exclue de tout lieu, privée même de la lumière qui plus tôt me ravissait. La même chose qui m'avait soulevée d'aise m'accablait maintenant de détresse. Non seulement j'étais seule, mais «on» m'avait dépouillée de ce qui me plaisait le plus. Rien ne me plaisait plus. Je ne voyais plus rien. J'errais par les rues m'éloignant du quartier Latin, franchissant la Seine, m'égarant dans une autre ville dont je ne savais rien, où je ne connaissais personne, nourrissant une sorte de ressentiment envers «les autres» en général et la parole en particulier.

Puisque personne ne parlait jamais de ce qui était le plus intéressant, la parole ne tendait pas à révéler mais à masquer. Même vraie, toute parole mentait puisqu'elle faisait mine de croire que seul importait son contenu, qu'elle ne valait que ce que valait le message, les idées, les pensées, les informations qu'elle transmettait. Pourquoi écrire les *Méditations métaphysiques*? Pour démontrer l'existence de Dieu? Pour fonder les mathématiques? Mensonge. Pourquoi philosopher à travers l'enseignement ou le traité? Que veut celui qui appelle tant

d'oreilles, qui sollicite tant d'attentions? Mystère, silence,
c'est ce qu'il ne dit jamais. Que veulent-ils à la fin ces
militants? La révolution, la fin de la lutte des classes?
Oui, oui, je sais, c'est ce qu'ils disent... Mais ni ils ne
disent la vérité ni ils ne mentent. Ils ne mentiraient que
s'ils ne voulaient pas la révolution ou la fin de la lutte des
classes. Nul ne pouvait dire qu'ils ne voulaient pas la
révolution ou la fin de la lutte des classes, mais de là à
dire qu'ils militaient *pour* la venue de la révolution et la
fin de la lutte des classes, il y avait un monde que je ne
pouvais me résoudre à franchir.

Philosopher pour renier ce qui vous y portait, agir pour
mépriser ce qui vous faisait agir, parler pour ne pas
parler... voilà ce qu'ils faisaient « eux », les autres, qui
n'étaient même pas mes ennemis, mais ceux que j'avais
élus justement.

A la fin je voyais tout en noir. Alors puisque toute
parole était impossible, puisque rien d'essentiel n'était dit
et ne saurait être entendu au cas où c'eût été dit, je
m'imaginais parfois entrant dans un silence souverain,
définitif, avec une étrange délectation.

Aller parmi les autres et me taire. Lire, observer,
écouter et renoncer moi-même à toute parole, à toute
écriture, voilà qui m'apparaissait soudain comme une
jouissance nouvelle, d'une exquise délicatesse, malgré sa
sauvagerie.

Dans mon aspiration au silence je me voyais nettoyant
la parole de toutes ses scories, de tous ses faire-semblant,
de ses faussetés, je me voyais si pure, si belle, si expres-
sive au fond par mon silence, que chacun se serait arrêté,
m'aurait contemplée, devinant infiniment ce que je voulais dire. Ange du silence conduisant la parole à sa seule
vérité...

Mais ma sauvagerie se languissait de témoins et mon
profond silence se rêvait au milieu des parleurs. Je
cherchais mon chemin, mon centre, revenais vers le
quartier Latin. Je choisissais tel ou tel café où j'étais à peu
près assurée de trouver des amis, des connaissances. Je
m'asseyais à leur table. Je faisais comme j'avais prévu. Je

m'installais dans le silence, le vaste, le pur, l'illimité... Et puis je ne sais pas ce qui se passait, mais rien ne ressemblait à ce que j'avais rêvé. Personne ne remarquait mon silence et je ne savais plus du tout pourquoi j'avais décidé de ne plus parler, ou alors j'avais soudain eu tellement envie de dire quelque chose que j'avais oublié mon engagement, ou encore quelqu'un m'apostrophait : qu'est-ce que tu as? Tu fais la gueule ou quoi? Ah! non, non, je ne faisais pas la gueule! Je n'allais tout de même pas me priver de ce que j'aimais le plus, être avec les autres, et rire, et se parler, se voir, se toucher, se regarder et se parler encore, sous prétexte que... Sous prétexte que quoi déjà? J'avais fait un drôle de voyage dans ma tête, mais j'oubliais tout, d'un coup. Qu'est-ce que tu bois? Un ballon de blanc sec? Tu viens au ciné avec nous? J'allais au ciné avec eux.

Et je rentrais à Sceaux par le dernier métro.

Jean-Jacques retrouvé

En ces temps où je ne voulais plus rien lire que les philosophes, les purs et les durs, les méthodiques, les rigoureux et les systématiques, je n'avais guère de chances de te rencontrer. Les philosophes des Lumières n'en étaient pas. Mais quoi alors? Des essayistes, des pamphlétaires, des journalistes d'opinion, parfois hommes de théâtre, poètes ou romanciers à l'occasion, bref des écrivains, pas des philosophes.

Tu me revins par hasard. « Par hasard » est peut-être vite dit. Je sautai sur l'occasion de te revoir avec un empressement qui me surprit moi-même. J'avais à faire une dissertation sur le mensonge. Quelqu'un (j'ai oublié qui) me conseilla vivement la lecture de ta quatrième rêverie, consacrée justement au mensonge.

Je ne disposais pas de ce texte et ne voulus pas l'emprunter. J'achetai *les Rêveries du promeneur solitaire*, édition Garnier sous couverture jaune. Sur cette couverture il y avait une gravure. Devine ce qu'elle représentait? Un lac, une barque, un homme baisant la main d'une femme assise dans la barque... Le souvenir de cette étrange lecture, tellement émue, que j'avais faite à haute voix au lycée me monta à la tête comme une tendre odeur de vase venue d'un lieu très lointain de ma vie et avec elle, en une vague irrésistible, la nostalgie de l'amour, désir et regret confondus, sans objet, sans visage, et pourtant illimitée.

Je me gardai bien de courir immédiatement à la quatrième rêverie. Je m'attardai sur les gravures que le livre reproduisait, je parcourus nonchalamment les préfaces, introductions, notes biographiques et autres appendices dont le texte, sans doute un peu maigre pour une publication séparée, avait été augmenté, « envoluminé » pourrait-on dire. Je me souviens y avoir trouvé dans une partie comportant des témoignages de tes contemporains, sous la plume je crois de Bernardin de Saint-Pierre, un court et définitif éloge que tu avais fait devant lui du parc de Sceaux. Tu lui avais dit que malgré ton peu de goût pour les parcs (à la française s'entend; jardins de l'ordre géométrique, de la nature soumise à la loi, du pouvoir satisfait et arrogant), ce parc-là t'avait charmé entre tous. J'avais beau n'être pas le moins du monde superstitieuse, cela me frappa comme le signe d'une obscure parenté entre nous et d'une rencontre inéluctable.

Il en fut de même me semble-t-il pour chacun des êtres qui devaient entrer à jamais dans ma vie. Ainsi, lorsque à peu près à la même époque je vis Nicos pour la première fois. Mon ami Fouad, le poète, m'avait entraînée au zoo de Vincennes avec toute une bande de ses amis, grecs pour la plupart, que je n'avais encore jamais vus. Nicos marchait avec d'autres, assez loin devant moi, dans une allée. Soudain il s'était retourné et m'avait regardée, immobile, sans expression spéciale, puis avait repris sa marche sans se soucier davantage de moi. Je ne me pensais ni attirée ni même intéressée par ce garçon bien trop exubérant et tapageur à mon goût. Pourtant j'avais été comme foudroyée par l'obscure certitude que je serais liée à lui, pas pour une tocade, pas pour une aventure, mais gravement et pour la vie. Rien ne se passa ce jour-là. Je ne sais si nous eûmes même l'occasion de parler ensemble. Je restai plus de deux ans, trois peut-être, sans même, me semble-t-il, jamais penser à lui, jusqu'au jour où le hasard fit une nouvelle rencontre...

Pardonne-moi cette parenthèse qui ne te concerne

guère, mais que je n'ai pas résisté au plaisir de te raconter. C'est à cause de cette histoire de signes. Comme si le destin vous faisait parfois un clin d'œil prémonitoire qu'on ne savait pas du tout interpréter mais qui vous empoignait au cœur d'une crainte presque sacrée. Sans compter qu'avec toi les signes se répétaient. D'abord il y avait eu cette émotion inexplicable, cette familiarité presque physique au texte du Lagarde et Michard, et maintenant cette révélation que tu avais aimé le parc de Sceaux, m'y devinant de façon inexplicable, moi qui t'aimais, à travers une brume, un rêve, le profil penché d'une statue, son sourire vague, alangui sur les siècles; ne t'avais-je pas, moi aussi, fait un signe de très loin qui t'avait touché sans que tu aies pu le déchiffrer...

Je flânai d'autant plus dans la banlieue de tes *Rêveries* que je sentais le désir vif d'y pénétrer, me plaisais à en éprouver les contours et à en différer la satisfaction.

J'y entrai enfin.

«Me voici donc seul sur la terre, n'ayant plus de frère, de prochain, d'ami, de société que moi-même...»

D'emblée je fus saisie par la présence, la réalité de la voix. Plus que proche, plus qu'amie, plus que sœur, je me sentis d'emblée lovée en son intimité.

J'aimais qu'il s'agît du dernier de tes livres, celui que tu n'écrivis que pour toi, comme si j'allais saisir la quintessence de ton art et le secret de l'émotion si étrange que m'avait donnée la «Promenade sur le lac»...

La première rêverie m'enchanta au point que j'oubliai tout à fait les raisons qui m'avaient conduite au texte, et je ne me souviens pas avoir rédigé une dissertation relative au mensonge. Tu y disais (à qui, sinon à moi?) les raisons d'écrire pour soi seul. Se dire, s'écrire, se connaître, descendre au fond de soi. Mais aussi nouer toute frêle jouissance passée ou à venir d'un fil d'écriture, jouir de la jouissance à écrire, en train de s'écrire, à jamais écrite, exister, présent, enchanté de la seule existence, ah! comme je comprenais cela soudain! La question ultime n'étant pas comment écrire mais comment jouir. L'écriture était impérieusement requise pour la jouissance. Sans elle nous n'avions plus de prise sur rien, nous devenions le jouet des éléments, des autres, du temps, des chagrins, des soucis, de tout ce qui nous arrache de là où nous sommes et nous projette hors de l'existence, de l'instant de présence et de « pure jouissance », dans un tourment incessant de monstres et de chimères. Et je pouvais me figurer une écriture de presque rien, un trait délicat, continu au fil délicat et attentif de la présence, un rond tracé au Crayolor, tremblant d'application silencieuse et dévote dans un petit cahier d'écriture... Ta première rêverie me fit rêver délicieusement d'écriture, au point que la tienne suffisait et tenait lieu de la mienne. Et quand tu écrivais : « Mon cœur s'est purifié à la coupelle de l'adversité », je buvais dans cette coupe un nectar d'évidence qui me faisait, ainsi que toi pure, innocente et comme naissant à la vie...

La deuxième rêverie rapportait l'événement qui t'avait engagé le plus activement en cette écriture ultime : libre et intense, au fil même de la présence – ton accident à la fin du mois d'octobre 1776 sur les hauteurs de Ménilmontant. Je m'aperçus que je connaissais déjà cette histoire : le chien qui t'avait renversé, ton évanouissement, ton retour à la conscience vierge de mémoire et d'appréhension, pur miroir de ce qui t'entoure, la nuit étoilée, ces jeunes gens qui te soutiennent, ce « calme ravissant »... Mais cela se confondait dans mon souvenir au récit que Montaigne donne dans ses *Essais* d'une chute de cheval... Cela ne signifiait pas que j'eusse jamais réellement lu auparavant ton récit et celui de Montaigne, j'avais « entendu dire », raconter, rapprocher les deux récits... On dit, je me souviens d'un passage de Montaigne, mais on ne se souvient que d'avoir entendu évoquer un certain passage de Montaigne.

Il me semble bien que c'est en cette occasion que j'ai ouvert sérieusement les volumes des *Essais* qui m'attendaient depuis mon enfance sur les rayonnages entourant le divan du salon. L'histoire se trouvait au chapitre de l' « Exercitation ». Oui, c'était bien à peu près le même événement, le même évanouissement, la même reprise de conscience, la même indifférence pour son propre sang qu'on voit couler, la même douceur étonnante et comme miraculeuse ; mais l'écriture de l'épreuve s'inversait ; ce qui chez toi était appréhension unique et merveilleuse de la vie à l'état pur en sa phase de naissance était chez lui abandon consenti, languissant à l'abord pressenti de la mort. Là où il avait écrit : « Il me semblait que ma vie ne me tenait plus qu'au bout des lèvres ; je fermais les yeux pour aider, ce me semblait, à la pousser hors, et prenais plaisir à m'alanguir et à me laisser aller... », tu avais choisi, toi, d'écrire : « Je naissais dans cet instant à la vie... »

Cette divergence dans la relation de l'événement était bien peu de chose auprès de leur réelle parenté. Ce qui nous empêche de bien vivre, ce qui nous gâche la vie ne tient pas à ce qui nous manque, mais à ce que nous avons en trop. Trop de connaissances, de souvenirs, de savoirs, d'images anticipées, trop de biens, de tâches, d'intérêts, de relations, trop, trop, trop... L'accident arrache tout, d'un coup, le superflu, les tourments, les graisses, et dans le seul luxe qui se devrait réellement convoiter, l'absence de douleur nous rend à la « pure jouissance d'exister ».

J'avais beau n'avoir guère plus de vingt ans, n'être liée par aucune contrainte, pas même celle d'assurer promptement ma subsistance, j'étouffais déjà sous le « trop » : trop de gens, de discours, de savoirs, trop de pensées, de souvenirs et d'appréhensions, trop de regrets, trop de désirs. « Boire l'eau d'oubli, se mettre dans l'état d'un homme qui commence à vivre... » C'était bien déjà ce dont j'avais le plus soif. Ma fièvre de quartier Latin d'ailleurs retombait, le charme des cafés s'émoussait et les rencontres nouvelles ressemblaient de plus en plus aux précédentes. Je me demande même si mes philosophes chéris, à force de ne jamais s'interroger sur ce qui m'intéressait le plus, l'ardeur de penser, l'exaltation d'être bon, solidaire, fraternel, ne commençaient pas à me lasser avec leurs mines rébarbatives et leurs manières constantes de rabat-joie.

J'eus brusquement envie de maison, de lenteur, de solitude. J'eus envie d'une autre sorte de lecture. De livres comme les tiens, cherchant le chemin du retour vers la « pure jouissance d'exister ».

C'est à Sceaux, mais aussi dans la maison en Limousin au coin du feu, que je me revois lisant tes *Rêveries,* puis les *Confessions* ainsi que d'importants morceaux de Montaigne.

Les images que j'ai gardées de ces lectures sont mêlées à celles de mon père, proche, plus souriant qu'à l'accoutumée. Il semblait prendre comme une faveur les heures que je passais à lire près de lui. Je me souviens m'être à plusieurs reprises interrompue dans ma lecture des *Confessions* pour lui en rapporter à haute voix certains passages, l'histoire du noyer par exemple et de ce petit aqueduc que tu avais confectionné avec ton cousin, tu te rappelles? Et celle de Mademoiselle de Breil que j'ai déjà évoquée ici, celle des petites chanteuses de vêpres à Venise... Il fut si charmé qu'il lut les *Confessions* à ma suite et qu'il nous arriva d'en évoquer ensemble les épisodes qui nous plaisaient particulièrement. Il aima aussi, j'en suis certaine, me voir lire Montaigne. Le contentement que je lui donnais augmentait le mien. Peut-être avais-je le sentiment de réparer ainsi les torts que ma jeunesse exigeante et indisciplinée lui avait causés jusque-là...

Je n'avais pas toujours été aimable, loin de là, pour mon père. Il m'irritait. Son chagrin m'était pesant et ses humeurs souvent renfrognées, ses inquiétudes constantes pour nous le rendaient plus oppressif que s'il avait été réellement sévère. Soudain j'osais l'observer. Il m'apparut vieilli, usé de soucis, et cependant tout disposé à jouir de mille petites choses simples que je pouvais sans peine, et même avec plaisir, partager avec lui. Il avait alors soixante-trois ou soixante-quatre ans, l'âge même, deux ans avant ta mort, que tu avais quand, un beau jour après t'être dit au cours d'une promenade nostalgique : « J'étais fait pour vivre et je meurs sans avoir vécu », l'accident survint brusquement, bouleversant comme par miracle l'ordre des choses, et, pour avoir failli mourir, tu te mettais à vivre, répétant d'ailleurs une expérience de ta jeunesse que tu avais déjà consignée dans tes *Confessions* : « Je puis bien dire que je ne commençai de vivre que quand je me considérai comme un homme mort. »

J'aurais aimé illuminer mon père de ta sagesse si peu savante, mais exquise et délicate, la même que celle de Montaigne quand il écrit au dernier chapitre de ses *Essais* :

« ... La mesure en la jouissance dépend du plus ou moins d'application que nous lui prêtons. Principalement à cette heure, que j'aperçois la mienne si brève en temps, je la veux étendre en poids; je veux arrêter la promptitude de sa fuite par la promptitude de ma saisie, et par la vigueur de l'usage compenser la hâtiveté de son écoulement. A mesure que la possession du vivre est plus courte, il me faut la rendre plus profonde et plus pleine. »

Je regardais mon père. Comment le conduire à l'expression d'une si heureuse résolution? Quiconque pouvait-il jamais atteindre à cette « possession du vivre » que vous disiez, sans l'écriture? Comment « étendre en poids » la vie, comment « saisir » la jouissance sinon par l'écriture ou dans le projet de l'écrire?

Je me posai alors une question qui me faisait souffrir, car je sentais bien que la plupart des gens ne se la posaient pas, l'auraient peut-être même trouvée absurde, tandis qu'elle était pour moi radicale : à quoi bon jouir sans écrire? Ce n'était d'ailleurs même plus une question puisqu'il m'apparaissait comme une évidence fondamentale, inamovible, qu'il était au moins aussi triste de jouir sans écrire que de ne pas jouir du tout. J'aurais été bien incapable de dire pourquoi. Mais il m'était impossible de sentir autrement. Ce qui restait en question : « Pourquoi les autres ne sentent apparemment pas comme moi, pourquoi mon père n'a-t-il pas senti cela? » me troublait parfois jusqu'à me faire éprouver l'angoisse de ma solitude; et cette impossibilité de croire que mon père pouvait accéder encore à une jouissance véritable de la vie me faisait mal. J'aurais tant aimé lui rendre un peu de la vie que je sentais confusément, à tort ou à raison, lui avoir prise, effacer ses nuages, dissiper ses brumes, le rendre à la lumière...

A quoi bon convier un vieillard à une jouissance sans poids ni mesure, sans saisie, sans écriture?

Oui, je comprenais qu'arrivant à ton âge tu avais senti le besoin d'écrire, et pour toi seul, ainsi que tu le disais.

Quand on est perdu, quand personne ne vous tient plus dans ses bras, dans son nid, dans sa maison, quand l'univers est devenu si vaste que rien ne peut plus en fixer les limites, en arrêter l'horizon, quand on ne sait plus que faire, où aller, avec qui, reste l'écriture (ou la peinture...). Avec elle on se penche sur l'instant délicat et si pur, on se prend par la main, on se tient au fil de la plume (à la couleur du pinceau...), on part en exquise et vigilante promenade, sans crainte d'égarement puisque le chemin parcouru laisse sa trace et qu'on pourra à l'heure de la fatigue et du sommeil rentrer chez soi. Écriture libre, aventureuse, et sage pourtant, préservée des abîmes et de la folie.

Ton écriture était la mienne. Ici, pas de système à construire, pas de méthode à appliquer, pas de mètre d'arpenteur, pas de questions préalables, de messages à transmettre, de thèses à démontrer... Il suffit que cela se tienne, se parcoure, s'anticipe des yeux et du cœur. Il suffit que cela soit comme un rond au Crayolor sur un cahier d'écriture...

A cette époque je fus reprise par le goût du dessin, du portrait surtout, que j'avais souvent pratiqué au lycée durant les heures de chimie, d'anglais ou de géographie. Je fis, au fusain, un portrait de mon père, tandis qu'il lisait, un soir, à la campagne.

Voilà de longues années que mon père est mort. Mais

son profil est ici, en face de moi, tandis que je t'écris. Rien n'est aussi réussi, à mes yeux, de tous mes travaux antérieurs, ni aucune écriture, que ces quelques traces de charbon noir sur cette feuille jaunie. Les spécialistes hausseraient les épaules, je le sais bien, mais moi j'y tiens, exactement comme à la prunelle de mes yeux.

Mensonges et vérités

Quand je parvins à la quatrième rêverie, je me souvins que c'était pour elle, en principe, que je m'étais de nouveau intéressée à toi. J'entrepris de donner à sa lecture la rigueur d'un travail. Je pris du papier, un stylo, quittai mon fauteuil préféré pour m'installer à une table.

J'avais dû pourtant prendre déjà avec toi des manières familières que je n'ai eues avec aucun autre écrivain, je t'assure. J'ai retrouvé l'édition Garnier dans laquelle j'ai lu pour la première fois tes *Rêveries*. La quatrième est surchargée, dans ses marges, de notes au crayon tout à fait irrévérencieuses, où se mêlent exclamations et apostrophes. On y devine même une sorte d'agressivité redoublant le soupçon exercé envers toi-même au cours de l'examen de conscience que constitue le texte.

Cet esprit d'inquisition n'allait pas tarder à me mettre d'ailleurs sur la piste d'une découverte qui m'apparut si merveilleuse que je conçus pour elle un travail d'écriture, une thèse, un mémoire, quelque chose qui aurait su prendre place dans mon cursus universitaire. Ce fut donc d'une certaine façon la première fois que j'imaginais un texte qui te fût consacré. Le projet m'enchanta tant que je laissai dans l'ombre la question de son exécution pratique.

Dès que je me représentai le travail de compilation et de méthode qu'il exigeait, il me lassa et je cessai d'y penser.

Cette quatrième rêverie m'apporta la notion clé par laquelle je pénétrai toujours plus avant dans la compréhension de ton être, de tes œuvres (ce qui bien entendu pour moi ne saurait être distingué), notion trouble dont je n'ai pas fini d'éprouver le sens en abîme, je veux dire la honte.

En y réfléchissant bien tu découvrais que la honte seule avait été assez puissante pour t'acculer, toi, au mensonge.

« Je ne mens ni par intérêt ni par amour-propre, encore moins par envie ou malignité, mais uniquement par embarras et mauvaise honte, sachant même très bien quelquefois que ce mensonge est connu pour tel et ne peut me servir du tout à rien. »

Je ne savais pas encore combien cette question de la honte était centrale, je pressentais seulement que derrière elle se jouait le drame le plus sombre de notre relation à autrui. Sans que je sache bien pourquoi cette question de la honte me brûlait soudain au plus haut point. Un exemple suivait, chargé d'illustrer ta dernière affirmation. Il retint mon attention bien au-delà de ce qu'il exigeait. Le désir de voir plus loin que ce qu'il rapportait me saisit. Je voulus pour ainsi dire le voir par en dessous, le trousser et découvrir son plus intime secret, celui qui demandait, j'en étais certaine soudain, à être révélé là où il se cachait avec l'insistance la plus ostentatoire.

Tu te souviens de l'histoire : ce jour-là, un jour récent de ton vieil âge, on t'avait voulu du mal. On avait cherché à te faire honte en te posant une question piège. Une jeune femme enceinte, qui connaît comme tout un chacun l'histoire de l'abandon de tes enfants, te demande si tu as eu des enfants. L'humiliation est assurée, que tu répondes vrai ou faux, soit de ce que la sincérité t'obligera à confesser, soit de ce que la honte te contraindra à dissimuler. Je résume la situation.

La jeune femme fait semblant de ne pas savoir ce qu'elle croit savoir, que tu as eu des enfants.

Tu fais, toi, semblant de croire qu'elle ne fait pas

semblant et réponds en rougissant que non, tu n'as pas eu ce bonheur. Ce qui ne trompe personne. En tout cas, le fait que tu rougisses ne trompe pas, ça tout le monde le voit. Immédiatement tu te mords la langue de ta réponse et trouves, mais un peu tard, ce que tu aurais dû dire « sans avoir à rougir d'aucun aveu ». C'était tout simplement qu'une jeune femme n'avait pas à poser une telle question à un vieux monsieur resté si longtemps célibataire. Trop tard; on avait eu ce qu'on voulait. On t'avait fait rougir. Car tu ne pouvais plus que rougir. Soit de mentir. Soit de confesser à haute voix l'abandon de tes enfants.

A moins que...

L'idée-force de tout le texte, celle de la honte, capable de conduire au mensonge le plus aberrant, celui qui ne vous sert à rien, vous enfonce, vous nuit, vous perd sans recours, la folle et terrible honte, me suggéra une troisième hypothèse.

Qu'est-ce qu'il y a de plus honteux pour un homme et qui peut aller jusqu'à le faire rougir, la soixantaine passée, devant une jeune péronnelle enceinte? Mentir? Avoir abandonné ses enfants? Ou, pour la plus inavouable des raisons, n'en avoir tout simplement jamais eu?

Il ne me semble pas que j'avais même pensé, à l'instant où cette idée me vint, aux premiers livres des *Confessions* si révélateurs de tes misères sexuelles. Pour autant que je m'en souvienne, seul le texte, le ton de l'écriture, la façon dont l'exemple prend place dans l'exposé, me parut receler un message secret, le code caché de ton être, le mot de passe pour accéder au cœur de ton cœur... Le mien battait d'excitation fébrile. Je relus le texte mot à mot, le laissant s'écouler goutte à goutte sous mes yeux; il m'apparut de plus en plus limpide. A aucun moment tu ne dis ce qui précisément te fait rougir. Si tu avais envoyé promener l'impertinente avec sa question, tu n'aurais eu à rougir d'« aucun aveu », dis-tu. « Non, je n'ai pas eu le bonheur d'avoir des enfants » n'était pas un mensonge, c'était un aveu en effet que chacun prit pour un mensonge.

Pauvre Jean-Jacques, tu ne rougissais ni de mentir puisque tu disais vrai, ni d'avoir abandonné tes enfants puisque tu n'en avais jamais eu, tu rougissais de ta honte la plus archaïque, celle qui t'avait enfoncé dans ce bourbier de mensonges dont tu ne pouvais plus sortir sans risquer d'être précipité dans une humiliation encore plus infamante, préférant passer pour un père dénaturé et pour les siècles des siècles plutôt que d'avouer ça, cette pauvre chose indifférente, ce presque rien qui n'était même pas un crime, même pas un péché, seulement une injustice, un malheur, une pauvre misère. Honte de l'impuissance, honte encore plus honteuse d'avoir accrédité des années durant une thèse qui te déshonore mais qui dissimule l'impuissance, aliénation accablante à ta honte puisque tu ne peux dire enfin la vérité sans passer pour un menteur... « La ligue est universelle... », mais c'est toi qui, pour une broutille, en as tissé les liens. Je crus comprendre ce qui t'avait rendu fou, comment tu t'étais étranglé toi-même par crainte maladive du regard d'autrui.

J'épluchai les *Confessions* et découvris dans les notes du volume de la Pléiade qui venait de paraître que j'étais loin d'être la première à formuler cette hypothèse. George Sand s'était clairement exprimée là-dessus. D'autres avaient consacré un ouvrage documenté, argumenté, allant dans ce sens. J'aurais aimé être l'unique à qui la révélation avait été accordée. C'était loin d'être le cas. Sans compter que l'affaire se fanait à devenir à l'évidence propriété des spécialistes fouilleurs de registres, de dossiers, de fiches de service, des compilateurs zélés de tous les précédents ouvrages traitant déjà de la question et parmi lesquels je ne pouvais que répugner à me ranger. La lumière dont je voulais éclairer ta vie, je ne voulais la tirer que de ton œuvre. Les ragots, les fonds de tiroirs, les registres d'état civil, la joute des opinions toujours partisane ne me disaient rien. J'arrêtai la mienne au fragment suivant tiré des ébauches des *Confessions* et qui me parut plus explicite que tout le réseau d'indices que j'avais dégagé de ton autobiographie :

«... Elle me dit : nous sommes bons amis ce me semble. Oui lui dis-je, et nous aurions pu l'être encore plus. Ah! comment je vous aurais aimée! Mais il eût fallu pour cela cinq conditions dont la plus aisée est impossible et sans lesquelles il n'y faut pas songer. Elle resta interdite et ne répondit rien. Cela était naturel, mais ce qui ne l'était pas, ce fut un certain tour d'yeux qui accompagna ce silence et que je n'oublierai jamais. Ce mouvement presque imperceptible repoussa mon cœur pour jamais. » Fin du fragment. Si les autres ne comprennent pas à quoi tu fais allusion, « elle » en tout cas a compris, et ce regard qu'elle jeta sur toi, je ne sais pas pourquoi, Jean-Jacques, c'est comme si je le voyais. Ce regard, dont tu ne dis rien pourtant, dit à lui seul ce que tu venais de lui dire sans lui dire pourtant... La brutale éloquence de ce regard valait celle de ce : « Elles sont juives » qu'on m'avait autrefois susurré dans l'oreille. « Elles sont juives », qui ne disait rien, disait cependant tout ce qui voulait être dit. « Elles sont juives », cela suffisait. « Un certain tour d'yeux », et tout est entendu...

J'oubliai le vague projet de travail universitaire d'une relecture de ton œuvre à partir de cette quatrième rêverie. Mais je sus que toi je ne t'oublierais jamais plus. Tu étais entré dans ma vie comme le font nos plus graves amitiés : dès les premiers temps de la rencontre on parle, on joue, on rit ensemble, on se fâche même parfois, comme si on se connaissait depuis toujours. Dès cette époque je pris d'ailleurs l'habitude de parler de toi aussi souvent que la conversation l'autorisait. J'avais envie de faire connaître à tous mes familiers mon avis sur la question de ta progéniture, dont ils ne se souciaient que très médiocrement en général. Ceux qui avaient lu les *Confessions* m'interrogeaient parfois plus avant sur les aveux que tu y fais. J'étais ravie de pouvoir développer mon argumentation. Tu disais bien que Thérèse s'était à plusieurs reprises trouvée « grosse », mais tu ne précisais pas que ce fut par tes soins. C'est ce qu'on t'avait fait l'«honneur» de croire. Tu n'avais pas eu le courage de démentir d'autant qu'à la première humiliation il eût fallu y adjoindre celle d'être trompé. C'était trop pour un homme doux et craintif. Dire la vérité n'aurait profité qu'à l'arrogance des mondains exhibant leur cour de femmes futiles et intéressées comme l'emblème de leur virilité. Ils en auraient fait des gorges chaudes de ta vérité et les murs de leurs salons auraient longtemps résonné de leurs rires obscènes. Ah! non vraiment, mieux valait les laisser croire ce qu'ils croyaient! Au fond, ça ne faisait de tort à personne (qu'à toi-même et après un cheminement que tu ne pouvais mesurer alors); cela faisait même beaucoup de bien – à Thérèse, « couverte » en quelque sorte par la version officieuse puis officielle de ses grossesses.

Une remarque moqueuse de Nicos me fit un jour comprendre que je désirais trop profondément que ma version des faits fût vraie pour qu'elle ne fût pas par là même suspecte. Il avait touché juste. Déjà au lycée, alors même que je ne savais à peu près rien de toi, je n'avais pas supporté l'idée que tu aies pu abandonner tes enfants. Maintenant j'étais capable de déployer des trésors d'analyse pour convaincre et me convaincre que ces enfants n'avaient jamais existé. Seulement ceux de Thérèse. Que tu finis d'ailleurs par regretter. Tu n'avais qu'à les garder. On n'y aurait vu que du feu. « Nul père n'est plus tendre que je l'aurais été pour eux, pour peu que l'habitude eût aidé la nature. » Cette phrase aussi tirée de la neuvième rêverie où tu évoques ton amour des enfants, je l'interprétais comme un indice supplémentaire; ça voulait dire que tu aurais pu aimer ces enfants comme les tiens (ce qu'ils n'étaient donc pas...).

Bref, il ne fallait pas que tu aies pu faire ça.

Il ne fallait pas que cela pût être fait.

Il me fallait à tout prix empêcher ça, réparer, consoler, effacer...

Et maintenant?

Je mentirais si je te disais que cette question des enfants abandonnés a fini de me tourmenter. Je vois

bien que j'ai tendance chaque fois que je te loue et
qu'on me jette comme un défi cet épisode si trouble (il
est pour moi à la vérité effrayant) de ton destin à me
dérober en dénonçant l'incessante malveillance qui n'en
finit pas de rôder autour de toi et à laisser entendre que
je détiens seule un secret que nul n'est digne de recevoir... Je triche. Les faits se taisent pour moi comme
pour chacun dans la nuit de la terre.

Une évidence cependant demeure, brillant pour moi,
et pour quiconque te lit sans préjugés, d'un éclat inaliénable : tout chez toi est amour de l'enfance, toute ton
œuvre travaille à remettre l'humain sur le chemin du
bonheur si simplement indiqué dans l'enfance qu'il suffit de se souvenir, de se laisser descendre dans le plus
intime savoir, pour le retrouver. Tu aurais été le plus
tendre, le plus aimant des pères, tu le dis, je le sais,
c'est vrai, si... Si quoi ? Si une atroce panique ne t'avait
saisi...

A l'idée de l'enfant, voilà que ta tête affolée s'est
remplie de l'image de ses pleurs, de ses peines, de sa
détresse peut-être... Alors ta gorge s'étranglait d'angoisse. Impuissant à te représenter ses rires, ses jeux, son
aimable croissance, tu ne voyais plus que l'horreur de ta
propre souffrance au spectacle de la sienne... Que ces
enfants aient été les tiens ou pas ne changeait à peu
près rien au drame qui dut se nouer en toi. Tu as fui, tu
as repoussé, tu as abandonné dans une affreuse dénégation. Ah ! tu n'aurais jamais dû faire ça, jamais ! Non, je
ne veux pas te torturer encore de ce remords qui ne t'a
plus quitté, que tu as emporté dans la tombe et qui te
rongerait encore si Dieu n'était pas bon, mais, s'il existe, il est bon n'est-ce pas, sinon cela n'a pas de sens...
Ou il n'existe pas et toi tu n'existes pas non plus et tu
as fini de souffrir, ou il existe et il est bon et tu es en
lui pardonné, réconcilié, aimé en grande pitié, et aussi
pour l'horreur de ton geste, pour le malheur de la
démence, le plus terrible des malheurs, car rien ni
personne ne peut le consoler...

Qu'un enfant, celui qui t'aurait appelé père, eût

comme chaque enfant sans doute à pleurer, à craindre, à connaître la honte, à souffrir l'arrogante brutalité des adultes, l'insultante cruauté des maîtres et des nantis, mais aussi la solitude, la maladie, que cet enfant eût à revivre un malheur qui n'en finirait pas d'être le tien, tu ne l'as pas supporté, tu as déchiré la page où le chagrin de chacun est inscrit auprès de la joie, où la mort est marquée dans la vie même. Pour ne pas avoir à les abandonner au jour – que tu as toujours imaginé proche – où il te faudrait mourir, tu les as abandonnés tout de suite, courant empressé à l'aveuglement d'un délire de trop grand amour.

Personne ne veut croire que ces choses sont possibles et pourtant... Hier encore le journal annonçait qu'un père ne pouvant se résoudre à se séparer de sa fillette trop aimée l'avait, au fond d'un bois, étranglée...

Moi je sais que c'est possible, le meurtre pour n'avoir pas à trancher ce qui doit l'être, l'abandon pour n'avoir pas à souffrir l'inévitable séparation, le suicide pour n'avoir jamais à mourir...

« Je comprends que le reproche d'avoir mis mes enfants aux enfants trouvés a facilement dégénéré avec un peu de tournure en celui d'être un père dénaturé et de haïr les enfants. Cependant il est sûr que c'est la crainte d'une destinée pour eux mille fois pire et presque inévitable par toute autre voie qui m'a le plus déterminé dans cette démarche. »

Voilà ce qu'aujourd'hui je crois : tu as pu, en effet, justement toi, commettre ce crime d'abusive passion de l'enfance, t'aveuglant toi-même par l'aisance avec laquelle les Parisiens de ton entourage recouraient à la pratique d'abandon d'enfants.

« Je formai ma façon de penser sur celle que je voyais en règne chez les gens très aimables et dans le fond très honnêtes gens, et je me dis : puisque c'est l'usage du pays, quand on y vit on peut le suivre, voilà l'expédient que je cherchais. Je m'y déterminai gaillardement sans le moindre scrupule... On verra successivement toutes les vicissitudes que cette fatale conduite a produites

dans ma façon de penser ainsi que dans ma destinée... »

Alors éperdument tu ne conçus qu'un moyen de réparer : revenir à l'enfance, à celle de l'humanité, au temps
où rien n'était encore disjoint, abandonné, perdu, au
temps d'avant le mal, la séparation, la mort...

Lire l' « Émile » et être lue

Les derniers livres des *Confessions* m'oppressèrent au point de m'inciter à remettre à plus tard, pour ne pas dire à jamais, la lecture des *Dialogues*.

De tes six années de Montmorency qui furent extraordinairement fécondes (*la Nouvelle Héloïse, le Contrat social, Émile*, parmi bien d'autres écrits encore...), tu ne retenais que ce qui s'agitait à la périphérie de ton travail. Seule l'évocation de ces humeurs rêveuses et vagabondes qui te conduisirent par étapes et comme malgré toi à l'écriture de *la Nouvelle Héloïse* m'enchantèrent. Je me souviens aussi combien je fus frappée par la description dans le dernier livre des *Confessions* de ton exil dans l'île Saint-Pierre sur le lac de Bienne. Elle me rappelait une nouvelle fois notre première rencontre dans le Lagarde et Michard, cette « Promenade sur le lac » qui m'avait tant charmée. Il me semblait que je devinais tout du bonheur d'exister que tu y avais rencontré, exaspéré de la crainte sourde et continue d'en être chassé. Et quand tu disais qu'en cet exil si désert et retiré tu avais été jusqu'à t'écrier : « Au lieu d'y être souffert par grâce que n'y suis-je détenu par force ! », je rêvais d'une semblable contrainte : la compagnie de quelques familiers, un lac pour rêver, des fleurs, des oiseaux, le ciel, du papier pour écrire mais surtout le luxe inouï, incomparable, de n'avoir plus rien à décider, donc plus rien à me reprocher. C'est que, vivant toujours à ma guise, rétive à toute discipline je n'en étais pas moins soucieuse et parfois obsédée des reproches qu'on pouvait me faire ou que je me faisais moi-même secrètement. Pourquoi est-ce que je ne préparais pas mes examens, pourquoi est-ce que je ne militais pas? Est-ce qu'il n'était pas temps de devenir adulte, ou tout du moins de me préparer à l'être? Pourquoi est-ce que je n'écrivais pas alors même que j'en éprouvais le désir de plus en plus fréquent, de plus en plus brûlant? Et c'était comme si l'écriture, au fur et à mesure des années, au lieu de se rapprocher, s'éloignait encore davantage de moi.

Que le monde eût été pour toi menaçant, compliqué d'intrigues, de manigances réelles ou supposées, lourd de trop de gens, de trop d'attentes, de regards, de paroles, de soucis, je n'en voulais rien savoir; il me rappelait trop celui dont je voulais m'abstraire. Je ne rêvais que de blancheur, d'écriture (ou de pure lecture), de silence...

Je décidai de lire l'*Émile*.

Je ne sais pourquoi j'élus le café *Le Médicis* en face du jardin du Luxembourg pour cette lecture. Tous les premiers souvenirs que j'en ai s'y rapportent. C'était un café sans étudiants ou, en tout cas, sans ceux que je connaissais et fréquentais. Je me souviens que Bruno cependant m'y surprit un jour. Et critiqua l'*Émile*. La charge, dont j'ai oublié le contenu, fut menée avec une assurance qui me laissa pantoise. Sans doute avait-il tenu à me démontrer que l'éducation d'un fils de famille conduite par un précepteur particulier ne pouvait constituer un modèle pour cela seul qui méritait réflexion, *l'école du peuple*. Comme toujours dans ces cas-là, et avant de retourner, obstinée et farouche, à mes amours vaguement illégitimes, je fus troublée, malheureuse et sans arguments. A vrai dire, j'aurais été incapable de dire à qui que ce fût ce que m'apportait la lecture de l'*Émile,* ce bain d'innocence, cet oubli de tous mes soucis, amoureux, filiaux, conflits présents et préoccupations d'avenir, cette sensation unique d'accompagner une naissance, de suivre l'éclosion d'une vie nouvelle en toute grâce, aisance et liberté. Je poussais fraîche et vigoureuse entre les pages de ton livre comme Émile entre son maître et la nature. J'avais beau rêver d'avoir des enfants, j'avais beau me dire de plus en plus souvent que seul le métier d'enseignant pourrait à la rigueur me convenir, l'éducation était le cadet de mes soucis. Si je ne suis pas certaine de pouvoir te faire comprendre le charme puissant qui m'attachait à la lecture de ce gros livre, comment aurais-je pu alors imaginer expliquer ça...

Je suis assise au café *Le Médicis* devant un café noir puis deux, puis trois. Le jardin du Luxembourg est à ma droite. C'est l'hiver. Je porte un duffle-coat gris foncé que je traîne depuis trois ou quatre ans. Je le garde sur mes épaules tandis que je lis. J'aime rester près des vitres extérieures, pour accueillir dans le livre, sur mes mains, la lumière du dehors, pour éprouver le mouvement de la rue, mais il fait froid et je replie sur moi les pans de mon vieux manteau.

J'ai un peu plus de vingt ans. Je ne suis ni une femme ni une enfant. Aucun terme ne saurait d'ailleurs me définir convenablement. Je ne suis ni vraiment étudiante, ni vraiment amoureuse de Jacques auquel je tiens pourtant maladivement, ni vraiment fixée sur rien. Suis-je plus heureuse que malheureuse? Que peut-on d'ailleurs entendre sous ces mots? Comment répondre quand il apparaît évident que les plaisirs me rendent encore plus morose que les peines.

Ainsi, le soir, quand, avec Jacques et d'autres, dans une boîte du quartier ou de Saint-Germain, et malgré ce sentiment d'angoisse qui ne me quitte pas à la pensée que mon père m'attend à Sceaux là-bas, je laisse passer les heures sombres et nulles, douces malgré tout, mais aussi râpeuses, comme du velours, suis-je heureuse ou malheureuse? A la question posée en ce temps-là, sans doute aurais-je répondu : malheureuse (qui d'ailleurs sait avouer à vingt ans l'indécente et secrète délectation de la souffrance?). Le jazz en sourdine, l'alcool (dont le moindre verre vaut bien deux places de cinéma de la rue Champollion), les lumières basses, les mouvements lents et comme inachevés des êtres qui m'entourent, l'onctueuse déliquescence qui se dégage de l'heure tardive, de l'obscurité alanguie, des profils sans parole et sans âme qui parfois se penchent, tout, au lieu de me convenir, de me porter, de me bercer, se met soudain à me blesser d'une nostalgie si entière, si définitive, que je ne vois plus aucune raison de vivre, et l'impression d'absurde m'étrangle d'une telle tristesse que ma respiration en est gênée. Pourtant je reste là, captive et muette, enlacée à cette douleur qui n'a pas de nom. Retenue par un fil de vie que je ne voudrais rompre à aucun prix; une sorte de quête maniaque et désespérante : *comment est-ce que tout cela se dit,* ce vide, cette molle détresse, cette... (car je n'ai pas d'autre mot), cette beauté-là. Comme si j'étais saisie du désir impossible de déchiffrer un message de vérité, extraordinairement complexe et grave, inscrit là, dans cette configuration lâche d'êtres sans substance et d'objets insignifiants, comme si c'était justement ça *qui voulait tout dire,* ça qui allait me livrer la clé, quelle clé, je ne sais, stupidement poursuivie, alors qu'elle se dérobait plus encore qu'elle ne se figurait.

... Il me fallait évoquer cet arrière-plan nocturne de mes lectures, cette confusion des sentiments et des pensées qui m'alourdissait dès que le soir tombait, dès que les autres me revenaient, désirables, amènes ou hostiles, mais toujours dévorants, il me fallait te dire un peu dans quel magma je m'enfonçais souvent pour te laisser deviner quel charme étrange je pouvais trouver dans le jour à la lecture de ton *Émile,* moi qui ne m'étais jamais posé la question de savoir comment se développait en vigueur et harmonie la plante homme.

Il me semble que je lus l'*Émile* sans cahier, sans crayon, sans notes, sans fixer les principes généraux, sans marquer les étapes parcourues, avec une désinvolture que je ne me serais jamais permise auprès de mes philosophes patentés. Je devais déjà te tutoyer...

Non, ce qui m'intéresse ici et que je vais puiser directement à la source de ton écriture, c'est cette fraîcheur de commencement, cette certitude de liberté dardant ses pousses nouvelles, alors même que je reste là, immobile, les doigts effleurant les lignes, levant parfois les yeux sur le ciel dont les nuages sont adorables quand ils passent en boucles ou en étirements roses auprès des arbres du Luxembourg.

C'est qu'ici le sujet même du livre s'accorde à ce que je goûte passionnément en toute lecture heureuse, cette impression de naître, à travers la sensibilité la plus fine, l'intelligence la plus perspicace dont je puisse rêver, à un monde immense, mais juste, clair et ordonné.

Au fond, il ne m'est rien arrivé de fort et de bouleversant depuis l'adolescence que la lecture. J'ai fait bien des rencontres, le monde s'est élargi et compliqué de nouveaux soucis, de nouvelles questions, mais ce n'est rien auprès de cette déchirure – ouverture qui peut aller à l'infini – que la lecture a faite dans le tissu de mon existence. Le livre repoussant le réel aux confins de l'improbable m'accueille dans l'espace le plus sûr, le mieux prédisposé qui soit à mon désir de vivre, de penser, de connaître et de dire à mon tour. De ces vastes étendues tranquilles que le livre me découvre ou me fait pressentir, j'occupe évidemment le centre, mais c'est un « je » à l'état pur, car tout ce qui d'ordinaire le charge et l'entraîne vers le bas, l'obscur, le confus, s'est miraculeusement absenté. Je n'ai plus ni âge, ni sexe, ni mémoire, ni souffrances, ni soucis. La lecture heureuse me rend, non pas certes continûment, mais en de certains instants merveilleux, au point le plus candide de la conscience et qui est aussi cette « pure jouissance d'exister » dont tu parles.

Pour être tout à fait sincère, je ne pense pas avoir mesuré en cette première lecture la puissance de l'ouvrage. (Le pourrai-je jamais d'ailleurs? A-t-on jamais fini de mesurer la profondeur d'un livre profond?) C'est bien plus tard, après avoir étudié puis enseigné le *Discours sur l'origine de l'inégalité* puis médité le *Contrat social* que je la découvris. Mais en ce temps-là je me contente d'éprouver les effets bénéfiques de la tendre vigilance du gouverneur d'*Émile,* appliqué à ne jamais serrer, ni contraindre, ni enseigner de force ce qu'Émile n'a pas demandé à apprendre, lui tenant simplement la main et répondant à ses questions, tandis qu'il s'avance d'un mouvement gai et libre à la découverte des choses, des mots qui portent les choses et de lui-même qui sonde les mots et les éprouve. A travers *Émile* voilà que je respire, ris, gazouille, observe, tâte, chante, écoute. J'apprends tout ce que l'école a tenté de me faire oublier, mais que je savais d'avance et que je sais au fond. Et de se rappeler ce que c'est que vivre, ouvrir les yeux, tendre les mains, s'ouvrir et croître, apparaît soudain comme la science la plus nécessaire, urgente, impérieuse. Et je suis fière de m'appliquer à une telle science en lisant l'*Émile.* C'est ça que je ne savais pas (ou n'osais pas?) dire à Bruno.

S'il y a belle lurette qu'on n'emmaillote plus les bébés comme des momies égyptiennes dans ces bandelettes serrées, censées les protéger de fâcheuses torsions, cassures ou déformations, et si ton appel à délivrer les petits corps de ces cruelles, inutiles, et même nocives entraves n'a plus lieu d'être, je sens pourtant, non par le raisonnement mais par l'aise de tout mon être à te lire, que toute ta manière de faire, de sentir, de penser, d'écrire est dans ce geste de délivrance qui fait rouler le corps sur lui-même, déployant son heureuse et mouvante puissance, et le rend à son milieu naturel de terre et d'air, comme une algue que l'on rendrait à son milieu liquide.

C'est par ce détail que j'aborde ce qui fait pour moi l'originalité de ta pensée. Tu sais que la plupart de nos souffrances, de nos conflits, de nos paralysies ne viennent pas d'un manque, mais d'un excès. Trop de bandages, de préventions, de préceptes, trop d'instructions, trop de livres, trop de morale, de discipline, trop d'éducation en un mot.

Quelle caresse aussi tu me fais là! Quel baume sur la

sourde mauvaise conscience qui accompagne depuis de longues années toutes mes dérobades à l'étude! N'ai-je pas ainsi préservé l'essentiel? Je suis intacte, c'est moi qui sens, pense, agis... Ah! comme je me sens légère! Ah! comme j'ai envie de vivre, de connaître et d'être aimée! Et le cœur m'en bat soudain de précipitation et d'affolement comme si le bien-aimé était là dehors à m'attendre. Je ferme brusquement le livre, je paie mes cafés, je ramasse mes affaires, je sors sans même prendre le temps de boutonner mon duffle-coat, de nouer mon écharpe, je traverse la rue, j'entre dans le jardin du Luxembourg.

Alors je m'avance, éprouvant la forme pure, c'est-à-dire vide, de ma liberté. J'en éprouve seuls les délicats contours. Ce sont ceux de ton écriture. J'aime l'hiver, les branches nues, retorses et silencieuses au bord du ciel comme les lignes de ton texte. J'aime les allées désertes et l'aventure indéfinie à laquelle on me convie. Le monde est très ancien, fatigué de se répéter, mais moi je m'en souviens à peine, j'arrive, je suis neuve. Tout juste dessinée à la plume de ton écriture.

Je suis un rêve d'écriture. Ton rêve. Et ainsi à peine suis-je...

Voici mon front, voici mes lèvres, et mes mains et mon corps à qui voudra seulement me prendre et me franchir. Comme tu m'aurais aimée si tu m'avais trouvée...

Je m'arrêtais aux balustrades parcourant du regard l'espace découvert en priant que me trouve celui qui me cherchait... Oh! je ne délirais pas! Je savais bien que je ne pouvais te rencontrer. Toi c'était impossible, mais ton frère, ton double, le plus fervent de tes lecteurs...

Il m'aurait vue et immédiatement reconnue. Il se serait avancé, tremblant, incrédule, il aurait effleuré des doigts légers le contour du visage, refaisant le dessin des traits, sourcils, paupières, nez, bouche, oreilles, murmurant juste pour me dire qu'il m'avait bien reconnue, ainsi c'est vous... Vous, l'écriture de Jean-Jacques...

Alors j'aurais volontiers renoncé à écrire si tout avait été ainsi réalisé d'un coup, avant la lettre, dans l'immédiate perfection.

Ah! si j'avais pu, dans un seul regard amoureux, être tout entière, et à tout jamais, *lue*...

Au pays des chimères

Le temps passait et je pensais de moins en moins à mon avenir. Il me semblait que j'avais épuisé tous les charmes du quartier Latin. Je restais de plus en plus à Sceaux dans la jolie chambre que je m'étais aménagée sous les toits. Je me rapprochais de mon frère Jean qui occupait encore la chambre voisine. Nous discutions philosophie, littérature, poésie. Ses vues insolites, agressives parfois, m'excitaient à la parole, m'exaspérant jusqu'à la colère quand elles contrariaient sans ménagement certaines croyances communément admises dans notre milieu de jeunes intellectuels et que je n'avais jamais songé à remettre en cause. N'empêche! Je recherchais, plus encore que je ne le craignais, son esprit vif, saugrenu et décapant. Je m'en nourrissais pour conforter mon penchant à l'indépendance, cette sorte de sauvagerie intérieure que certains pouvaient juger orgueilleuse alors que c'était tout l'inverse. « S'il fuit les hommes c'est parce qu'il en a peur. » Il en allait de même pour moi. Quelle que fût la compagnie dans laquelle je me trouvais, ma présence m'apparaissait toujours plus ou moins injustifiée, injustifiable. Celle des autres, non. L'existence de chacun, sa participation au groupe, ses propos, ses gestes, ses rires allaient de soi et tous les autres en étaient d'accord. Il me semblait que je ne serais jamais reconnue, accueillie avec cette simplicité tranquille, ni dans ce café, ni dans cette salle de cours ou de réunion, ni dans cette soirée. Quand bien même aucun indice de mépris ou de malveillance à mon endroit ne pouvait être noté, j'imaginais qu'« on » se disait, qu'« on » pensait : « Qui c'est celle-là? Qu'est-ce qu'elle vient faire ici avec nous? » Comme si je n'avais pas fait ce qu'il fallait pour mériter d'être comme les autres, avec les autres, comme si je n'avais pas acquitté mon droit d'entrée. (J'ai beau avoir alourdi mon existence d'ans, d'œuvres et d'épreuves, avoir consolé mes doutes d'amitiés irrévocables, je n'ai jamais réussi à me défaire tout à fait de ce sentiment de malaise, autrefois si vif que souvent il me faisait fuir, qui me trouble en toute assemblée.)

A Sceaux, au moins, avec Jean, dans nos hauteurs, je ne risquais rien de semblable. Mon existence ne le surprenait pas, ma présence n'était pas déplacée, importune, excessive. C'était tout naturel.

Je m'obligeais à avancer un peu dans mon roman pour m'assurer qu'au moins je faisais quelque chose; ça ne marchait pas fort. Je jouais du piano, j'écoutais de la musique, je lisais. Et parfois j'aimais extraordinairement ce que j'étais en train de lire. Cela arriva, je m'en souviens, avec Pascal, avec Proust, avec Baudelaire, avec ton *Discours sur l'origine de l'inégalité,* mais en bien d'autres circonstances encore. Une sorte de transport de l'âme me soulevait, m'éloignait de mon livre, m'approchait de la fenêtre. Dans l'éclat d'une simplicité rafraîchie, rajeunie, je voyais le paysage le plus familier de ma vie, la passerelle au-dessus des voies ferrées, la petite gare du métro d'une douceur provinciale, les villas du voisinage ayant toutes leur nom de famille. Je voyais les arbres des jardins, le ciel, le temps qu'il faisait, l'instant. Comme si le monde me découvrait sa candeur, son extrême gentillesse, son empressement à me recevoir, à travers le style, l'humeur, la figure de vérité qui s'était dégagée, abstraite et insaisissable, de ma lecture et se trouvait maintenant réalisée dans le plus modeste des paysages.

Investie alors d'un pouvoir extraordinaire de réflexion de la beauté, j'avais le sentiment que le monde entier, les humains et le ciel, l'insondable silence, les espaces infinis, pouvaient s'envisager en moi selon les contours les plus justes et les plus délicats dont le livre m'avait dessinée.

Le matin je m'étais éveillée dans l'ennui fade, écœurant de mon insigne médiocrité et de mon indigence, sans forme, sans désir, à peine réelle. Et voilà que la lecture bienheureuse non seulement me donnait le monde, mais me le donnant visible, tangible, appréhensible, elle justifiait d'un coup mon existence, magnifiant, glorifiant même ma disposition exceptionnelle à jouir de lui en le réfléchissant.

Le temps d'une respiration profonde, emplie d'une fierté incomparable et exaltée, je promettais de ne pas oublier, de mériter une telle grâce, de rendre au centuple...

Au cœur de l'espace creusé par le livre, délestée du poids de ma honte, de mes impuissances, de mes paresses, vivre, jouir de vivre, jouir de moi ne se distinguaient plus. Comme un bébé croissant dans le ventre de sa mère.

J'avais gardé vivace en moi l'image de ma mère lisant au salon dans le fauteuil près de la fenêtre. Souvent je m'y installais à mon tour pour lire, quand c'était le jour et que j'étais seule dans la maison. Jamais alors je n'oubliais de penser à elle, et j'étais contente. Comme si, installée à sa place, je la retrouvais et la réinventais.

A peine avais-je ouvert les *Confessions* que j'avais été bouleversée aux larmes – sans bien comprendre d'ailleurs la raison d'une telle émotion – par l'évocation de tes premières lectures faites en compagnie de ton père dans ces romans qu'avaient laissés ta mère. J'ai si souvent relu, copié, recopié ce passage, que je le connais par cœur :

« Bientôt l'intérêt devint si vif que nous lisions tour à tour sans relâche... »

Je vois l'intime chandelle écartant doucement les bords de la nuit, juste ce qu'il faut pour ce nid de lumière où s'ouvre le livre de ta mère, son mystère approché, son corps feuilleté, parcouru, déchiffré tantôt par l'un, tantôt par l'autre, et sur lequel vos regards fascinés se penchent ensemble et se mêlent. Par la passion du livre-femme à eux seuls réservé, je vois l'enfant devenir homme et l'homme redevenir enfant. Je vois quelque chose comme le paradis. Non pas le paradis achevé et définitif qui ne se représente pas, mais celui dont on se souvient un peu, à peine, juste assez pour le convoquer. Perles des mots, colliers de phrases, le divin paradis est au cœur du livre.

Déjà je ne savais plus envisager un bonheur, rêver d'un amour qui ne se tiendraient pas à la périphérie des livres. Il y aurait d'abord une bibliothèque, autour serait la maison, puis le jardin, puis le monde. Il y aurait un livre ouvert entre les mains d'un homme. Ce serait un homme beau, aux yeux, me disais-je, « couleur d'épée ancienne », un homme silencieux, amant de toute prose sage et difficile, de la poésie lente, énigmatique, suspendue. Je l'aurais vu d'abord indifférent à ma présence, entier dans sa lecture, tournant délicatement chaque page nouvelle, la lissant de son pouce étendu, durer longtemps dans sa lecture tandis que toute chose autour de lui aurait pris la légèreté gracieuse de son rêve... Et puis il aurait levé les yeux de son livre pour y penser encore et voilà qu'il m'aurait vue, miroir insondable de sa lecture, chair proche, adorable de la vérité convoitée, il m'aurait vue comme la forme pure de cela même qu'il aurait désiré, sans savoir, depuis l'enfance...

J'ai tant voulu qu'il en soit ainsi qu'un jour cela arrive presque. Cela se passe dans un chalet de montagne bien isolé du froid cruel du dehors et suffisamment éloigné des festivités remuantes des sportifs pour qu'on les oublie. D'ici on ne voit par la large baie vitrée qu'une immensité blanche de stupeur, immaculée. J'ai refusé d'aller faire du ski avec les autres, préférant rester lire. Il y a aussi ce jeune homme que je ne connais pas beaucoup et dont chacun des gestes, des sourires, chacune des paroles sont dessinés à l'encre de Chine. Il lit lui aussi. Un feu de bois tout intérieur susurre dans la cheminée le plaisir de la présence modeste des choses, de notre vigilance immobile. La neige au-dehors qu'on ne saurait oublier tout à fait touche le front, les doigts, les pages du livre, d'un doux effroi de silence. Je lis, blottie en tailleur dans un coin de banquette. Lui est assis près de la cheminée. Parfois il lève les yeux de son livre et regarde le feu; mais je ne suis pas certaine qu'il le voit. On dirait qu'il ne regarde que ses pensées. A d'autres moments il se lève, fait quelques pas jusqu'à la fenêtre, le livre toujours entre les mains mais replié sur lui-même, tandis que l'index retient l'entrebâillement du texte. C'est, je m'en souviens, un gros volume de la Pléiade : *les Stoïciens*. Et il s'immobilise, laissant son regard s'en aller au-dehors, sans quête, sans effort, emporté comme une plume légère dans une vapeur de soie. Je le trouve beau; et comme son écriture, que j'ai vue sur un petit cahier, d'une extrême délicatesse. Est-ce à cause de l'ouvrage qu'il tient en main? Est-ce à travers ce que déjà j'ai perçu de lui? Je l'imagine absolument sage; sage comme un philosophe de l'Antiquité, sage comme un homme qui aurait lu tous les livres, sage comme un livre.

Un instant, je sais que je n'ai pas rêvé, son regard a croisé le mien et s'y est arrêté. Il m'a vue, il m'a souri, j'en suis certaine. Un instant j'ai senti que j'étais désirée, appelée au-delà de moi-même et qu'il était heureux.

Alors il me parut que rien au-delà ne devait être attendu.

L'instigation des gens de lettres

Bien sûr, quand cela arriva, on ne sut pas qu'en cet instant on devenait écrivain pour de bon, qu'on signait de son sang le pacte d'écriture.

C'est bien après quand, affolé d'épreuves, d'écrits et d'ans on se retourne sur le passé, qu'on voit – inexorable et simple – l'instant où ça a commencé, où ça a basculé pour de bon... Quoi? Tout : soi-même, le destin, la vie telle qu'il n'y aura plus de retour en arrière.

Un jour, on croit, parce qu'un être vous a cru, qu'on saura, comme Gilgamesh, émerveiller sa mère, ou le monde, ce qui revient au même, comme lorsqu'elle vous tenait sur ses genoux.

« ... Ce fut alors seulement que l'usage de la plume lui devint possible, et qu'à l'exemple et à l'instigation des gens de lettres avec lesquels il vivait alors il lui vint en fantaisie de communiquer au public ces mêmes idées dont il s'était longtemps nourri lui-même et qu'il crut être utiles au genre humain. Ce fut même en quelque façon par surprise et sans en avoir formé le projet qu'il se trouva jeté dans cette funeste carrière... Bercé du ridicule espoir de faire triompher des préjugés et du mensonge la raison, la vérité, et de rendre les hommes sages en leur montrant leur véritable intérêt, son cœur, échauffé par l'idée du bonheur futur du genre humain et par l'honneur d'y contribuer, lui dictait un langage digne d'une si grande entreprise. »

Certes, avant ce jour d'octobre 1749 où tu rendis visite
à ton ami Diderot emprisonné à Vincennes, tu avais
caressé l'idée de te faire écrivain. « Il n'est pas étonnant
qu'en ces temps de préjugés et d'erreurs où j'estimais tant
la qualité d'auteur j'aie quelquefois aspiré à l'obtenir
moi-même. » N'avais-tu pas déjà en de nombreuses
directions foulé le terrain de l'œuvre? Ton *Projet d'éducation pour M. de Sainte-Marie*, le projet concernant de
nouveaux signes pour la musique, un opéra, une comédie,
les articles sur la musique pour l'*Encyclopédie*, et que
sais-je encore, non, tu ne peux pas le nier, déjà et depuis
longtemps, tu écrivais; des pensées, de longues lettres, de
la musique, de la poésie. Et pourtant c'est comme si rien
encore n'était arrivé.

Par trois fois tu reviens longuement sur cet événement
qui, selon toi, bouleversa à jamais ton existence, pour le
meilleur ou pour le pire, ça, on ne peut pas décider. La
première fois dans tes lettres à Malesherbes. Tu qualifies
l'événement de « heureux hasard ». Tu y décris l'ivresse
intellectuelle qui s'empara de toi sur le chemin de
Vincennes à la lecture de la question proposée par
l'académie de Dijon : « Si le rétablissement des arts a
contribué à épurer les mœurs. » Une terrible évidence
s'imposait. Non seulement les progrès de l'esprit humain
n'épuraient rien du tout, mais ils ne servaient qu'à
masquer les progrès du mal, de l'injustice, de la misère, de
la débauche et du mensonge. Dans ce premier récit
Diderot n'apparaît pas. Seule la question aurait provoqué
en toi la révélation et l'exaltation à l'idée de la communiquer au public. Mais quand tu rapportes de nouveau
l'épisode dans les *Confessions*, cette fois non seulement
Diderot est compris dans le récit de l'événement mais son
rôle dans le cours soudain bouleversé de ton destin y
apparaît comme déterminant :

« ... arrivant à Vincennes, j'étais dans un état d'agita-
tion qui tenait du délire. Diderot l'aperçut; je lui en dis la
cause, et je lui lus la prosopopée de Fabricius écrite en
crayon sous un chêne. Il m'exhorta de donner l'essor à
mes idées et de concourir le prix. Je le fis et dès cet instant

je fus perdu. Tout le reste de ma vie et de mes malheurs
fut l'effet inévitable de cet instant d'égarement. »

Plus tard enfin, quand le premier instant d'égarement
aura conduit jusqu'à l'explosion finale de la folie, quand,
dans les *Dialogues*, sera consommé le divorce engagé en
ce jour lointain d'octobre 1749 entre Jean-Jacques et
Rousseau, d'un côté le doux garçon, le vieil enfant,
l'obscur, le rêveur, l'anonyme, le bon-à-rien-qu'à-vivre-
au-jour-le-jour, et de l'autre l'Auteur fulgurant dont la
réputation gagne l'Europe entière, l'homme public, adoré
ou honni, glorifié ou vilipendé, furieusement recherché
ou injustement banni, d'un côté donc l'homme de la
nature, nul, innocent et vrai, et de l'autre l'homme des
autres, objet de leurs railleries, jouet favori de leur bêtise,
de leur sinistre prétention, et finalement pantin atroce-
ment désarticulé de leur méchanceté aveugle et acharnée,
quand tu t'appliqueras une dernière fois dans l'écriture à
réunir ce que l'écriture même aura séparé et que tu
voudras remonter encore à la source du désastre, Diderot
ne sera plus nommé mais toujours désigné sous cet
« exemple et instigation des gens de lettres ». Sans les
autres, dis-tu, mais c'est surtout sans celui-là, rien jamais
ne serait arrivé. Jean-Jacques ne serait pas devenu Rousseau. Sans doute d'ailleurs serait-il plus pertinent de dire
que le vague Rousseau, un certain « Rousseau » copieur
de musique de son état et vivant avec une lingère, ne
serait pas devenu le divin, le grotesque, l'immortel,
l'inoubliable « Jean-Jacques ». Tu dois reconnaître que
ton affaire est des plus embrouillées. Tu ne cesses pas de
faire des livres pour nous expliquer que Jean-Jacques
n'est pas celui qu'on croit et dont s'est répandue l'image
dans le public à la suite de ses livres qui ont fait grand
bruit. Le nouveau livre, requis pour réparer la perversion
de l'image de Jean-Jacques dont le livre précédent fut
responsable, devrait donc laisser apparaître le vrai Jean-
Jacques et s'effacer, disparaître en tant que livre. Voilà
que tu tombes des nues à la réaction du premier lecteur de
tes *Dialogues* : « Il me parla de cet écrit comme il
m'aurait parlé d'un ouvrage de littérature que je l'aurais

prié d'examiner pour m'en dire son sentiment. » C'est de toi, dont tu aurais voulu qu'il te parle. De l'auteur du livre, indépendamment du livre. Un vrai casse-tête. Ton casse-tête, auquel les autres ne veulent rien comprendre. Ils préfèrent penser qu'il y a toujours eu quelque chose de dérangé en toi. Ce qui les autorise d'ailleurs à te prendre avec des pincettes; le mal est peut-être contagieux?

La question est : Gilgamesh parviendra-t-il jamais à émerveiller sa mère comme lorsqu'elle le tenait sur ses genoux?

« Chaque pas que j'ai fait dans le monde m'a éloigné de l'enfance et du bonheur. »

Et si je faisais des livres? Des livres admirables où se réinventerait le lieu de l'innocence, de la jouissance irréfléchie, dont j'occuperais le centre comme un enfant dressé dans la lumière?

Encore fallait-il que Diderot t'entendît, t'écoutât, te crût. Encore fallait-il qu'il te désignât comme celui qui pouvait, devait écrire, qu'il t'appelât à devenir celui qu'encore tu n'étais pas... C'est presque rien et c'est tout. Déjà tu n'étais plus tout à fait toi mais cet autre embelli par la croyance de ton ami.

Dans l'instant qui a suivi tu es sorti de Vincennes illuminé de la vérité que tu apporterais au monde et dont tu serais la source. N'est-ce pas que sur le chemin du retour tu vis Jean-Jacques Rousseau briller en avant de toi-même?

Nicos, ou l'œuvre en acte

Le soir du 22 novembre 1963...

Me voilà, Pénélope malheureuse, cent fois refaisant, défaisant mon ouvrage, non pas, telle la vraie, par subtil calcul, mais dans l'hésitation cruelle, tantôt sur la trame et tantôt sur la chaîne, de ce qu'il FAUT écrire...

Échouant à discerner ce qu'exige la plus haute fidélité.

Nicos voulut-il, et jusque dans sa mort, demeurer à jamais le héros intact de son livre intérieur?

Certes il a désiré, ô combien, j'en suis sûre, entrer dans mon livre, mais sous quel visage?

A-t-il rêvé que je recopie Nicos le splendide qu'il avait placé en avant de lui-même, me confiant le soin de parfaire dans l'écriture cette forme idéale de Nicos, son œuvre, sa plus belle œuvre, celle à laquelle il avait consacré toutes ses énergies, préférant mourir le jour où il craignit de n'en être plus digne?

N'a-t-il pas plutôt attendu de mon livre que s'y découvrît enfin Nicos de l'ombre, dont il ne devait jamais être question? Car ce Nicos a tant lutté et tant travaillé et tant souffert sous le règne tyrannique de Nicos le splendide que peut-être conçut-il, un jour, une fois, en son geste ultime, de s'abandonner tout entier entre les pages de mon livre, comme autrefois, enfant, il remettait son corps entre les bras tendres de sa mère, pour y dormir enfin, apaisé, réconcilié...

Mais de ça il ne m'a rien dit avant de s'en aller, emportant avec lui le dernier mot de son désir.

Comme il est simple en revanche de s'adresser à toi, de parler de toi, Jean-Jacques, et de te prendre en écriture. Il suffit de te lire, de suivre à la trace ton désir d'entrer dans les livres et la mémoire des hommes, et l'écriture te convenant, te circonvenant, coule de la source même de ton désir. Car toi au moins tu l'as dit, tu l'as écrit, noir sur blanc, quel Jean-Jacques il fallait aimer, toi au moins tu as su le réclamer le livre qui t'accueillerait à pages grandes ouvertes comme une mère son enfant...

Mais Nicos, toujours obstiné, n'a rien voulu dire de ça. Comme s'il avait préféré qu'on le devine, que je le devine peut-être... Or je ne sais pas. Indéfiniment j'hésite. Et tant que le fin fond de son désir à être écrit tel ou tel m'échappera, je ne pourrai l'évoquer dans les premiers moments de notre rencontre et au cours de nos années de vie commune qu'à demi-mot, en pointillé, en suspension, en attente. Mais cette indécision souvent me pèse et me tourmente.

De son destin donc, je ne dirai rien. Sache seulement qu'il hante, en blancheur, en stupeur, ce livre que je t'écris.

L'homme, à qui nous achetons des marrons chauds, place du Châtelet, nous dit soudain, tandis qu'il nous tend les cornets : « Kennedy a été assassiné. » Voilà pourquoi la date est restée, qui sans cela aurait disparu.

Le soir donc du 22 novembre 1963, je me suis rendue au rendez-vous fixé par Nicos, croisé quelques jours plus tôt place de la Sorbonne.

Ma vie en sera à jamais changée. Je ne le sais pas encore. Il me semble bien pourtant que déjà je le désire tout autant que je le redoute. Je vais me lever. Je vais voir le réel, là, devant moi, et je vais m'y avancer. Je vais partir de chez moi, de mes langueurs d'enfance, douceurs, heurs et malheurs d'éternité, je vais larguer les amarres de l'amoureuse fratrie, je vais entrer en aventure de vie, je vais apprendre, je vais travailler, je vais écrire.

Nicos, arrêté sur le Petit-Pont et dont le regard s'en va, content, rieur, avec la Seine, se montre tout entier.

C'est une nuit venteuse, à peine retenue aux lumières de la ville, humide et odorante. J'ai peur de ce qui va suivre. Et pourtant je demeure. Déjà saisie sans doute, et déjà emportée.

Il se déploie sans réserve, libre, souverain dans l'espace de la ville, en paroles, en gestes, en rires. Et moi? Est-ce que je parle, est-ce que je ris? Je ne crois pas. Je le suis, interdite, captive.

On n'est, dit-il, que ce qu'on se fait. On ne se fait que de ce que l'on fait. Ses actes. Son œuvre.

Il ne regarde jamais qu'en avant de lui-même. Vers l'œuvre de pensée politique, radicale, puissante, féconde, que son époque attend. Et au-delà encore, mais c'est déjà ici, en acte, l'œuvre elle-même : Nicos le splendide, le tout-vivant. Prométhée libre.

Quel culot, quelle indécence! pense ma tête timide et menue, quelques pas en arrière. Quelle puissance! respire mon torse élargi et qui s'approche.

S'épanche, ardente et rajeunie, la sève de tous les livres, de toutes les épopées qui l'ont porté depuis l'enfance.

Voici : c'est d'Artagnan qui rit. C'est Alexandre qui montre au loin son soleil de gloire. Voici : c'est Julien Sorel qui serre le poing et fait l'enfant. Voici : c'est Henry Miller qui ne craint ni Dieu ni diable et s'enivre de la sombre liqueur des villes, c'est D. H. Lawrence confondant l'amour des femmes avec le cosmos. Voici enfin : c'est Lénine en son jeune âge, dressé et prophétique.

Vrai, je n'en reviens pas. La transsubstantiation du pain en vin, puis du vin en sang du Christ n'est rien auprès de celle des livres en chair, en os, en parole vive de Nicos. Là on voit, ce qui s'appelle voir, de ses propres yeux.

Il parle de cent pays bien au-delà du sien. Il parle de mille femmes et jamais d'une seule, de l'Histoire, des luttes, du concept de pouvoir et plus encore du pouvoir

du concept. Il rit. Il dit que je ne sais rien encore, comme
si lui, bourlingueur du savoir, des rêves et des images,
était prêt à tout m'apprendre. Il remonte le col de son
caban bleu marine.

Ah! la la! je pense, il s'y croit...

Mais est-ce à cause du vent océan monté à l'assaut de
son puissant visage, figure de proue hardie à l'avant de sa
vie? On dirait que je m'y crois aussi.

Nous sommes de nouveau accoudés au-dessus de la
Seine. J'entends le mot : Aventure.

A... figure simplifiée et haute de moi.

Vent... insoupçonné et certain qui me prend.

Ture... cédant inexorablement telle une porte germani-
que.

C'est à peine si je l'entends encore. J'entre dans la
séduction d'un étrange délire qui fait le vide en moi.
Embarquer sans retour, sacrifier le plus tendre, le plus
heureux... Qu'advienne l'objet ultime d'un désir sauvage
et dru dont je ne sais rien...

C'est après l'épisode des marrons chauds qu'il se tourne
vers moi.

Il demande abruptement ce que je compte faire de ma
vie. Je n'ai qu'un mot. Si je ne le dis pas maintenant je me
noie. Si je le dis je me noie peut-être aussi. Un seul mot
pour sauter d'une rive à l'autre de ma vie.

Écrire, je dis.

Il rit. Il sait déjà. Fouad lui a dit. Fouad lui a dit
beaucoup de choses. Comment, parfois, blottis dans les
arrière-salles des cafés tapageurs, nous nous sommes lu,
secrets, graves et frivoles, nos pages d'écriture, nos fragments, nos bulles, nos papillons, nos rêves d'écriture
plutôt...

Alors il dit que maintenant il faut écrire. Stupéfaite,
j'écoute. Il dit que c'est tous les jours. Dès demain. Tous
les jours. Il évoque mes paresses, mes complaisances et
mes déliquescences comme si déjà il me savait par cœur.
Je me tais. Il faut décrocher au plus vite le bout de
diplôme qui me manque. Quitter mon père, la maison,
l'adolescence. Puis travailler. Enseigner. Ne plus dépen-

dre de quiconque. Il dit, écrire et être libre ne se distinguent pas.

J'écoute, saisie d'effroi. Ce n'est plus Nicos que j'entends c'est la Loi. Je lui en veux, je lui en voudrai longtemps.

Je suis seule devant la Loi. Nicos aussi sans doute est seul devant elle. Mais je ne sens que ma solitude. Impitoyable. Et belle.

Et il fut fait comme il avait été dit.

La Loi fit bien plus mal encore que je n'aurais imaginé. Alors je pleurais et gémissais que c'était la faute de Nicos et que je voulais revenir en arrière, retomber en enfance. Il faut croire que c'était impossible. J'étais entrée en travail, en écriture, comme on entre en religion. Un jour enfin j'ai pensé ce que jamais je n'ai cessé de penser depuis, c'est grâce à Nicos.

Une femme?

Un an plus tard, j'en finissais avec les examens tandis que le roman, entrepris depuis des années, s'achevait sur l'accès de mon héroïne à l'âge adulte : en un seul été la mort de sa mère chérie suivie d'une brève explosion amoureuse et vaguement incestueuse suffisait à la métamorphose de la chenille en papillon. (Encore fallait-il plutôt entendre que cette chenille avait eu des grâces de papillon tandis que ce papillon montrerait désormais, à n'en pas douter, le sérieux grave et méditatif d'une chenille.) Du soleil évaporé de l'enfance aux brumes de l'âge adulte, du dedans de la maison de toujours au tumulte du dehors, de la ville ouverte sur le monde : le livre s'appela *le Pont du nord* et s'enferma dans un tiroir, s'en remettant au sort qui viendrait certainement un jour l'en tirer.

Je suivis de près mon héroïne. Je quittai ma maison pour rejoindre Nicos à Paris. Et j'affrontai, le cœur battant, mes premiers élèves.

Jamais je n'aurais imaginé un bouleversement aussi prompt et aussi radical de mon existence. Une extraordinaire exaltation me saisissait parfois à la pensée que si j'avais réussi à franchir en un tournemain tant d'obstacles que j'aurais cru insurmontables, j'étais peut-être capable en effet de grandes choses. Quelles? Je n'en avais aucune idée. De grandes choses, c'est tout.

Est-ce que vivre avec Nicos ne se présentait pas comme

la première de ces choses? Nous étions comme chien et chat. Mais plus le chien et le chat se faisaient la guerre à travers l'expression de leurs goûts, leurs manières, leurs pensées respectives, plus le couple chien-chat accordait à son commerce amoureux insolite de puissante beauté. Tandis que Nicos paradait en citoyen du monde, je glorifiais mon savoir entêté de provinciale. Mais pour rien au monde je n'aurais voulu que s'atténuent nos différences. Lui non plus ne le voulait pas, j'en suis certaine. Au moins y avait-il entre nous cet accord tacite, garant de notre liaison et du prix que nous lui accordions. Nous nous voulions, nous nous cherchions autres. Je retrouvais au centuple la dureté mais aussi la vigueur et l'éclat qui avaient été ceux de mon amitié avec Jacqueline. Des heures entières nous parlions, nous disputions de la vie, de la mort, du bonheur, de l'œuvre... Assurément l'art de la dialectique étant notre passion commune, nous y faisions ensemble de grands progrès.

Et puis je travaillais. J'avais un salaire. Je me souviens que je reçus ma première paye comme le baptême éblouissant de mon enfantine maturité. Je me souviens avoir traversé la rue, être entrée pour la première fois de ma vie dans une parfumerie et avoir acheté une eau de toilette, la plus coûteuse que l'on m'offrit.

Je me représentais avec émoi l'immensité du chemin parcouru en un temps si court. Ainsi j'avais quitté mon père? Ainsi je vivais avec un homme? Et quel homme! Je travaillais? Ainsi je m'étais lancée de face à l'assaut de ma vie? Est-ce que ça ne signifiait pas que j'étais devenue une femme? Moi? Une femme? Mon cœur en cognait de fierté anticipée mais toujours sceptique.

Souvent, en me rendant à mon travail, je guettais mon reflet dans les vitrines de la rue, espérant qu'un instant il me serait donné de la voir cette femme jeune et grave, que les autres voyaient peut-être, cette femme au regard franc, laissant osciller au rythme de sa démarche sûre sa serviette de cuir où se trouvaient bien rangés ses notes de cours, les textes à lire, quelque paquet de copies soigneusement annotées. Mais j'avais beau m'y appliquer, l'image m'échappait. Tantôt je doutais que ce fût bien moi, tantôt je doutais que ce fût sérieusement une femme.

Pour tant désirer me sentir femme, il fallait bien que je ne le fusse guère...

D'ailleurs c'était trop d'un coup. Deux mois à peine de ce régime forcené d'adulte s'étaient écoulés que je m'éveillai un matin paralysée par une épouvantable migraine. Il me fallut décommander mes cours. Le lendemain la migraine était toujours là. Mon père, à qui j'avais téléphoné, suggéra que je vienne me reposer un jour ou deux à la maison. Quelle bonne idée! Je pris le métro en marchant à petits pas, les dents serrées sous l'étau d'une douleur qui n'était déjà peut-être plus tout à fait actuelle. J'arrivai à Sceaux. Je regagnai ma chambre là-haut sous les toits, me déshabillai et me glissai dans les draps frais, tendus de près. Mon père vint à côté de moi et proposa de me préparer une tisane. Oui, je voulais bien une tisane. Il descendit. Je fermai les yeux, puis laissai couler mes bras, mes jambes, et se défaire mon corps raidi, s'ouvrir ma tête dure. J'entendis les oiseaux du jardin. Mon Dieu! Les oiseaux du jardin! Je me sentis devenir nuage et, dans un rêve d'innocence, flotter imma-térielle, bénie de ces larmes douces venues de mon enfance et qui coulaient d'elles-mêmes. J'entendis, atten-drie, le pas précautionneux de mon père montant les escaliers. Je le devinai appliqué à ne pas renverser la tasse, venant vers moi, content, malgré le souci que je lui causais. Il s'assit au bord du lit et me tendit la tasse en souriant. Je bus lentement et jusqu'au bout. Je n'avais plus mal nulle part. Où aurais-je eu mal? C'était comme si je n'avais plus de corps, seulement un corps évanescent de tisane tiède, blonde, vaguement odorante. Je crois que ça va un peu mieux, lui dis-je, n'osant avouer déjà que j'étais guérie. Il se retira. Je restai un jour ou deux encore, immobile sous mes draps, vide, dénouée, suivant les moindres bruits de la maison, les reconnaissant, m'en nourrissant goutte à goutte, comme je n'avais sans doute jamais su encore m'en nourrir. Ah! je voulais bien repartir, recommencer à vivre! J'étais revigorée. Nicos vint me chercher et je rentrai, pour un temps apaisée, dans ma vie d'adulte.

La leçon de ma petite aventure se tirait d'elle-même. Si, agitée par tant de mouvements divers, saisie par tant de métamorphoses, j'égarais l'antérieur, l'immuable, alors j'allais perdre la tête, me briser ou mourir d'asphyxie. Ne plus savoir même ce qui devait être écrit.

Il fallait parfois s'arrêter, suspendre le cours mouvant des choses, écarter pour un temps ce qui avait changé, ce qui s'était ajouté à ma forme première, ce qui s'était épanoui ou altéré, et entendre la voix inaltérable de ce qui demeure, et voir au fond de soi, par ses yeux du dedans, la lumière qui ne passe pas.

Quand, dans le tumulte des actes, le commerce dévorant des autres, le fracas des paroles jamais achevées, je sentais ma tête se fermer comme un bloc de pierre méchante où cognait une sorte de rage sans objet, noire et bilieuse, alors je savais qu'il était temps de me retirer dans un coin d'ombre et de silence. Je m'allongeais en pensée sur mon lit étroit de Sceaux. Je fermais les yeux. Je convoquais les oiseaux du jardin, j'égrenais le chapelet des petits bruits de la maison, je buvais la douce tisane, j'entrais dans un nuage et je filais un brin d'éternité.

Alors, peu à peu, le sens revenait. Et le désir incomparable d'écrire, car il était déjà pour moi la vie même.

Dès ce temps-là tes livres ne me quittèrent plus. Car ils étaient pleins de ces choses, qui sont aussi des mystères.

A quoi ça sert, la philosophie?

J'étais venue à l'enseignement portée par les circonstances, sans vocation particulière. Craignant de n'être pas à la hauteur de la tâche, je puisai dans mes souvenirs le modèle du professeur consciencieux et entrepris naïvement l'imiter au mieux. Et c'est ainsi que je commençai par faire l'inverse de ce qu'il fallait. A imposer le silence. A confondre l'initiation à la philosophie avec l'exposé artificiellement ordonné de mon savoir philosophique. Il est vrai que je ne savais pas grand-chose, ce qui pouvait limiter les dégâts. J'en savais malheureusement assez pour croire que je pouvais l'apprendre à mes élèves et me convaincre à l'aide de mes cours soigneusement préparés, écrasants d'esprit de sérieux, dont les premièrement, les deuxièmement, les grands A, grands B, grands C, etc., assuraient la solidité et l'équilibre, ornementés de citations et de références livresques prouvant mes connaissances, que je ne volais pas mon salaire et que mes élèves ne perdaient pas leur temps, puisque tandis que je parlais, je les voyais, sages, le front penché, remplir leur cahier de notes.

« Un précepteur songe à son intérêt plus qu'à celui de son disciple, il s'attache à prouver qu'il ne perd pas son temps et qu'il gagne bien l'argent qu'on lui donne... Il n'importe que ce qu'il lui apprend soit utile pourvu qu'il se voie aisément... »

Mais j'avais bien trop à faire alors pour me souvenir de l'*Émile* et me reconnaître dans ces lignes...

A quoi ça sert, la philosophie? 185

Je ne manquais pas de m'interrompre, comme il se doit, cinq minutes avant la fin du cours. Avez-vous des questions à poser? Des observations? Des critiques à formuler? (J'étais certaine de témoigner ainsi de mon ouverture d'esprit et de cette tolérance propre au philosophe.) Non seulement ils n'avaient aucune remarque à faire, aucune question à poser, mais ils prenaient la mienne comme le signal de leur délivrance. En une seconde ce n'était plus une classe mais une volière. On fermait les cahiers, on poussait les chaises, on étendait les jambes, on riait, on s'interpellait. En une seconde on avait envoyé promener le langage et la liberté, Kant et Hegel, la douleur, l'imagination, la société, et toute la philosophie, et moi avec. Au moins jusqu'à la prochaine fois. J'en avais le cœur ulcéré. Je prenais ça comme une offense personnelle. N'en était-ce pas une d'ailleurs?

L'idée que je pouvais les ennuyer avec ce que j'avais eu tant de joie à découvrir à travers la lecture des grands auteurs ou mes propres rêveries vagabondes me devint peu à peu intolérable. Sans compter que je ne tardai pas à recueillir, dans leurs devoirs, les fruits désastreux de ma scrupuleuse méthode. A l'évidence loin de leur apprendre à penser j'avais travaillé à favoriser le mouvement inverse auquel toute leur scolarité antérieure ne les avait que trop bien préparés : répéter sans comprendre, parler sans savoir, faire semblant de penser, bref ne pas penser. Quand je retrouvais dans leurs devoirs certaines de mes phrases, défigurées de non-sens ou des citations que je leur avais proposées soudain ridiculisées par le contexte qui leur était offert, quand il me fallait déchiffrer des propositions inintelligibles, élaborées dans un jargon amphigourique censé imiter le style de la pensée philosophique, je savais à quoi m'en tenir : j'étais en train de fabriquer des modèles de non-philosophes.

J'étais dans une impasse. Je pressentais une autre voie possible, celle de la simplicité. Mais je manquais trop de confiance en moi pour m'y résoudre. Une question, car il en vint une enfin, m'y précipita sans que j'aie eu à délibérer.

Je terminai ma séance sur le rituel : avez-vous des questions à poser ? quand, à ma surprise, je vis une main se lever au-dessus d'un regard vif, brillant, et de belles joues rosies comme par un feu d'impertinence. Il me semble qu'elle s'appelait Catherine.

– A quoi ça sert, la philosophie ? lança-t-elle d'une voix claire, mais sans humeur.

Il y eut quelques rires étouffés. Puis le silence revint. La question était trop grave pour ne pas mériter une réponse. On l'attendait. D'abord, rougissant à mon tour comme cela m'arrivait encore fréquemment, je ne sus que dire. J'eus la tentation de répondre « à rien » pour en finir plus vite. Je ne le fis pas pourtant, sachant que ce serait un mensonge. Car je me souvenais soudain, avec une émotion qui me mettait les larmes aux yeux, de la lumière ardente et juvénile qui m'inondait quand, après deux ou trois heures passées à la bibliothèque, je rejoignais la cour de la Sorbonne. Avais-je jamais connu de gaieté plus souveraine ? Avec quelle puissance joyeuse, quelle agilité, quelle ferveur, je me portais alors au monde, aux autres, enchantée de voir, d'entendre et de pressentir partout autour de moi la proximité d'une vérité, de cent vérités merveilleuses, que j'allais capter, énoncer, révéler ! A quoi ça sert la philosophie ? Je n'avais décidément qu'une réponse. Alors je la donnai.

– Ça sert à jouir...

J'en avais trop dit, ou pas assez. Il me fallut revenir dès le cours suivant sur cette étrange proposition, ou plutôt sur mon aveu. J'avais dit vrai, mais cette vérité n'était-elle pas la marque de mon indignité vis-à-vis de la matière que je prétendais enseigner et de la philosophie tout entière ? De toute façon, je l'avais dit : la philosophie, ça sert à jouir. Je ne pouvais plus reculer, seulement poursuivre. C'est ce qui me sauva, et eux avec, ou, tout au moins, les préserva de s'embourber davantage dans les funestes marécages des prétendus savoirs. Alors je leur parlai de la joie qu'il y avait à penser, ou plutôt à suspendre la fadeur ennuyée de « ce qui va de soi », à s'arrêter : qu'est-ce que c'est ? Qu'est-ce qu'il y a ? A quoi

ça sert? Oui, à quoi ça sert la philosophie? Car c'est ainsi
d'abord que le voile de l'ennui se déchirait, que l'esprit
échappant à l'étreinte de sa torpeur stupide connaissait un
frisson auroral, craintif et impatient... Je leur parlai de
moi. Je leur citai Spinoza :

« Tout ce que nous imaginons qui mène à la joie nous
nous efforçons d'en procurer la venue. »

Je ne leur apprendrais rien qui ne soit hanté par le
souvenir de la joie de penser et le désir de les y voir entrer
à leur tour. Et rien qu'à leur dire ça, je sentais que je
revenais à la source de ma puissance et que la seule
chance que j'avais de libérer la leur se présentait enfin.
Soudain, ils ne prenaient plus de notes, ils entendaient. Je
leur fis promettre de m'interrompre chaque fois qu'ils se
sentiraient gagnés par l'ennui. Et je pris devant eux le
même engagement. De toute façon, leur ennui procéderait
du mien ou l'entraînerait à sa suite. L'ennui une fois
installé, plus rien n'arriverait.

« Plein de l'enthousiasme qu'il éprouve, le maître veut
le communiquer à l'enfant; il croit l'émouvoir en le
rendant attentif aux sensations dont il est ému lui-
même... »

C'est vrai, Jean-Jacques, mais franchement, dis-moi,
que pouvais-je faire d'autre? Et qu'aurais-tu fait toi à ma
place pour leur faire désirer la vérité? N'aurais-tu pas
chanté ton propre désir? N'aurais-tu pas été enthousiaste,
ému, émouvant? Si tu prétendais le contraire, j'aurais
bien du mal à te croire.

L'idéal eût été sans doute de laisser naître leurs questions, de les accompagner sur la voie de leur propre quête,
soulignant les embûches qu'ils auraient rencontrées, ana-
lysant les impasses dans lesquelles ils se seraient laissé
prendre, retraçant parfois le chemin qu'ils auraient déjà
parcouru afin qu'ils s'y engagent plus joyeusement encore
sans jamais les y devancer... Oui, je sais. Mais ils étaient
si nombreux et le temps pressait tant...

« Ne donnez à votre élève aucune espèce de leçon
verbale; il n'en doit recevoir que de l'expérience... »

Il n'y a rien que je comprenne mieux que cela. Mais

dis-moi, que faire auprès de vingt-cinq ou trente élèves avec qui l'on passe huit heures par semaine pour une durée de sept à huit mois, quand on a accepté, bien légèrement il est vrai, de les initier à la philosophie? A-t-on le temps de perdre du temps?

Tant de mal déjà avait été fait. Ils ne savaient dire que ce qu'ils avaient entendu dire ou ce qu'ils estimaient convenable, intelligent de dire. C'est à peine s'ils se souvenaient combien, enfants, ils avaient été curieux. Alors même que je les voyais tellement candides et roses encore... Dans la hâte de réparer et de les rendre à leur secrète beauté, je parlais pour eux. Je leur chantais la musique qu'il leur aurait fallu inventer. Je m'acharnais à arracher, et ce n'était pas sans violence, j'en conviens, tout le fatras idéologique dont je les sentais encombrés, engourdis, abêtis. J'aurais tant voulu les voir s'alléger, s'ébrouer du plaisir d'exister, de tendre à la lumière. (Est-ce que cela n'arriva pas tout de même quelquefois?) Dans mon impatience de les faire respirer j'ouvrais toutes grandes les fenêtres, sans même considérer qu'ils pouvaient bien s'enrhumer. Il m'arrivait de vitupérer contre leurs anciens maîtres, parents, prêtres et puissants qu'ils craignaient et chérissaient encore, de leur jurer que les béquilles dont on les avait affublés n'avaient servi qu'à les rendre boiteux. J'aurais fait n'importe quoi, je l'avoue, pour mon propre plaisir, celui de les voir courir soudain à la philosophie comme je les imaginais un premier matin d'été à la plage volant, libres et nus, à la mer... Alors je leur criais : jetez les prothèses, les corsets, les dogmes, les opinions proférées d'en haut et de source autorisée, allez de votre propre mouvement, laissez courir votre désir d'exister, de penser, de jouir, rentrez en vous-mêmes et souvenez-vous de la lumière, tout est possible encore, ici et maintenant, l'évidence, la force, la liberté et la puissance de toute vérité découverte aussi expansive que celle de l'amour...

Mais l'un d'eux parfois protestait : c'est *votre* vérité que vous voulez nous imposer, pourquoi serait-ce la nôtre?

Que répondre à cela? Comment ignorer que toute

parole qui ne rejoint pas celle que l'autre entend soudain du fond de lui est tyrannique? Cela pouvait donner entre nous cette sorte de dialogue de sourds :

« Je ne vous demande pas de me croire, je vous supplie d'écouter ce qui se dit au fond de vous et que je connais mieux que vous, c'est vrai, mais c'est seulement parce que j'y ai pensé davantage. Ce n'est pas ma vérité, c'est la vôtre, la nôtre, celle de tous, que je tente de vous rappeler afin que vous la reconnaissiez...

– Prouvez-nous que c'est bien la vérité.

– Ce n'est pas à moi, mais à vous d'apporter la preuve. D'ailleurs il n'y a pas de preuve. A la fin il n'y a que l'évidence. " J'ai bien mieux que des preuves, j'ai l'évidence ", disait Jean-Jacques Rousseau.

– C'est trop facile, finassaient-ils. Il y a des évidences trompeuses...

– Non, l'évidence ne trompe pas. L'évidence, c'est le retour d'exil. Ulysse retrouvant Ithaque. Un diamant pur serti dans la joie, voilà ce qu'est l'évidence. " Joie, Joie, Joie, pleurs de Joie. " Lisez ce qu'écrit Pascal après tant d'errance dans l'abîme, quand l'évidence se découvre...

– Les larmes ne prouvent rien, disaient-ils, répétant à nouveau ce qu'ils avaient entendu dire. »

Alors je refoulais les larmes qui me venaient, effrayée à l'idée qu'ils pussent les moquer. Je pensais à toi. Je souffrais pour toi.

Je leur disais :

« Faisons une supposition. Imaginez qu'un homme dise la vérité. Une vérité très simple que tout le monde aurait oubliée, ce qui causerait d'épouvantables catastrophes. Mais voilà que personne n'y fait attention. Pire, voilà que chacun prend ce qu'il dit (car notre homme insiste, revient à la charge, on le comprend n'est-ce pas?) pour une parole comme une autre, une opinion, quelque chose qui lui serait passé par la tête, son idée à lui. L'homme s'obstine. Non, non, ce n'est pas " mon " idée, c'est la vôtre pourvu que vous consentiez à ouvrir les yeux, c'est très facile à voir, c'est une " évidence ". Il faut vous y rendre. Il y va de votre existence, de votre liberté, de votre jouissance et de celles de vos enfants. Alors les plus indifférents se rebellent et, exhibant la tolérance dont ils ont fait preuve dans l'accueil de la parole de cet homme à l'égal de toute autre parole, crient à l'intolérance, à la tyrannie. Qu'arrive-t-il à notre homme?»

(Toutes les réponses étaient bonnes à prendre, puisque je n'en attendais aucune précisément. Le trouble que causait ma petite histoire suffisait.)

« Que fait-il?
– Il meurt sur la croix.
– Il boit la ciguë.
– Il se tire une balle dans la tête.
– Il devient fou.
– Il essaye encore une fois?
– Il renonce une fois pour toutes à vouloir faire le bonheur des autres malgré eux?»

Là, je me montrais sceptique. Désespérer oui, au point de mourir, mais renoncer, non. Comment connaître le vrai sans le dire? Avoir la parole sans parler? Comment une mère pourrait renoncer à ôter l'épine qui infecte le doigt de son enfant?

Je leur parlais de toi. De plus en plus souvent.

La parole a ceci d'extraordinaire, quand elle n'économise ni son temps ni sa peine, de valoir assurément pour le parleur. Parlant de toi avec soin, je te connaissais de mieux en mieux. Et plus j'avançais, mieux je t'exposais. Mieux je t'exposais, moins il était question de toi, mais de ce qu'on pouvait penser des hommes et de leur histoire, du mal et de la haine, de la loi et de la liberté, sans chercher midi à quatorze heures, simplement en écoutant ce qui se dit au fond de soi et qui n'est autre que ce qui se dit au fond de chacun. Bien sûr, il faut y croire. Mais quiconque chemine vers la vérité croit d'abord cela : il y a une humaine vérité. S'il cherche en lui c'est pour chercher en tout autre. Il croit qu'il y a une humanité de l'homme. Et qu'elle est bonne à connaître. Il n'a pas de preuve. Il *croit.*

Et il ne faut pas dire : « Je ne crois pas », alors qu'on croit. Il ne faut pas dire : « Toutes les opinions se valent »,

« toute affirmation est relative, particulière, intéressée, donc un leurre », puisqu'on ne le croit pas. Il faut commencer par dire ce qu'on *croit* absolument, tragiquement si l'on veut puisque c'est sans preuve : *il y a de l'humaine vérité.* Il faut donc commencer par cet aveu, cette confession, si pénible aux esprits forts : je crois qu'il y a de l'humaine vérité. Pourquoi FAUT-IL? Pas de réponse. IL FAUT, c'est tout. Cela est dit au fond de chacun et nul ne peut prétendre n'avoir pas entendu.

Il me semblait parfois que je parlais d'or, que je réussissais à leur communiquer ce qu'avaient dit les plus grands, les plus célèbres, mais qui n'était que l'écho historique, clinquant de ce qu'avaient toujours pensé les hommes au fond, les plus humbles, les plus obscurs... Tu imagines bien qu'alors ma voix se confondait à la tienne...

L'espace de la classe se découvrait alors à moi comme un lieu miraculeusement soustrait à la corruption, à la cruauté et à l'ennui de tous les autres lieux.

« Viens mon heureux, mon aimable élève... »

Je concevais pour eux les deux heures à venir comme deux heures de grâce, loin des soucis, des craintes et des ressentiments, loin des parents, des autorités, des examens, des contrôles, des censures, des programmes. Deux heures pour s'intéresser, ensemble, dans cette danse préférée d'humanité qu'est la parole, à ce qui intéresse le plus, la vérité, est-ce que ce n'était pas une sorte de miracle? Rien qu'à les regarder j'éprouvais la forme de mon désir comme s'il s'agissait de sa réalisation. Ils allaient naître à eux-mêmes et aux autres, ils allaient devenir libres, intelligents, perspicaces, généreux, puissants, ils allaient bientôt soulever des montagnes... Celles de l'injustice, du mensonge, de l'oppression.

Parfois la tête me tournait d'exaltation à l'idée que j'allais réunir dans ce lieu modeste et discret de la classe de philosophie ce qui selon moi n'aurait jamais dû être séparé : la philosophie et le plaisir, la morale et la politique. Là on ne pourrait guérir la vérité en oubliant qu'il s'agissait à la fin de jouissance, là on ne pourrait

prétendre être heureux sans être moral, ni être moral sans
être « militant », ni *a fortiori* être « militant » sans être
moral.

Je fus même sujette pendant un temps à des crises de
fierté jubilante proches du délire. Moi seule comprenais
que la vérité, la jouissance et la révolution ne faisaient
qu'un. Moi seule étais sur la bonne voie. Bref, je m'aimais. Et comme j'étais convaincue que l'amour de soi
ouvre infiniment à l'amour de l'humain, je ne voyais pas
de mal à cela. Bien sûr ce n'était pas « amour de soi »
ainsi que tu le dis, mais bien plutôt « amour propre »
puisque cela ne se faisait qu'à travers mille comparaisons
qui revenaient toujours à m'accorder la préférence. Je
valais mieux que tous les philosophes réunis, qui
oubliaient tantôt la jouissance, tantôt la politique, mieux
que tous mes militants préférés, qui se croyaient malins
en éliminant la question de la morale et sérieux en
repoussant celle de la jouissance dans les lieux réservés de
la distraction, du loisir et du sexe.

A vrai dire, en ce temps-là, c'est toi qui valais mieux
que tous. Si je ne t'avais pas connu, aurais-je jamais
possédé ces bouts de vérité qui m'enchantaient et dont le
partage m'importait tant? J'aurais aimé pouvoir mener
mon année d'enseignement à travers la seule étude de tes
œuvres. Je me sentais en mesure de démontrer que c'était
la seule chose raisonnable à faire avec des élèves de
philosophie, compte tenu des questions auxquelles on
prétendait qu'ils s'attellent. Je conçus de faire un livre
dans ce sens, projet fastidieux et vain. Il suffisait de lire
tes livres pour comprendre ça. Je n'avais qu'une chose à
dire, moi, c'était : lisez les livres de Jean-Jacques Rousseau et vous comprendrez qu'il faut, pour l'adolescent,
jeter tous les livres et garder celui-là...

Déjà j'aurais aimé faire pour toi un livre qui t'aurait
consolé, réparant les torts qu'on t'avait faits, les outrages
que tu avais subis. Le livre s'appelait *Jean-Jacques,
l'Intègre*.

Et mes élèves dans tout ça? Qu'apprenaient-ils de plus,
lorsque je chantais la vérité et sa quête, qu'à travers mes

manières doctes et compassées du début? Furent-ils plus vrais, meilleurs, plus heureux, plus ardents? Au fond je n'en sais rien. Je le croyais, ou je voulais le croire. Mais quand j'en doutais, quand il m'apparaissait qu'on ne reconnaissait pas dans la joie de l'évidence ce que je disais, quand il devenait patent que tel ou tel ne m'écoutait pas, ou plusieurs ensemble, sans même m'avoir avertie que je n'intéressais plus, comme s'il était naturel, et malgré tout ce que je leur avais dit, qu'un prof de philo ennuie, bref quand il devenait flagrant que j'avais là échoué lamentablement, je souffrais un chagrin et une déception que je n'aurais jamais connus si je m'étais toujours tenue à ma sage et précautionneuse méthode du début.

D'ailleurs il me semble bien qu'à travers ces années j'appris à moins rêver, à observer davantage ce qui se passait. A constater la mort dans l'âme qu'on était bien loin du compte. Entre mon désir et la réalité de leur intérêt pour la pensée, l'espace le plus souvent se découvrait immense. Le pire alors n'était pas que je me lassais d'eux mais de mon désir...

Il y a plus de dix ans maintenant que j'ai cessé d'enseigner la philosophie. « Le parti que j'ai pris d'écrire et de me cacher est celui qui me convenait », dis-tu. Il en fut de même pour moi. Pour rien au monde je ne voudrais maintenant retrouver cette angoisse constante d'être entendue, c'est-à-dire de devoir sans cesse vérifier qu'un peu, au moins un peu, de vérité circule. Si l'on ne me lit pas, si l'on prend tout de travers ce que j'ai écrit, ce n'est pas si grave après tout. Je ne suis plus là pour voir. Je suis ailleurs. Dans mon écriture, imaginant, tandis que j'écris, qu'on me lit et me comprend, allant même jusqu'à imaginer que toi, Jean-Jacques, mort depuis deux siècles, tu me lis et me comprends toute...

Je n'enseigne plus, j'écris. L'écriture, c'est mon pays des chimères. Mais je ne cesse d'y convoquer le pays du réel, des paroles enlacées en vivante communauté. Car quoi que je dise, bien qu'il ne finisse pas de se dérober, toujours je crois en lui.

Je me souviens d'un jour où nous étions occupés, mes élèves et moi, à relire un passage du *Discours sur l'origine de l'inégalité parmi les hommes* que nous nous apprêtions à commenter ensemble pendant la dernière heure de cours. Nous approchions de la fin du texte. Déjà nous savions que les hommes ne consentaient à se donner des chefs que parce qu'ils promettaient de les défendre contre l'oppression, de « protéger leurs biens, leurs libertés et leurs vies, qui sont, pour ainsi dire, les éléments constitutifs de leur être ». Là était le pacte originel. Parce que nous étions hommes, nous le connaissions; nous y avions souscrit, car nous ne voulions pas de la guerre de tous contre tous. Mais maintenant, que faire? Maintenant que les chefs ont trahi tournant à leur profit et contre nous le pouvoir que nous leur avions conféré?

Je les regardais lire, le front penché, leur attention toute prise (je rêvais peut-être?) dans les phrases du beau texte qui apprend à penser ce que c'est que l'humain. Ils atteignaient la fin du passage :

« ... le contrat du gouvernement est tellement dissous par le despotisme, que le despote n'est le maître qu'aussi longtemps qu'il est le plus fort; et que sitôt qu'on peut l'expulser, il n'a point à réclamer contre la violence. L'émeute qui finit par étrangler ou détrôner un sultan est un acte aussi juridique que ceux par lesquels il disposait la veille des vies et des biens de ses sujets... »

Agnès, parvenue la première au terme du passage, leva brusquement les yeux vers moi et me sourit. Alors entre la rumeur confuse de la ville au-dehors et la présence silencieuse des corps adolescents encore penchés au-dedans, filles et garçons, se leva la brise légère d'un bonheur infini...

La parole d'alliance

C'est à travers mon enseignement que se scella pour de bon mon alliance avec toi.

Ce n'était plus seulement l'intérêt, ni même la passion de te lire qui me liait à toi, mais le sentiment d'une dette et la promesse heureuse, indéfiniment reconduite, de m'en acquitter avec toutes les forces d'intelligence, de travail, d'amour dont je serais capable.

Plus j'enseignais et mieux je pensais pénétrer ce que tu avais voulu dire. Pas seulement dans tes œuvres théoriques pouvant se prêter à un enseignement traditionnel, mais à travers l'ensemble de tes écrits, étant entendu que l'intention, la profondeur de tes textes théoriques étaient manquées si elles n'étaient rapportées aux écrits autobiographiques et romanesques. Tous n'avaient-ils pas été portés par une même aspiration?

« On ne travaille que pour jouir. Cette alternative de peine et de jouissance est notre véritable vocation. »

Sans le rappel constant de cette évidence, on égarait le sens même du travail de la pensée.

Mieux j'entendais, à force d'en parler, ce que tu avais voulu dire, plus il m'apparaissait que cela n'avait pas été entendu, ou ne l'était plus, et qu'il y avait nécessité, urgence à le répéter. Ta voix résonnait en moi comme celle d'une prière pressante, irrésistible.

Car je reconnaissais aussi dans ton écriture une telle détresse, poignante, enfantine, à l'idée que le souffle d'évidence qui t'animait pouvait devenir lettre morte, poussière de mots éteints dans le cercueil de tes livres, que j'en avais le cœur serré de chagrin. Ton chagrin, mon chagrin, cela ne se distinguait plus. Il y avait du chagrin à consoler, de l'oubli à réparer, une parole vive, ardente, généreuse à laisser sourdre à nouveau de tes lignes, et c'était consolation déjà que de parler en cette disposition.

A quoi ça sert la philosophie? Que veut-elle à la fin la parole de celui qui parle? Car il y a tant de registres à la parole : énoncer, conter, décréter, commander, proférer, prier, chanter, délirer... qu'on ne sait plus à la fin ce que veut la parole.

Parlant plus longuement et avec plus de vigilance que je n'avais jamais parlé, je ne cessais de me demander : que veut la parole? Mais aussi, parce que ta parole ne s'entendait plus qu'à travers ton écriture, parce que je voulais, comme toi, écrire, parce que toute la philosophie s'appréhendait dans les écrits des philosophes, je me demandais et demandais à mes élèves : que peut bien vouloir l'écriture? Ne devons-nous pas d'abord tenter de répondre à cette question si nous voulons comprendre ce qu'ils ont voulu dire?

Or sur cette question, tous étaient étrangement silencieux. Partout des mots, des mots vifs, jaillissants, incessants, comme si les anciens ne suffisaient jamais...

Comment se fait-il que les hommes cherchent tant à se parler alors même qu'ils n'ont rien de particulier à se dire? Car il n'y a pas que les maîtres de philosophie et les hommes politiques, les avocats et les prophètes pour connaître le désir de parler. Tous, tant qu'ils vivent, en sont hantés, traversés, emportés. Que ce soit sous la crainte ou la contrainte, par désespoir ou sacrifice délibéré de sa parole, celui qui se tait ne fait jamais que retenir sa voix; son désir de parler ne s'éteint pas. Car jusque dans leur agonie, jusqu'à l'épuisement de leur souffle, les hommes cherchent encore une oreille pour leurs mots, leurs derniers mots.

A la fin c'est inintelligible, une plainte, un râle; n'importe, c'est encore une parole. Comme au début, quand le bébé gazouillait, faisait agueu, agueu, badi, bada, cela n'avait aucun sens, mais les adultes l'entendaient, souriaient et lui répondaient par quelque litanie de mots absurdes mais chantants, et le bébé, ravi, répliquait; déjà c'était la parole.

Or entre le gazouillis du début et le râle de la fin les hommes oubliaient quel désir éperdu d'alliance portait la parole. Ils ne la comprenaient plus qu'à l'image de leurs négoces ou de leurs appétits de conquête. Ils faisaient d'elle tantôt un instrument d'échanges utilitaires tantôt l'arme d'un pouvoir ou d'une séduction. A force d'oublier sa source, son impulsion première et qui est soif d'un commerce amoureux entre les hommes, c'est l'alliance même entre eux qui se défaisait. A force de ne plus entendre dire dans leurs paroles quelle passion ils avaient d'être ensemble, ils n'étaient plus ensemble mais seuls, dressés les uns contre les autres et malheureux...

Toi seul avais, à travers ton écriture, cherché à dire ce que veut la parole, qui toujours chante ou appelle, prie et gémit, toi seul avais voulu faire entendre ce désir d'alliance qui porte nos voix les unes aux autres. Toi seul avais tenté de faire renaître une alliance rompue.

Les amis devaient me trouver un peu bizarre. Une fois, au cœur même d'une conversation particulièrement animée, passionnée, bienfaisante comme une pluie d'été, j'avais soudain supplié qu'on s'interrompît. Je leur avais dit : écoutez, écoutez... Ils s'étaient regardés, m'avaient regardée interloqués. Écouter quoi? Qu'est-ce que tu veux qu'on écoute? Écoutez comme c'est merveilleux, écoutez comme nous nous parlons, comme nous sommes ensemble... Elle est un peu piquée avait dit l'un, oui, mais gentille tout de même, avait dû corriger un autre. On peut continuer? avait finalement demandé Pierre, à moins que ce ne fût Jacques... Mais un nouveau tourment était apparu. Mon intervention n'avait-elle pas troublé la vigueur candide du jeu de paroles? Au lieu de redoubler à l'infini l'enthousiasme de la parole, ne l'avais-je pas abîmé?

Ces choses-là peut-être ne devaient pas être dites, mais seulement écrites dans le silence et la solitude. Entende qui pourra, qui voudra, du fond de son silence et de sa solitude...

Il y eut un été enchanté en Grèce. Nous étions dix, douze ensemble, je ne sais plus, Grecs et Français mêlés, ivres d'insouciance, de plaisir, de lumière et de vin. Entre les rires, les ébats au soleil, les déambulations nocturnes, les jeux aquatiques, les paroles n'en finissaient pas de se poursuivre, de s'enlacer, de guerroyer pour rire, de se chercher indéfiniment. Je riais, je nageais, je buvais, je parlais comme eux. Autant qu'eux j'étais heureuse, et plus encore peut-être. Mais soudain, je ne sais comment cela arrivait, j'étais en proie à une totale détresse. La fête de notre jeunesse allait passer, nos rires et nos paroles allaient finir, le ciel et la mer et le soleil allaient disparaître, et rien n'aurait été *dit*... Je ressentais cela avec une telle violence et dans l'angoisse d'une telle solitude que c'était comme si j'allais devenir folle... Et puis cela passait. Les rires, l'eau, la lumière et les mots me reprenaient de nouveau.

Je me souviens que cette année-là Jean-Paul dut rejoindre Paris avant les autres. Parce que c'était triste, nous avions décidé de faire comme si de rien n'était, de ne pas l'accompagner jusqu'à sa voiture, de faire comme s'il s'éloignait pour aller acheter un paquet de cigarettes. Nous avions ce jour-là échoué sur une plage immense, déserte. On aurait pu croire que la vie commençait là, avec nous, sauvages nus et bienheureux. Nous nous étions baignés. Nous traînions sur le sable par petits groupes, à bavarder. Alors Jean-Paul s'était levé, avait ramassé sa serviette, puis s'était éloigné en remontant les dunes. Arrivé en haut, et avant de disparaître pour de bon, il s'était retourné vers nous, puis jetant ses bras en l'air il nous avait hélés chacun par nos prénoms et il avait crié, hurlé plutôt, dans le vent, dans l'azur : « Nicos! Marianne! Annie!... JE VOUS AIME! »

Enfin. Enfin quelque chose avait été dit. Et je pensais : béni soit Jean-Paul jusqu'à la fin de ses jours pour ces mots de rien du tout, mais jaillissant dans l'espace comme le sang pur, rouge et ardent, de la parole. Et ces petits mots je les ai gardés, pacte inaliénable, alliance de vérité que rien jamais ne pourra démentir.

La bonne nouvelle

Revenant un jour de mes cours, je trouvai Nicos exultant, piaffant de l'impatience de m'annoncer, non pas UNE nouvelle, disait-il, mais LA nouvelle de notre vie... A le voir, cela semblait en effet une nouvelle extraordinaire. Qu'est-ce que c'était? Attends, attends, je vais te dire, tu vas voir, et il riait d'avance du plaisir qu'il allait me faire, ou se faire, en me racontant. Il enfilait son manteau; il n'était resté là que pour m'attendre, maintenant il fallait que nous sortions; les murs de notre appartement étant sans doute trop étroits pour l'immensité de LA nouvelle. Dès que nous atteignîmes le trottoir, guettant sur moi l'explosion de joie qu'il s'attendait à provoquer, il parla...

Je ne sais plus en quels termes la nouvelle me fut communiquée, mais je me souviens de l'émotion vive qu'elle me causa, émotion plus mêlée que la joie sans réserve qui emportait Nicos. Voilà : on était invités à la prochaine réunion des *Temps modernes*, chez Simone de Beauvoir elle-même, avec Sartre, et d'autres membres du comité de rédaction. Nous? Invités en tant que quoi? je demandais. Comment ça, en tant que quoi? En tant qu'intellectuels d'exception; jeunes, beaux, dynamiques... Quand Nicos était content, il fallait toujours patienter avant d'obtenir des précisions sur l'événement qui avait déclenché sa bonne humeur. J'avais du mal à comprendre. Lui et moi, seulement, on était

invités? Et pour quoi faire? Et d'ailleurs comment
avaient-ils eu vent de nos mérites, certes prometteurs,
mais tout de même assez peu révélés jusqu'alors? Mais
non, bien sûr, l'invitation valait pour nous deux et
pour quelques autres, cinq, six peut-être, dont Jean-
Paul, Régis... Pour quoi faire? Écrire, pardi, collaborer
à la revue, donner nos points de vue. Je trouvais le
geste pour nous flatteur, mais de leur côté saugrenu.
Est-ce qu'ils manquaient de monde pour faire des articles? Est-ce qu'ils se mettaient à douter de leur intelligence, de leurs analyses? Nicos m'expliqua alors doucement, pour ne pas heurter mon « incroyable naïveté »,
que c'était « politique », que le crédit de la revue ne
pouvait se maintenir que si elle ouvrait ses colonnes à
des gens nouveaux, plus jeunes, qui sauraient témoigner de façon plus juste, ou en tout cas plus directe,
plus « vraie », des enjeux idéologiques actuels... Alors
ils avaient interrogé leurs amis, leurs connaissances, ils
s'étaient renseignés et avaient fini par tomber sur
nous... Lui, Nicos, d'accord, je comprenais, pour Jean-
Paul, pour Régis ça me semblait aller de soi, mais moi,
franchement, les enjeux idéologiques actuels, la politique, l'état des luttes dans la conjoncture internationale,
l'avancée ou le recul de l'impérialisme américain, ça
me dépassait un peu, et même, je devais l'avouer, ce
n'était pas ma préoccupation favorite. Nicos s'esclaffait.
Est-ce que je n'étais pas écrivain? Est-ce que je n'étais
pas indéniablement liée à lui, Nicos, qui était lié à
toutes ces choses? Aurais-je pu prétendre que je ne
m'intéressais pas à la libération des peuples opprimés, à
l'émancipation des classes laborieuses, des femmes, des
jeunes? Moi, l'admiratrice de Rousseau, n'étais-je pas
directement concernée par la Révolution? Si, si, si... Et
puis, est-ce que ça n'était pas une chance extraordinaire
que de rencontrer Sartre et Simone de Beauvoir, de
nous faire connaître d'eux?

J'étais flattée en effet, flattée d'avoir été pressentie et
même fière; comme si, en me convoquant, ces esprits
de si notoire qualité me conféraient une part de leur
prestige.

Nicos fit valoir un avantage pour moi, selon lui,
« majeur ». Donner à lire au public quelques morceaux
d'écriture attachés à mon nom, c'était la chance enfin
trouvée de faire éditer ce maudit roman qui dormait
dans un tiroir depuis deux ou trois ans. Il est vrai que
j'avais été incapable d'entreprendre la moindre démarche qui aurait pu l'en tirer. Un mélange d'orgueil et de
couardise dont j'avais bien du mal à me justifier auprès
de Nicos me retenait indéfiniment. Si, m'expliquait-il,
on se mettait à me lire dans *les Temps modernes*, à
apprécier mes textes, peut-être viendrait-on me demander si je n'avais pas écrit d'autres choses plus importantes, si je n'avais pas l'intention de publier... (C'est
d'ailleurs très exactement ce qui se produisit. Simone
de Beauvoir s'intéressa à ce que j'écrivais, lut mon
roman qui lui plut et m'ouvrit le plus simplement du
monde les portes de l'édition auxquelles je n'aurais pu
aller frapper de ma propre initiative.)
La plupart de nos amis, de nos connaissances, nour-
rissaient des ambitions semblables aux nôtres. L'époque
avait besoin d'agir, de penser, et surtout de croire. J'ai
assez vécu maintenant pour savoir qu'il y avait dans
ces années-là chez les gens de notre âge une conviction
que je ne vois pas – et c'est peut-être tant mieux – chez
les jeunes d'aujourd'hui : On *croyait*, on voulait croire
qu'on était à l'aube d'un nouveau monde, que le combat pour la libération des peuples et des consciences
désormais engagé à une échelle internationale allait être
décisif dans l'histoire de l'humanité. C'est ainsi que
tout intellectuel éclairé, généreux, combatif, pouvait
être appelé un jour à devenir une figure glorieuse d'un
grand destin collectif. Alors même que je m'ennuyais
assez rapidement aux grands débats politiques, idéologiques de mon temps (la question de la littérature « engagée » me faisait fuir), alors même que j'avais suffisamment montré combien mon individualisme, ou ma
timidité, ma sauvagerie honteuse ou orgueilleuse,
comme on voudra, me tenait à l'écart de toute activité
militante, je n'en baignais pas moins dans un climat

d'effervescence et de haute prétention intellectuelles. Moi aussi je me croyais appelée à favoriser à travers ma parole d'enseignante, mon travail d'écriture, l'éclosion de consciences libres et fécondes, à arracher de la tête de mes élèves, de mes futurs lecteurs, les mauvaises herbes de l'oppression, de l'injustice, du mensonge, à défricher les cœurs, bref à faire avancer la vérité. Et à recevoir pour cela mille et une expressions de reconnaissance. J'étais comme Nicos, j'étais comme Jean-Paul, comme Bernard, François, Régis, j'étais comme tout le monde, je voulais qu'à la fin on chantât mes louanges. Je ne voulais pas seulement qu'on dise que j'écrivais bien, aussi merveilleusement bien que Colette par exemple, je voulais qu'on dise que par moi quelque chose dans le monde avait été modifié, éclairé, libéré, rendu à la jouissance ou à sa puissance expansive de vie... Tu vois, Jean-Jacques, quelle ambition démesurée était la mienne, mais tu ne peux que la reconnaître, c'était la tienne, aussi folle, enfantine, absolue.

A part cela, je ne prétendais nullement que je réussirais dans mon entreprise ni que j'avais le talent, les capacités d'intelligence et de travail requis, je doutais souvent de pouvoir vaincre mes appréhensions, mes hontes, mes embarras, je n'étais pas vaniteuse, loin de là. Cela ne m'empêchait pas de rêver d'un destin glorieux, tout en reculant devant la moindre démarche susceptible de me faire lire, éditer, connaître, comme s'il s'agissait d'une compromission indigne sans doute de la valeur sublime de ma tâche.

Nicos me faisait parfois des remarques qui allaient dans ce sens. Je protestais vivement mais sans m'attarder. Je préférais ne pas trop entendre ça. Je savais qu'il avait raison, que je péchais par orgueil et non par modestie, que j'aurais dû aller sonner à quelques portes. C'était plus fort que moi, je ne pouvais pas.

Nicos ne faisait pas tant de manières. Rêvant de la réalisation d'une œuvre théorique de grande envergure, il ne se contentait pas d'un impressionnant travail quotidien de réflexion et d'écriture. Il s'appliquait aussi à

« préparer le terrain », disait-il. Il faisait lire certains de
ses textes, favorisait les discussions qui s'y rapportaient,
proposait des articles aux revues qu'il estimait, cherchait à rencontrer tous ceux qui seraient susceptibles de
s'intéresser à ses recherches, se mêlait aux cercles de
réflexion universitaires ou politiques qui lui semblaient
les plus importants, écoutait, intervenait, débattait,
trouvant dans ces lieux de parole souvent houleuse
l'occasion précieuse d'affermir ou de corriger ses propres thèses, d'en mieux cerner le contour, l'impact,
mais aussi de préparer la reconnaissance de son travail
futur et l'estime attachée à sa personne.

Souvent je le questionnais sur l'objet de son plus
grand désir. Était-ce la puissance d'un système théorique telle qu'elle permettrait d'atteindre à une profondeur et à une rigueur d'analyse des faits sociaux et
politiques jamais égalées et peut-être indépassables ?
Était-ce de fournir aux peuples opprimés l'arme qui
leur manquait pour définir une juste stratégie révolutionnaire et les prémunir contre les fautes et les
erreurs qui pourraient leur être fatales ? Était-ce d'être
célébré *ad vitam aeternam* par les penseurs à jamais
éclairés et les peuples enfin libérés ? N'était-ce pas au
fond de devenir immortel ? Ah oui ! ça, je veux bien !
s'écriait-il, mais alors « de mon vivant »... Citant Sartre, justement, que nous avions entendu dire, quelque
temps auparavant au cours d'un grand débat public
sur la littérature, quelque chose comme (je cite de
mémoire) : « Il vaut mieux être immortel de son
vivant, parce que après on ne sait jamais », ce qui
avait beaucoup amusé l'assemblée, et Nicos plus que
tout le monde.

A vrai dire, mes questions ne le retenaient jamais
très longtemps. Il finissait toujours par s'en tirer avec
une pirouette, qui n'était pas un mensonge, loin de là,
mais ne montrait, j'en étais certaine, qu'un versant
très superficiel de la vérité. Il disait : pour plaire aux
femmes, pour être désiré, aimé d'elles à la folie, de
toutes, tu entends, de toutes... Et comme je lui avais

demandé de lire les *Confessions*, il pouvait m'en citer un passage qui lui avait beaucoup plu et me montrer que toi, mon grand ami, mon penseur chéri, tu avais fort bien senti cela. Il s'agissait de la première représentation devant le roi de ton opéra *le Devin du village*.

« J'entendais autour de moi un chuchotement de femmes qui me semblaient belles comme des anges et qui s'entre-disaient à demi-voix : cela est charmant, cela est ravissant; il n'y a pas un son là qui ne parle au cœur. Le plaisir de donner de l'émotion à tant d'aimables personnes m'émut moi-même jusqu'aux larmes... Je me livrai bientôt pleinement au plaisir de savourer ma gloire. Je suis pourtant sûr qu'en ce moment la volupté du sexe y entrait beaucoup plus que la vanité d'auteur, et sûrement s'il n'y eût eu là que des hommes, je n'aurais pas été dévoré, comme je l'étais sans cesse, du désir de recueillir de mes lèvres les délicieuses larmes que je faisais couler. » Le bonheur, concluait Nicos en soupirant. Si c'était vraiment ça dont il s'agissait, alors être l'auteur du *Devin du village* valait bien mieux que d'être celui du *Contrat social* ou de ces fameuses Institutions politiques auxquelles tu rêvas longtemps de consacrer tous tes travaux, ou d'être comme Nicos analyste de l'État capitaliste, de la bureaucratie, des rapports de l'impérialisme et du fascisme, et que sais-je encore, toutes choses qui ne sont pas censées bouleverser le cœur des dames et les précipiter dans l'abîme des grandes passions érotiques...

Il fallait envisager d'autres médiations. Celui qui comme toi a appris à convoiter la manne céleste, la vérité, l'amour, la gloire, à travers les livres et seulement à travers les livres, comment pourrait-il ne pas vouloir se faire auteur de livres? Comment pourrait-il imaginer de plus grand destin que celui d'auteur de livres où se puise la manne céleste en un désir si poignant que c'est comme si on touchait presque déjà la vérité, l'amour, la gloire...

L'annonce de notre prochaine rencontre avec Sartre

me remit en mémoire *les Mots*, son dernier livre qui
m'avait beaucoup plu. J'aimais que l'écrivain, en sa
maturité accomplie, au fait de sa réputation, ayant
même réussi à décrocher, luxe suprême, ce trésor si
convoité des hommes et si rarement accordé, « l'immortalité, de son vivant », ait voulu s'interroger sur le
sens de son destin d'écrivain, remontant à la source, à
l'enfant grandi à l'ombre d'une imposante bibliothèque,
retrouvant le désir éperdu d'être aimé, chanté, célébré
et tous les rêves d'actions d'éclat ou d'œuvres sublimes
seules susceptibles de justifier enfin, un jour et à
jamais, l'existence du petit Jean-Paul si souvent abîmé
dans le sentiment de sa misère intérieure.

   Je te l'ai déjà dit, je trouvais que les philosophes
auraient dû nous dire pourquoi ils s'étaient tant achar-
nés à débusquer la vérité, pourquoi ils avaient tant
travaillé à la faire entrer, couler dans des phrases clai-
res, incontestables et bien soudées entre elles, pourquoi
ils avaient tant voulu la faire connaître, ne se conten-
tant pas de l'enseigner, mais la plupart du temps l'écrivant. J'aurais aimé qu'ils disent quelle obscure passion
les avait animés. De même que j'aurais bien voulu
entendre de la bouche de mes copains militants quelle
gigantesque mouche historique les avait piqués pour
qu'ils croient de cette foi si entière, si ardente, à la
révolution et veuillent se consacrer si religieusement à
sa venue. Et j'avais aimé le texte de Sartre parce qu'il
osait lever le voile sur ces questions toujours vaguement indécentes.

   Sa lecture avait été pour moi d'autant plus prenante
que je vous avais fait dialoguer, lui Sartre, et toi Jean-
Jacques. Tout s'y prêtait (pour moi en tout cas) : le
thème, l'acuité du regard porté sur soi, cette passion
trouble, exhibée de l'authenticité (à quoi bon être aimé
si c'est sur mes apparences ?), une semblable et heureuse exigence dans l'écriture.

   Mais la parenté la plus étroite qui s'était révélée
entre vous avait été cette obsession du jugement qu'*à
la fin*, à la fin du livre, à la fin de votre vie, à la

fin des temps, *on*, le lecteur, l'humanité tout entière
ou Dieu lui-même, porterait non pas sur vos livres,
mais bien sur vous qui aviez prétendu écrire la Vérité...

Je soupçonnais qu'il y avait là le germe d'une folie
propre à tout écrivain véritable (j'entends par là celui
qui ne conçoit pas de vivre sans écrire), une sorte
d'idée fixe obsédante que les écrivains conscients de
son outrance, de sa démesure, de son accablante naïveté, préféraient taire.

« Que la trompette du jugement dernier sonne quand
elle le voudra ; je viendrai ce livre à la main me présenter devant le souverain juge », avais-tu écrit dès la
première page des *Confessions*.

Combien de lecteurs avaient à cet instant sursauté,
choqués ou apitoyés, croyant mesurer là le délire de ta
pauvre tête malade, alors qu'ils n'avaient fait que
mesurer la totale étrangeté de celui qui dit ce que
chacun rumine au fond de lui mais s'applique à taire
comme il est convenu chez des gens, des écrivains
civilisés...

Je rencontrai enfin Sartre, l'auteur pour moi incomparable des *Mots*, et sa célèbre compagne dont j'appréciais médiocrement les écrits. C'est elle pourtant qui
devait me séduire le plus.

La vivacité de Simone de Beauvoir, sa passion de
savoir, sa curiosité intelligente de nous, de ce que nous
pensions, de la façon dont nous vivions, dont nous
travaillions, son ouverture d'esprit dans la conversation
et sa fréquente drôlerie me charmèrent d'un coup. Une
relation chaleureuse et de réelle sympathie s'établit
d'ailleurs entre nous, s'étendit sur plusieurs années et se
suspendit plus qu'elle ne se brisa quand il fut temps
d'exprimer publiquement mon point de vue sur la
question du féminisme. Mes positions étaient si évidemment différentes, et même sur certains points tellement contraires aux siennes, qu'on fit dans son entourage comme si j'étais son ennemie. Ce fut tout à fait
comme dans les histoires d'hommes que la politique
sépare. Et je dus cesser de la rencontrer.

Quant à Sartre, c'était bien l'auteur des *Mots*, aussi
vif, aigu, et même un peu moins grave, plus gai, plus
impertinent. La promesse qu'il avait dû se faire dans
sa jeunesse : ne jamais devenir un vieillard digne et
sentencieux, une autorité bedonnante, un académicien
pontifiant, il l'avait tenue et la tiendrait farouchement,
cela était certain, jusqu'à sa mort. Je me souvenais de
la description de son grand-père, ce grand-père qu'il
avait en un sens adoré mais qui était devenu pour lui
le modèle à fuir : l'enflure, la prétention, la creuse
grandiloquence, la fausseté. On voyait bien en regar-
dant Sartre qu'il avait dû s'appliquer toute sa vie à ne
pas devenir son grand-père. C'est ainsi qu'il n'était
ni père, ni grand-père, ni marié, sans charge officielle
ni décoration, sans barbe ni posture de prophète...
On voyait aussi qu'il tenait à ce qu'on vît bien tout
ça.

Quand nous devions nous réunir entre nous, sans
« les grands », Sartre nous abandonnait son petit loge-
ment de célibataire, boulevard Raspail. La première fois
que nous y étions allés, la modestie du lieu nous avait
fait une vive impression. Une grande table encombrée
de notes et de manuscrits, des livres épars, un divan bas
(une sorte de lit de camp) recouvert d'une couverture
algérienne, et des cendriers un peu partout. C'était exactement comme chez nous. Si nous avions trouvé des
fauteuils de cuir et des tapis persans (ce qui eût été tout
de même excusable), sans doute nous serions-nous
moqués et aurions-nous eu la tentation de commettre
quelques menus saccages. Mais devant une telle indifférence pour les beaux objets, nous étions béats d'admiration et tellement respectueux que nous nous interdîmes
toujours de laisser courir nos yeux sur les feuillets
couverts de son écriture fraîche qu'il avait en s'en allant
négligemment abandonnés sur sa table de travail.

Notre collaboration aux *Temps modernes* ne dura pas
très longtemps. Notre groupe avait été constitué par
« les grands » de façon assez fantaisiste et artificielle.
Au fond, il n'y eut jamais de groupe. Chacun s'occupait

de son affaire et s'intéressait médiocrement à ce que faisait l'autre. Nous comprîmes que nous n'étions liés que par notre désir commun de publier nos textes dans *les Temps modernes*. C'était loin d'être suffisant. Et l'expérience s'acheva.

Premier livre et joie d'un père

Mon roman, *le Pont du nord*, fut donc publié. Ainsi j'avais décroché mon diplôme d'écrivain. Je pouvais présenter ma carte d'affiliation à l'ordre prestigieux des auteurs : c'était mon livre. Naturellement fière de mon nouvel état, je me réjouissais surtout d'avoir passé la redoutable épreuve presque sans m'en apercevoir.

Pour le reste, ce livre était une vieille histoire dont la charge actuelle me semblait un peu encombrante. Je craignis tant d'y découvrir, noir sur blanc, ineffaçable, la trace d'anciennes niaiseries, de négligences coupables de style ou de composition, que je mis très longtemps avant de me décider à le relire, et quand j'y vins enfin ce fut alors le plus vite possible, du bout des yeux, prête à m'échapper à la moindre menace. Une crainte voisine me retint d'accorder trop d'attention aux critiques qui suivirent la parution.

Autour de moi on s'étonne parfois de mon indifférence aux critiques. On n'y croit qu'à moitié. Moi j'y crois juste assez pour que ce soit efficace. Ainsi je me dis : heureusement que je suis indifférente aux critiques... sinon quelles souffrances elles me causeraient, sensible comme je suis !

Si je n'étais pas indifférente aux critiques, je ne serais à l'abri d'aucune. Qu'elle soit « bonne » ou « mauvaise », comme on dit. J'ai beau être indifférente, je sais tout de même ce que les critiques me feraient au cas où je ne le serais pas...

Quand je découvris le livre chez mon éditeur, je crois bien que la première pensée qui me vint fut pour mon père. A imaginer le moment où je déposerais le beau livre tout neuf entre ses mains, avec mon nom dessus, je ressentis un plaisir si vif, si entier qu'il me dédommagea de la relative froideur – d'une certaine façon décevante – avec laquelle j'accueillais l'événement.

Le soir même je remis le livre à mon père avec une dédicace qui évoquait le souvenir de ma mère et l'amour que nous avions eu pour elle.

Mais cela se fit dans une circonstance si particulière et si émouvante pour mon père, mais aussi pour moi, que je ne résiste pas au plaisir de te raconter.

Madeleine s'était mise depuis quelque temps assez sérieusement au théâtre et rêvait de pouvoir s'y consacrer tout entière dans l'avenir. Or le jour même où parut mon livre, elle donnait sa première représentation publique. Pour la première fois nous allions la voir sur une scène. Cela se passait dans un petit théâtre parisien pour une représentation d'*Antigone*, la pièce de Jean Anouilh. Et Madeleine tenait le rôle d'Antigone qui convenait si bien à son caractère le plus profond, le plus secret.

Mon père ne voyait pas d'un bon œil les ambitions de ses filles, mais c'était de façon différente pour l'une et pour l'autre. Si mes prétentions littéraires avaient provoqué chez lui nombre de remarques inquiètes ou sceptiques, il avait manifesté d'emblée une franche hostilité à la vocation théâtrale de Madeleine. Il prétendait que c'était une folie. Les fatigues des répétitions, les représentations tardives, les déplacements, bref l'impossibilité d'une vie saine et réglée ne risquait-elle pas d'être fatale à sa santé toujours considérée comme fragile? Dans ce métier la réussite était plus qu'incertaine, la misère plus que probable... Mais je crois bien que ce qu'il redoutait le plus et qu'il n'osait trop formuler, de peur de paraître vieux jeu, c'était la fréquentation d'un milieu dont il ne savait rien, mais qu'il ne pouvait s'empêcher d'imaginer pervers, cruel et finalement destructeur.

Les belles-lettres, c'était tout de même plus rassurant.

On pouvait faire valoir que la littérature ne nourrissait pas son homme (et encore moins sa femme), mais on ne pouvait pas en contester la majesté. Mon père se défendait de mépriser le théâtre. Il disait l'aimer beaucoup; mais c'était dans les livres, le soir, au coin du feu.

J'ai parfois pensé que je réalisais par l'écriture le désir le plus secret de ma mère, celui que les circonstances ne lui avaient pas permis de satisfaire. Mais la haute estime dans laquelle mon père tenait les livres ne m'avait-elle pas tout autant confortée en cette voie? Ses mises en garde n'étaient pas sérieuses; il ne redoutait que ma déception. Je sens bien que chez moi le penchant à l'écriture est congénital, ce qui a beaucoup facilité les choses. Madeleine n'eut pas cette chance. Elle était seule avec son désir de théâtre. Je pouvais l'y encourager mais ce n'était pas suffisant. Il eût fallu que mon père renonçât à la combattre ou qu'elle se décidât à ne tenir aucun compte de son opposition. C'était impossible. La dette que nous nous sentions vis-à-vis de lui était trop grande et Madeleine finit par renoncer au théâtre. Ce fut sans doute son dernier chagrin d'enfance.

Mais voilà que je laisse venir les ombres du tableau avant même d'avoir dit la grâce merveilleuse de cette heure où mon père, tenant à deux mains sur ses genoux le livre que je venais de lui remettre, fixait sur la scène un regard tremblant d'émotion, accroché comme celui d'un amoureux transi aux évolutions, aux gestes, aux paroles de Madeleine. Car elle était haute et forte soudain, la petite Madeleine que l'on disait toujours si délicate. Elle était l'âme, le souffle, la chair même d'Antigone...

Et ce soir-là je vis mon père briller d'une immense et double fierté qui ruisselait de tout son visage devenu soudain attendrissant, comme enfantin. Je le vois encore à l'entracte causant avec un vieux monsieur grand amateur de théâtre qui chantait les louanges de Madeleine. Mon père, élargi d'un sourire irrépressible, répétait : « Ah oui! vous trouvez? Ah bon! tant mieux, tant mieux! »

Puis il avait tenu à me présenter au vieux monsieur et lui avait montré le livre qu'il tenait toujours en mains.

« C'est son premier roman, et figurez-vous qu'il a paru aujourd'hui, justement aujourd'hui...

– Quelles filles étonnantes, vous avez là, s'était exclamé le vieux monsieur, peut-être sincèrement charmé. Vous êtes comblé. »

Mon père ne dit rien. Il esquissa un geste de protestation modeste. Mais les larmes lui étaient venues aux yeux. Et je le vis exulter de plaisir.

La vérité, au fond

La publication du roman, assortie de critiques favorables et qu'on disait très encourageantes pour un premier livre, loin d'entraîner mon écriture dans une nouvelle entreprise, la bloqua tout à fait sur l'idée fixe du roman. Puisque je voulais écrire et continuer à écrire, il fallait en passer par là; je ne voyais pas d'autre solution. Mais quelle angoisse! Dès que je me disais qu'il était temps de sortir de l'écriture fragmentaire qui était la mienne, notes de lectures, lettres aux amis lointains, articles, divagations philosophiques noires ou roses selon l'heure, pour entreprendre sérieusement, courageusement, un second livre – un roman donc – c'était soudain le même vide, la même prostration désespérée que lorsque dans les classes enfantines je devais faire une rédaction d'imagination. Je ne voyais rien. Je ne pensais rien. On avait dit de mon premier roman qu'il était « prometteur »; on s'était trompé. Ou plutôt, c'est moi qui avais trompé mon monde, qui avais fait illusion. Je ne serais jamais la romancière qu'on avait cru voir venir.

Alors quoi? Que pouvais-je écrire? De la philosophie? Il n'en était pas question. Jamais je n'aurais pu consentir à ce mode d'expression qui croit anoblir la pensée en mimant la rigueur scientifique, accroître sa puissance en lui retirant ce qui moi me la faisait aimer, le désir de jouir, de connaître, d'aimer... La philosophie, c'était bon pour les hommes qui n'attendaient de la pensée que ce qu'elle voudrait leur offrir comme instruments pour la maîtrise du monde, de l'histoire et d'eux-mêmes. Jamais je ne pourrais écrire, moi, sans remonter à la source de l'écriture. Jamais je ne pourrais écrire sans qu'il soit question dans mon écriture de jardins, de matins, d'enfance, de mémoire et d'attente, de joies terribles comme des épées et de chagrins tièdes et sombres comme des eaux dormantes. Je me disais, c'est parce que je suis une femme que je n'écrirai jamais de philosophie. Et je trouvais que j'avais bien de la chance.

Mais alors qu'écrire, puisque la plume me tombait des mains dès que je pensais roman et qu'à aucun prix je ne pouvais accepter les viriles censures de l'essai philosophique?

Restait la poésie. J'en lisais parfois, par petites quantités, comme j'écoutais de la musique. Il m'arrivait de sortir de la lecture d'un poème réellement éblouie, transfigurée, pour un instant ne désirant plus rien, comme si j'étais arrivée au bout de la lumière, à la pointe ultime de sa trace la plus pure. La poésie était un art suprême, ainsi que la musique. Et comme elle, je le pensais déjà, un art du silence.

De cela je n'étais pas capable. J'avais trop envie de parler, j'avais trop de choses à dire. Je ne me sentais pas prête pour l'ascèse poétique. Parce que j'étais en rage contre une certaine forme de silence justement, je bouillais de mots, d'humeurs et d'impatience. Bref, j'étais bien trop bavarde et bagarreuse (militante à ma manière...) pour prétendre à la poésie que pourtant j'adorais.

A vrai dire, un désir d'écrire déjà me tourmentait et qui avait trait à toi, ou plutôt à tes livres, ou plutôt à la lecture que j'en faisais. Mais j'échouais (déjà!) à lui donner une forme qui me satisfasse. C'était toujours réducteur. Tantôt cela se mettait à ressembler à une thèse qui ne chantait plus rien, tantôt à un catalogue décousu d'émotions qui ne disait plus rien, qui s'en allait de tous côtés sans rien saisir de toi. J'ai retrouvé quelques vieux papiers qui datent, me semble-t-il, de ce temps-là. J'ai du mal à retrouver ce que j'avais en tête. Il m'est parfois impossible même de comprendre ce que j'ai écrit. Je vois cependant se dégager une sorte de thème sous-jacent autour duquel je ne cessais de tourner sans jamais le saisir explicitement. C'est celui de la Nature. Sans doute faut-il penser qu'une part de mon embarras tenait à la proscription définitive (et pour moi d'ailleurs convaincante) de la notion de Nature. On savait désormais qu'il n'y avait pas de « nature humaine ». L'homme n'était jamais que ce que son histoire, sa culture l'avaient fait. Il suffisait d'ailleurs de lire attentivement ton *Discours sur l'origine de l'inégalité* pour s'apercevoir que tu ne disais pas autre chose. Non, ce qui me plaisait dans la notion de « nature », telle que tu l'utilises si souvent, c'est que j'y lisais non pas l'affirmation de quelque chose de réel, mais l'expression d'un mouvement du cœur, d'une tension entière de l'être vers ce qu'il a perdu, oublié, étouffé, au point qu'il ne sait plus où il va, ce qu'il fait ni pourquoi il le fait. La nature, c'est l'état des choses telles qu'elles sont quand elles naissent, plus qu'évidentes, éblouissantes, plus que bonnes, innocentes. Or ce n'est pas parce que toute nature est d'ores et déjà perdue, ne se connaît que comme perdue, que nous ne la désirons pas. Le malheur commence quand nous oublions, quand nous renions ce que nous désirons le plus. Il me semblait déjà que tout ton effort avait tendu à cela : retrouver la force du désir, l'énoncer, entendre ce que cela voulait dire – alors c'est une voix qui se met à parler et tu l'appelles la voix de la Nature – puis déchiffrer patiemment comment cela pourrait s'écrire : alors ce serait le Livre de la Nature.

Il me semblait parfois qu'au-delà de tous tes livres je parvenais à déchiffrer le livre ultime auquel tu dis avoir voulu te consacrer et pour lequel tu n'as laissé que quelques notes éparses et dont, sans même l'avoir écrit, tu connaissais le titre : l'Art de jouir.

De cet art de jouir je devinais déjà le principe le plus précieux : quand ça ne va pas, quand vous errez de souffrances en tourments, cherchez non ce qui manque mais ce qui est là en trop. Alourdis d'ambitions mondaines, aveuglés de discours, esclaves du regard d'autrui, vous voilà victimes affolées de passions factices. Allongez-vous dans une barque et laissez-vous porter au fil de l'eau, le nez dans l'azur, lâchez tout, éprouvez la douceur de glisser sur la pente naturelle du désir tandis que s'approche enfin la « pure jouissance d'exister ».

Le principe selon lequel il convient bien davantage dans les circonstances difficiles d'ôter ce qui gêne plutôt que d'ajouter ce qui manque valait éminemment pour la quête de la vérité.

Voulez-vous de la vérité? Au lieu de vous appeler à la construction d'un nouvel édifice plus alambiqué que les précédents, au lieu de vous lancer à l'assaut d'un Anapurna du savoir encore inviolé, lâchez tout, rentrez en vous-même au cœur du cœur, là où il n'y a presque plus rien, et demandez-vous : qu'est-ce que je crois *au fond*? Qu'est-ce que tout homme croit au fond? Quelle naïveté pitoyable, quelle démente vanité ont pu vous laisser imaginer que vous alliez attraper une vérité qui aurait échappé aux milliards d'hommes qui ont peuplé la terre avant nous?

Tant de livres, tant de philosophes, tant de saints, tant de sages, et il resterait encore une vérité à dire qui n'aurait jamais été dite?

Un passage des *Confessions* avait alors particulièrement retenu mon attention. Je m'étais dit : ah! c'est bien lui ça, c'est Jean-Jacques tout craché! Mais c'était plus que cela, j'y revenais souvent, comme vers une mine secrète, étrange d'interminables rêveries... C'était au temps des Charmettes, quand c'était le paradis. Tu te levais « tous les matins avant le soleil ». Tu allais marcher dans la campagne, t'émerveiller de vivre, puis tu rentrais déjeuner auprès de Mme de Warens et causer avec elle. Le reste de la journée tu le passais en lectures graves jusqu'au dîner. Voilà ce qui, après m'avoir amusée, m'avait troublée et fait rêver en des eaux inhabituelles de la pensée :

« Je commençais par quelque livre de philosophie, comme la *Logique de Port-Royal*, l'*Essai* de Locke, Malebranche, Leibniz, Descartes, etc. Je m'aperçus bien-

tôt que tous ces beaux auteurs étaient entre eux en
contradiction presque perpétuelle, et je formai le chimé-
rique projet de les accorder, qui me fatigua beaucoup et
me fit perdre bien du temps. »

A première vue l'idée paraît saugrenue, l'ambition
démesurée... Mais est-ce que je n'avais pas moi-même,
quand je lisais les philosophes, couru obscurément selon
ce même désir (sans prétendre bien sûr pouvoir le
satisfaire) à la recherche de la vérité qui leur était
commune? N'était-ce pas celle-là seule qui importait, la
seule qu'il fallait impérieusement saisir si l'on voulait se
risquer à penser? Les points sur lesquels ils n'étaient pas
d'accord ne pouvaient relever que de la contingence de
leurs humeurs, de leur rage de se distinguer, des savoirs
particuliers à chacun dont leur tête était encombrée. Si on
avait pu ôter tout ce fatras mental qui les mettait en
désaccord, alors c'est de la vérité qu'on aurait vu, ni de
l'un, ni de l'autre, mais de tous...

Le chemin était trop long, trop tortueux. Il en était un
plus simple. Descendre en toi-même...

Toute vérité n'a-t-elle pas déjà été dite, et oubliée?
Alors il faut la chercher de nouveau, et la dire de
nouveau. Et quand elle sera de nouveau égarée, alors il
faudra la retrouver, la répéter pour la énième fois.

N'est vrai que ce que tout homme croit au fond;
Platon, Montaigne, Pascal, Spinoza, et tous les autres
hommes, les sauvages et les civilisés, les juifs, les musul-
mans et les chrétiens...

Mais ce que croit tout homme au fond, il l'a égaré,
enseveli sous l'appareil tonitruant de ce qu'on s'est
appliqué à lui faire croire, le contraignant à répéter sans
croire ce qu'il apprenait, jusqu'à ce qu'il finisse par croire
qu'il croit ce qu'il dit. Et il arrive parfois qu'il veuille faire
le malin, l'acrobate du savoir et qu'il use de son esprit
(s'éloignant toujours davantage de ce qu'il croit au fond)
comme les riches usent de leur argent et les princes de
leur pouvoir pour se distinguer du peuple, pour ne pas
penser comme le traîne-savate, le voyou, le paysan,
l'Arabe, le collègue...

Autour de moi j'entendais raconter des choses étranges sur la vérité. Elle avait une histoire. Il paraissait qu'à force de souffrir et de se battre pour leur liberté, les hommes entrevoyaient peu à peu la vérité en levant les ténèbres de confusion mentale, d'aliénation idéologique, dans lesquelles leurs malheureux ancêtres asservis avaient été plongés. Il paraissait qu'on était près de toucher au but. Enfin, on était sur le point de l'attraper, la vérité. Le bruit avait même couru qu'elle avait atteint sa première patrie. Gloire à l'humanité triomphante en Union soviétique! Réflexion faite, il s'avérait qu'on s'était trompé, qu'on avait pris son désir pour la réalité. Il fallait attendre, aller chercher du côté où les hommes souffrants se battaient encore, au Viêt-nam. Et puis soudain, voilà qu'on annonçait la merveilleuse nouvelle : la vérité, ça y était, on la tenait, enfin elle était arrivée. Où? Où ça? En Chine. En Chine? Oui, criaient certains, extasiés, prophétiques, en Chine, elle est arrivée.

Et moi, je me disais tout bas, pour ne contrarier personne, que si le grand timonier de là-bas avait dit ou écrit quelque chose de vrai, alors il avait bien fait, mais si c'était vraiment vrai, sûrement c'était déjà marqué dans la Bible.

Le départ de Régis

C'est alors que Régis, que nous avions mieux connu à l'occasion de nos réunions aux *Temps modernes*, partit pour de bon faire la révolution, mais dans l'autre sens, vers le soleil couchant, auprès de ceux qui depuis longtemps déjà lui étaient apparus comme les plus révolutionnaires.

Cette décision ne me concernait que très indirectement. Pourtant elle me bouleversa.

Plus de vingt ans ont passé. D'autres événements bien plus spectaculaires et graves dans leur dimension historique ou politique se sont produits depuis autour de moi. Mais je crois qu'aucun ne m'a marquée aussi durablement que le départ de Régis. Malgré toutes les observations que je me suis faites depuis, les réflexions qu'il m'a inspirées, il continue à me frapper d'étonnement. Il reste en lui une énigme que je ne peux résoudre, un point aveugle de stupeur, quelque chose qui me dépasse et lui confère pour moi une sorte de caractère sacré. Certes, depuis que le monde était monde, tant d'autres jeunes gens pourvus de tous les privilèges de l'intelligence et de la fortune, voués à quelque belle carrière hautement respectable, appelés à une vie d'aisance et de raffinement, avaient un jour tout abandonné pour le plus difficile... Mais moi je n'en avais pas connu et je croyais sans doute que cela n'arrivait que dans les livres.

Déjà Régis avait bien montré les distances qu'il prenait

à l'égard des grands débats théoriques qui animaient le microcosme intellectuel parisien. Déjà il avait stigmatisé le militantisme des « copains », les interminables palabres dans les cafés du quartier Latin, de Montparnasse ou de Saint-Germain, les enthousiasmes de tête qui n'engageaient à rien, la fielleuse rivalité dans l'art décadent de jouer avec les concepts, les complaisances enfantines des révolutionnaires en chambre. Déjà Régis avait traversé l'océan à la recherche de ceux qui savaient ce qu'il en était des luttes, soldats de l'ombre et de la guérilla, acteurs humbles, courageux, héroïques de la révolution en marche. Il avait rencontré également d'illustres combattants, ce qui lui conférait un prestige évident. Puis il était rentré. Il avait publié son témoignage, ses analyses. Il avait montré que, au cœur de l'oppression, les hommes avaient su inventer de nouvelles formes de lutte, appropriées à leur situation particulière, mais exemplaires, sans référence aux grands modèles théoriques ou historiques qui paralysaient l'esprit de ses amis parisiens. A partir de ces luttes lointaines, brasiers multiples et clandestins, on pouvait repenser le feu de la révolution, concevoir de nouvelles stratégies, entrer enfin dans un militantisme ardent et juste.

La démarche de Régis avait impressionné. L'importance de son témoignage, la rigueur de ses analyses se révélaient imparables. Régis avait acquis des titres de noblesse dans le travail militant que nul n'aurait osé lui contester. Pourtant il ne plaisait qu'à moitié. Il aurait été lyrique, effusif, ample, rieur, on lui aurait pardonné sa prétention à savoir et à faire mieux que tout le monde, son constant souci de se démarquer de la piétaille des militants de Paris, V^e. Mais il ne pouvait se départir d'une distance froide, ironique, toujours perçue comme hautaine, ni s'empêcher de lancer ses piques bien ajustées, caustiques et souvent blessantes. Moi, qui n'avais jamais prétendu me mêler de faire, ni même de penser la révolution, étais miraculeusement épargnée. Il savait que je l'observais et qu'il m'intriguait plus que tout autre; et pour ça, je crois, ma présence lui plaisait. Pourtant je ne

l'aimais pas, trop sensible sans doute à la souffrance
sourde, cachée, comme honteuse que je devinais en lui.
Comme s'il était souillé d'un péché dont rien ne parvien-
drait jamais à le laver. Comme si, quels que fussent les
efforts surhumains qu'il ait faits pour s'en départir,
quelque chose de la laideur de son milieu d'origine, cette
bourgeoisie grasse et triomphante, sûre de ses prérogati-
ves, gorgée de suffisance, devait rester à jamais inscrit
dans sa chair. Je le sentais hanté d'une honte sans visage
et obsédé d'un désir de salut qui ne pouvait tolérer aucun
arrangement, fût-il prescrit par l'amitié. Et quand il
m'avait parlé un soir de Malraux, du destin, de la mort,
de la splendeur ultime de celui qui donne sa vie pour la
liberté, il ne m'avait pas émue, il m'avait fait un peu peur
et plutôt agacée.

Nous sommes Régis et moi dans un café du boulevard
Saint-Germain où il m'a fixé rendez-vous. C'est un matin
d'automne. Le soleil vient de notre gauche, baignant toute
chose et nous-mêmes de cette grâce diaphane et malicieuse qu'on ne voit, du moins je l'ai toujours cru, qu'à
Paris. Mais ce n'est pas pour l'heure apparemment ce
dont il s'agit. Régis répète ce qu'il m'a déjà dit au
téléphone. Nul autre que moi ne doit savoir qu'il est de
passage à Paris. D'ailleurs il repart dès demain, clandes-
tinement. Il m'a appelée pour me parler.

Alors il dit qu'il est parti. Que c'est fait. Qu'il est passé
de l'autre côté de l'océan, qu'il a rejoint l'autre hémis-
phère de sa vie. Il dit qu'il a jeté les livres, qu'il a pris le
fusil, qu'il a quitté ses amis pour ses compagnons d'armes. Il n'a plus d'élèves, plus de famille, plus d'attaches.
Il s'en va. Il est parti. Puis il se tait. Nous buvons notre
café noir en silence. Je ne peux rien dire. Tout en moi
tremble de stupeur glacée.

Un instant plus tard, il dit que je suis la dernière d'ici à
qui il vient parler. Alors je demande pourquoi, pourquoi
moi, je ne comprends pas...

Il dit que moi seule peux comprendre justement, dois
comprendre tout cela. Puis il dit des choses tout à fait
folles. Que je dois suivre son exemple. Les autres peuvent

s'accommoder d'autre chose; pas moi. Que je dois tout lâcher, ici, maintenant, oui, tout, Nicos, Paris, les miens, mes élèves, les livres, les amis, les paroles, les cafés, les étés au soleil, tout. Il dit que tout ça n'est rien, des ombres, des chimères, les ternes vestiges d'un monde en décomposition. Il dit que la vraie vie est ailleurs. Mais ce que j'entends plutôt, tant sa voix est sombre, c'est qu'il est temps de se présenter à la mort.

Puis il me semble que je comprends pourquoi c'est à moi, à moi tout spécialement qu'il demande de le suivre. Comme si la révolution me voulait d'autant plus que je m'étais tenue éloignée d'elle. « Vous n'imaginez pas comme Dieu vous aime », m'avait dit dans mon adolescence le prêtre que je connaissais depuis toujours. « Il m'aime moi? Spécialement moi? » « Oui, spécialement vous », m'avait-il jeté sur un ton de défi, tant il était soucieux de me voir rentrer dans le sein de l'Église. Ce n'était plus Dieu, c'était la révolution qui m'appelait, pas une autre, moi, parce que j'étais au plus loin, parce qu'il serait sublime le chemin à accomplir pour la rejoindre.

Régis se tait, me regarde sans douceur. Je sais qu'il me voit, qu'il ne se trompe pas. Il ne m'a pas prise pour une autre. C'est bien moi qu'il veut ceindre de l'auréole du grand sacrifice, c'est bien moi qu'il veut jeter dans l'abîme du martyre. Je sais ce qu'il veut de moi. C'est comme si je le lisais dans son livre d'existence, celui qu'il écrivait là sous mes yeux. J'ai vu comme il m'y voyait belle, moi la petite Française au teint clair, aux yeux bleus, polie, lustrée à tous les charmes du terroir, rétive cependant aux adhésions de groupe, indépendante, gaie ou triste selon les heures, habile aux jeux de langue, aux inflexions inattendues de la voix et de l'humeur, mêlant la gravité paysanne à la grâce de Gavroche, brusquement arrachée à ma terre de trésors empoisonnés et putrides, rendue à l'humanité la plus nue, la plus tragique, consentant au don suprême, vacillante, frêle, abandonnée au seuil de la mort...

Un instant, je ne sais pas ce qui m'a pris, j'ai dû m'y croire, emportée dans l'éblouissant et funeste mirage...

C'était moi, sainte Blandine dans la fosse aux lions. Et je
mourais, sublime et nue, dans le livre de Régis.

La vision s'est effacée. J'ai levé les yeux du livre. Mon
regard s'en va dans le trafic du boulevard, suit les
passants, s'attarde sur les consommateurs innocents et
tranquilles qui devisent gentiment. La lumière est de plus
en plus douce, voilée, adorable. Je secoue la tête. Je dis à
Régis qu'il rêve. Que je suis incapable de ces choses dont
il parle, que je suis trop attachée ici. Et amoureuse de
vivre; ici, maintenant. Je dis que je ne partirai jamais.

Puisqu'il en est ainsi, il n'a plus rien, lui, à me
dire; juste un service à me demander (j'en ai oublié
aujourd'hui la teneur précise) : quand je recevrai une
lettre glissée dans une lettre, alors je prendrai contact avec
je ne sais plus qui, par quel signe convenu d'avance? Je
n'aurai qu'à remettre la lettre à qui viendra la chercher...
Je m'empresse d'accepter. Désespérée par la déception
que j'imagine lui avoir causée, j'accepterais n'importe
quel service.

Plus j'y pense et moins je crois qu'il ait été déçu. Il ne
pouvait espérer sérieusement une aussi radicale et soudaine conversion, qui l'eût par ailleurs, j'en suis certaine,
plus embarrassé que ravi. Ses sollicitations à partir sur ses
traces ne pouvaient avoir d'autre sens que de me faire
éprouver jusqu'au vertige ce que sa propre démarche
manifestait de violence sur lui-même, de courage démesuré et comme aveugle... S'il en était bien ainsi, il avait
atteint son but au-delà même de ce qu'il pouvait imaginer.

Je suis saisie au cœur, au plus profond. Je n'ose ni le
toucher, ni le regarder. Je considère, hébétée, au fond de
ma tasse de café, cette terrible extravagance où le dérisoire se mêle au tragique. Je pense à Don Quichotte. Mais
Don Quichotte, c'est encore dans un livre. Lui, c'est en
vrai, en vrai... En vrai qu'il peut mourir, qu'il s'en va
mourir... Une atroce pitié m'étrangle. Je voudrais le
prendre dans mes bras, lui demander pardon pour tout ce
mal qu'on lui a fait. Je ne peux pas. Il me regarde si
durement. Sa solitude effraye le moindre geste, la moin-

dre parole. Alors il dit qu'il est temps de nous séparer.
Nous avons payé sans un mot. Nous sommes sortis
ensemble.

Dehors la lumière est si tangible qu'on la dirait venue
des yeux, humide, tremblante et belle jusqu'à la cruauté.
Le chagrin qui m'oppresse est infini. Chagrin de quelle
perte irrémédiable, de quel misérable destin? Je ne sais
pas. Je ne sais rien. Je pense aux hommes que Régis va
rejoindre, je pense à nos amis, à Nicos certainement déjà
à sa table de travail, déjà penché, concentré, fumant,
écrivant la lutte des classes, le capitalisme, l'État absolu-
tiste, la révolution bourgeoise, l'idéologie, je pense à ma
jeunesse gorgée, éclatée d'amour inutile... Mais à Régis,
qui marche pourtant à mes côtés, je ne peux plus penser.
Le noir, le vide, l'absence. Et pourtant la lumière est à son
comble. Régis l'occupe en son centre. C'est lui qui sait.
Mais quoi? Qu'est-ce qui m'a échappé? Qu'est-ce que je
n'ai pas compris? Ma tête répète stupidement : ils lui ont
mis un fusil à l'épaule et ils le tueront. Mais je ne sais
même pas qui est ce « ils » que j'exècre.

Soudain on est arrivés au jardin du Luxembourg,
peut-être après avoir remonté la rue d'Assas. On franchit
la grille. Alors Régis dit qu'il va me quitter là.

Je sais qu'il a seulement dit adieu. Mais je ne sais pas ce
que j'ai dit, moi. Rien sans doute. Je crois que je ne l'ai
même pas embrassé, que je suis restée là immobile,
tournée vers lui, retenant mes sanglots, et dans les
sanglots un rire fou pour tant d'absurdité, de morbide
grandiloquence, de pathétique enfantillage...

Et juste après nous ne sommes plus ensemble. Je
marche seule dans le jardin du Luxembourg. Je m'avance
entre les arbres sous une pluie de lumière, flageolant sur
mes jambes comme si je venais moi-même d'échapper à
la mort, incrédule, égarée, ne sachant plus tout à fait ce
qui vient d'arriver. Je tremble tant que je dois m'asseoir
sur un banc. Je crois que d'abord j'ai fait comme une
vieille qui reprend ses esprits, j'ai hoché la tête et j'ai
marmonné à plusieurs reprises quelque chose comme :
non, c'est pas possible, ce Régis, quel faiseur d'histoires...

Et puis soudain, j'ai cherché à l'apercevoir au loin, là où je l'avais laissé une seconde plus tôt, comme s'il avait dû rester là-bas, immobile, à me regarder partir. Alors c'était vraiment vrai, il était parti, il était passé au pays des rêves, au ciel des idées, aux confins de l'absolu... Mais moi, toute petite, toute misérable sur mon banc de misère, j'ai vu entre mes larmes quelque chose que nul autre peut-être n'avait jamais vu, et pas Régis lui-même, ça, j'en suis sûre, j'ai vu le point secret, le plus caché, le plus reculé de son âme, et je l'ai vu éclatant de lumière.

Le reste n'avait plus d'importance. Le reste n'a pas d'importance. J'ai promis de ne jamais oublier ce pur éclat de beauté, si minuscule eût-il été, clandestin, perdu, inutile...

Quand je suis entrée dans l'appartement, Nicos m'a demandé d'où je venais avec cet air hagard... J'ai failli lui répondre, lui raconter, et puis je me suis souvenue. Personne ne devait savoir. J'ai dit que je venais de rencontrer un désir d'écrire, que j'allais me mettre à écrire, le plus beau des livres, le plus vrai... Tu es heureuse, alors? Oui, oui, j'ai dit, je suis heureuse. Et ça aussi c'était vrai.

Livre inédit pour révolution manquée

Dès le lendemain je me mis au travail. Toujours convaincue que je devais, pour écrire « sérieusement », me plier à la forme romanesque, je m'efforçai de concevoir une intrigue et des personnages. Mais l'intrigue à laquelle je m'arrêtai rapidement était si élémentaire et les personnages en nombre si réduit, à peine trois, deux en réalité puisque le troisième était absent (et encore deux, c'est vite dit, puisque à aucun moment je ne quittais la conscience de mon héroïne), qu'à la fin le livre se présenta davantage comme la longue méditation incertaine et tourmentée d'une jeune femme (moi évidemment) sur la question du militantisme des intellectuels que comme un véritable roman. Est-ce pour cette raison que les éditeurs en refusèrent par la suite la publication? Probablement. Je ne m'en affligeai d'ailleurs pas outre mesure. Je savais que ce texte était bien plus près de moi que le précédent, plus près aussi des questions de l'époque et de mon milieu, et qui éclatèrent, selon moi, au grand jour en mai 68, alors même que mon roman touchait à sa fin. J'en étais à chercher quel événement politique imprévu, radical, impressionnant, pourrait bien surgir pour entraîner enfin mon héroïne dans la voie de l'engagement, quand survinrent les événements que l'on sait. Quel choc! Il m'apparut que c'était exactement cela qui devait m'arriver et arriver à mon héroïne. Et c'est ainsi qu'ils s'inscrivirent comme naturellement dans la phase finale du récit. J'aurais voulu que mon héroïne fût prise enfin, corps et âme, dans la belle vigueur, la franche générosité de l'action militante... Il fallut déchanter, avouer que cela ne se fit pas, pas vraiment. L'événement politique avait beau arriver, ici et maintenant, énorme, puissant, tonitruant, il la laissait sur la touche (comme il m'avait laissée moi) et il avait encore une fois échoué à la prendre, comme à l'évidence il avait réussi à prendre les autres. Le roman s'achevait sur un constat amer. Il semblait bien qu'indéfiniment mon héroïne – comme moi – resterait à l'écart, observatrice maniaque, fiévreuse ou ironique, mais séparée, seule.

Le roman s'intitula *Quatre Saisons moins une* et s'acheva sur cette phrase dont j'étais très fière et qui maintenant me fait sourire : « Mais vrai, j'ai trop aimé les laides fresques des amphithéâtres... »

Or, derrière tout cela, je vois bien maintenant que j'avais laissé courir secrètement et presque à mon insu le désir d'une écriture qui se serait faite avec toi, Jean-Jacques, pour toi et en amour de toi. Il faut que tu saches que mon héroïne s'appelait Claire (comme celle de *la Nouvelle Héloïse* dont je m'étais déjà persuadée qu'elle était le plus bel amour de Saint-Preux, *alias* Jean-Jacques), qu'elle se prenait d'une grande passion pour un homme d'un certain âge portant le prénom de Pierre (l'élu, le bien-aimé de toutes mes rêveries adolescentes) ou plutôt qu'elle cédait, captive, abîmée de bonheur, au profond amour qu'il osait enfin lui témoigner. J'avais donné à Pierre tout ce que je pouvais de toi, tes humeurs, tes manières, ta sensibilité, tes pensées, et j'avais précisé que mon Pierre se consacrait depuis des années à un ouvrage monumental et définitif sur Jean-Jacques Rousseau. Il faut t'avouer cependant que je lui avais accordé plus d'audace et de bonheur pour les choses du sexe que tu n'en avais jamais eu... Mais de cela tu ne m'en voudras pas, bien au contraire, tu m'approuveras, n'est-ce pas?

Voilà en gros dans quel contexte leur liaison se nouait : le roman s'ouvrait sur l'émotion causée par le départ d'Éric, l'amoureux de Claire, engagé volontaire dans

quelque lutte armée lointaine à l'autre bout du monde.
Éric était donc d'ores et déjà absent, ce qui m'évitait
l'évocation du cours de leur liaison et de sa nature pour
laquelle j'aurais dû mettre mon imagination bornée à la
torture. Je supposais qu'ils s'étaient aimés, qu'il était
parti, qu'elle était restée; c'était bien assez. Alors elle se
rapprochait de Pierre qui avait été leur professeur, leur
maître, leur plus cher ami. Ils partaient ensemble pour un
séjour de durée indéterminée à la campagne, ils se
plaisaient aux choses simples de la nature, de la maison,
des lectures partagées, et surtout ils parlaient. Le soir au
coin du feu, ils parlaient d'Éric et de mille autres choses
qui se ramenaient peut-être toujours à cette question :
sommes-nous au monde pour jouir de l'éprouver, de le
connaître, de le parler, ou sommes-nous au monde pour
agir, construire l'humain, défricher la terre du bien,
arracher l'ivraie de l'injustice et de l'oppression? Mais
voilà que la passion d'amour finissait par leur clouer le
bec car elle avait, enfin elle, et elle seule, réponse à tout...
Ma Claire ne voulait plus rien que l'amour et l'épreuve
éperdue de toute chose à travers lui, l'heure, l'instant, la
pente exquise du jour, le chant d'un merle, un rayon de
soleil entré... Mais Claire savait aussi que cela ne se
pouvait pas, pas vraiment, que nul ne parvient à demeurer indéfiniment dans l'exaltation d'amour et que le
monde, les autres, le réel viennent tôt ou tard vous
arracher vers eux, hors du giron mystique... Claire savait
bien qu'on ne connaît le paradis que pour le perdre. Elle
savait bien que devait venir le temps maudit d'agir,
travailler, se battre, se compromettre, bref ce qu'on
appelle vivre... Et elle s'y préparait sachant que nul n'y
échappe. C'est alors que surgit mai 68 et je le laissai surgir
tel quel dans le livre.

Il ne me fut pas difficile d'imaginer ce que vécut Claire
de ces événements. Cela pouvait s'écrire désormais à la
première personne. Mais du coup j'égarai Pierre. Je ne le
voyais plus, je n'arrivais plus à savoir ce qu'il pensait de
tout ça, en quelle humeur il s'y portait, ce qu'il faisait ou
ne faisait pas. Dis-moi, qu'aurais-tu fait toi, Jean-Jacques,

à l'avènement de la Révolution française, onze ans, onze ans seulement après ta mort? On avait beau te considérer comme le grand inspirateur de la Révolution, cela laissait entière la question de savoir ce que cela t'aurait fait, comment tu aurais agi, réagi, parlé, répondu, quand tu aurais ri et pleuré de joie, quand tu aurais tremblé, reculé, à quel moment tu aurais désespéré...

« Tout est perdu sans ressource quand une fois il faut avoir recours à la potence et à l'échafaud... » avais-tu écrit. N'est-ce pas très tôt alors que tu aurais fui? On ne pouvait pas savoir. Cela seul dont on pouvait être certain, c'est que tu aurais perdu la tête dans cette aventure, d'une façon ou d'une autre, et cette fois pour de bon...

C'est ainsi que tout se brouilla pour ma Claire. Elle ne voyait plus rien de ce Pierre qui lui échappait. Il fallut en conclure que l'événement allait les séparer, que leur amour allait se défaire. On le devinait. Il ne pouvait pas en être autrement. Ainsi sans doute allait le réel.

Mauvaises nouvelles du monde

A vrai dire, un an avant mai 68, tandis que je m'enfonçais dans les amours de Pierre et Claire, le réel conjuré par la grâce de l'écriture s'était déjà immiscé dans notre vie avec une cruauté soudaine, me laissant stupéfaite, presque sceptique. Au fond je n'avais jamais imaginé que les événements dont je venais d'être informée pouvaient exister dans le présent, dans *mon* présent, concerner des êtres en chair et en os que je connaissais, que j'aimais. Comment penser que ces choses de livres d'histoire, d'avant-guerre, d'avant ma naissance, ces choses de l'ancien temps, ces « histoires » en quelque sorte, pouvaient arriver pour de bon?

A deux ou trois jours d'intervalle, à la fin du mois d'avril 67, il avait fallu apprendre le coup d'État militaire en Grèce et l'arrestation de Régis jeté dans les prisons boliviennes.

Je nous revois, Nicos et moi, assis très tard le soir dans un café de la Contrescarpe, muets, immobiles, l'un à côté de l'autre. C'est une sale métamorphose de l'intérieur, invisible partout alentour. Paris va bien dans son printemps. Rien n'a été changé, entamé, déplacé, dans notre vie quotidienne. Je suis juste rentrée un peu précipitamment de ma campagne limousine où j'étais allée passer quelques jours avec mon père. Demain nous nous remettrons au travail, à notre enseignement, à nos écritures. Ce qui est bouleversé est indicible, à peine représentable.

Nicos se retrouve, sans voyage, sans adieux, sans séparation, dans la situation d'un exilé politique, privé des
siens, de son soleil, de sa langue, de ses amis restés là-bas,
et peut-être déjà en prison, menacés de torture, accablé
par la répétition tragique des malheurs de son pays. Et
pourtant, d'ici où nous sommes, ça ne fait pas de
différence. C'est comme pour Régis. Ce n'était plus au
délire romanesque d'un jeune bourgeois ivre d'absolue
rédemption que je devais penser, mais à un corps réel à
peine sorti de l'adolescence, sensible, délicat, craintif, et à
cette heure entre les mains réelles de vrais militaires,
brutaux, arrogants, tortionnaires peut-être... Or sur ma
banquette de bistrot, dans les chuintements de la machine
à café, les ébranlements saccadés du flipper, les voix
gentilles, sereines, passant de-ci de-là, c'est à peine concevable. Mais je ne sais pas si c'est parce que je ne
parviens pas à me représenter l'horreur ou si c'est parce
que je m'y refuse...
      Le plus impressionnant, et qui me laisse sans voix, est
le chaos de la conscience. Qu'est-ce qui est réel? Qu'est-ce
qui est imaginaire? C'est tellement étrange. Voilà que les
choses les plus dures, les plus impitoyables, celles qui se
marquent dans les chairs jusqu'au hurlement de douleur
et d'effroi, je ne peux qu'en frôler la représentation dans
un mouvement lâche, hésitant, incrédule. Mais en revanche j'ai la tête pleine des amours de Pierre et Claire, rien
ne m'échappe de l'humeur alanguie des derniers attardés
de cette nuit de printemps, et la beauté poétique de Nicos
soudain sombre, fermé, raidi dans son silence, m'atteint
au plus profond. J'ai beau me dire que l'essentiel n'est pas
là, je ne peux m'empêcher de rester captive de ce qui fait
ma vie ici et maintenant, et qui n'est rien, presque rien, et
de chercher des mots selon leur juste couleur, les phrases
selon leur juste dessin, leur juste courbe, pour dire ça,
écrire ça...
      Puis j'étais retournée comme si de rien n'était aux
amours de Claire.
      Mais plus mon livre s'écrivait, plus je sentais une sorte
de vide infranchissable se creuser entre le monde, je veux

dire la souffrance des hommes, les oppressions qu'ils subissaient, leur misère, leurs révoltes brutales et souvent désespérées, et la littérature, je veux dire la passion de voir, de sentir, de penser, figurée, éternisée en écriture.

Je me mis à ruminer des pensées chagrines, d'un scepticisme amer dont je m'accommodais volontiers dans la mesure où elles seules apaisaient ma mauvaise conscience. Je me disais : quoi qu'il fasse, un intellectuel fait-il jamais autre chose que de la littérature? Malraux s'engageant dans les Brigades internationales échappait-il à son délire romanesque? Parvenait-il jamais à rejoindre les hommes de chair et d'os, à se mêler réellement à eux, à être comme eux? L'arrestation de Régis, loin d'entériner la puissance de son action vers les hommes, ne faisait, à mes yeux, qu'en signer la tragique dérision. Nicos avait beau dire qu'une théorie politique juste était une arme indispensable au peuple en lutte et qu'à ce titre le théoricien était un combattant comme un autre, un homme parmi les hommes, je n'arrivais pas à le croire. Pis, je n'arrivais même pas à croire qu'il le croyait. Pas plus que je n'avais réussi à croire, dans mon adolescence, que les chrétiens que je voyais dans les églises croyaient...

Tout le monde faisait mine de croire que les penseurs jouaient un rôle dans l'histoire, que les livres pouvaient changer le cours des choses, le destin des peuples... Chacun admettait comme une évidence que certains livres avaient eu ce réel pouvoir, les tiens par exemple...

Mais ces livres, les tiens en l'occurrence, avaient-ils jamais servi à autre chose qu'à « faire croire »? A faire croire, ce dont bien souvent, j'en suis certaine, tu doutais, que la révolution était possible? C'était peut-être un bien de faire croire, c'était peut-être aussi un très grand mal...

Plus il y avait de livres pour faire croire, et moins c'était vraisemblable.

Les Américains bombardaient le Viêt-nam.

Les militaires avaient pris le pouvoir en Grèce et instauré la dictature.

Les chars soviétiques envahirent la Tchécoslovaquie.
Mais moins c'était vraisemblable, plus on désirait croire que la multiplication des paroles de vérité pourrait peut-être inverser le cours horrible des choses, et c'était un désir si poignant qu'il finissait par s'appeler espoir, croyance, certitude. Tous les intellectuels en passaient par là, un jour ou l'autre, même toi, même moi... Si seulement les mots pouvaient rejoindre le monde, si seulement les livres pouvaient devenir réalité, si seulement la révolution était pour demain...

Nous som' tous des juif' all'mands

Quand mai 68 arriva, quand ce fut à l'évidence si bon d'ouvrir l'espace de la parole, de suivre pas à pas la libération des murs, enchantés de mots d'amour et de rire, j'ai cru, moi aussi, en un jour nouveau, j'ai cru qu'en rejoignant l'essentiel on réinventait l'art de vivre en communauté, le partage, la simple humanité... Je crus qu'on trouvait enfin au seuil de notre porte ce qu'on s'était évertué à chercher si désespérément loin.

Je ne te raconterai pas, Jean-Jacques, ce que tant d'autres ont évoqué et évoqueront longtemps encore bien mieux que moi. Je ne retiendrai pour toi ici que l'instant de croyance enthousiaste qui m'ouvrit le cœur de l'événement, libérant à mes yeux son secret, emportant dans l'ivresse un très grand nombre de croyants, jusqu'à cette sorte de folie que je te dirai et qui, au fur et à mesure que j'y pensai par la suite, me découvrit la tienne, et qui jusqu'alors m'était restée opaque, comme hostile...

Cela monta dans un cri de délivrance, simple, exubérant : « Nous sommes tous des juifs allemands », qui se martelait ainsi, bras noués, fronts hauts et dégagés, au fil de notre marche éclairée d'évidence :

Nous som' tous
Des juif' all'mands,
Nous som' tous
Des juif' all'mands...

Le quotidien communiste avait cru bon de préciser que

l'adorable rouquin Cohn-Bendit, jeune meneur inspiré du mouvement, à la grâce irrésistible d'un Till Eulenspiegel de légende, était juif allemand.

A vrai dire, cela ne nous était pas passé par la tête. Ce fut comme un miracle, la révélation du mal inscrit dans la chair de nos origines, et partant le remède magique pour l'arracher à jamais. En faisant corps unique autour de ce petit frère juif qu'on avait tenté de discréditer par le réveil dans le public des miasmes de l'ancienne infamie, en le prenant dans nos bras, en le hissant à la face de l'histoire honteuse comme le gage sacré d'une nouvelle alliance, nous crûmes annoncer au vieux monde, d'une seule bouche juvénile à l'haleine enfin purifiée, l'avènement d'une solidarité imprescriptible...

Nous nous délivrions d'un coup de l'obscur, de l'injuste fardeau de notre culpabilité, nous consolions d'un seul élan notre avidité maladive à effacer, à réparer, nous contentions d'un seul cri notre désir de renaître autrement, neufs, innocents, certains que nous saurions désormais inventer le bonheur d'exister ensemble.

Moi qui dans les manifestations avais toujours eu le plus grand mal à risquer ma voix parmi les autres voix, à abandonner mon souffle au souffle collectif, voilà que ma gorge explosait littéralement de joie à rejoindre la clameur commune, à s'y confondre pour en sourdre encore plus vive, affirmée, souveraine.

Nous disions « nous », enfin nous disions « nous ». Enfin je pouvais dire à Denise et Annette, les deux petites juives du lycée Marie-Curie, comme je les aimais, enfin elles voulaient bien de moi et consentaient à me donner la main. Le ciel nous accordait sa bénédiction, le pardon sans repentir, le bon Dieu sans confession.

Une pluie de jouvence sacrée lavait tous les péchés passés. On n'avait plus de parents, plus de honte à cacher, on arrachait à jamais le vilain chancre qui nous avait rongés. Il suffisait de cela, de la couture parfaite de ces mots indéfiniment scandés, nous sommes tous des juifs allemands, pour voir se suturer enfin la sale déchirure... C'était si simple au fond.

Comme si le mal était à jamais conjuré.

Comme si la révolution n'était plus à préparer pour demain. Comme si on y était, comme si on la faisait.

Comme si, fondateurs d'un ordre de justice et de concorde, nous méritions de nous y installer dans l'assurance de notre innocence reconquise et de notre gloire future.

Comme si réalisant dans la conjugaison de nos voix, par la ligature puissante de nos mots, notre amour de l'humanité, nous nous faisions en échange à jamais aimer d'elle.

Aimant si fort et si joyeusement on pouvait croire qu'on allait être absolument aimés...

Ou plutôt se faire croire.

Peu à peu cela devint évident. On ne croyait pas vraiment, c'était impossible, on jouait à se faire croire. On investissait la scène du réel pour y interpréter les images de nos livres d'histoire. Assemblées révolutionnaires, comités de liaison et de vigilance, passion rédemptrice d'agir dans le Bien, pour le Bien. Et la pièce que nous jouions avec une rage fervente, la plus belle de celles que nous avaient transmises les récits de nos pères s'intitulait : Liberté, Égalité, Fraternité.

Puis il fallut prouver que ce n'était pas pour rire, que c'était pour de bon. Sans mâle détermination, sans éclatant courage, sans héroïque résistance, notre valeur ne serait jamais tout à fait assurée. Alors on a dressé des barricades, on a résisté, on s'est battus à coup de pavés.

Les vieux adultes avaient longtemps prétendu qu'on était de doux rêveurs, des idéalistes, des enfants trop gâtés. On allait leur montrer, en se le faisant croire, qu'on avait pris le monde à bras-le-corps et qu'on allait lui imposer cette justice et cette liberté qu'ils avaient été incapables de défendre.

Plus on faisait semblant, plus il fallait se convaincre qu'on ne faisait pas semblant et qu'on irait jusqu'au bout. On eut recours aux expédients les plus irréfléchis, les plus naïfs. Pour faire croire qu'on avait instauré la parfaite liberté, on prétendit que tout était permis. On démontrait l'égalité en s'appliquant à laisser parler d'abord, et quoi qu'il eût à dire, le camarade ouvrier (quand on en tenait un, ce qui n'était pas toujours le cas). Et pour témoigner de la fraternité on promettait de donner, s'il le fallait, son sang pour elle, sa liberté, sa vie peut-être...

Alors il m'apparut que dès le début peut-être on avait fait semblant. On n'était pas des juifs allemands, on ne le serait jamais. On pouvait bien, jeunes Français tout dorés de culture, repus de grâces et de superfluités, arborer comme notre saint sacrement l'étoile jaune maudite, le crime ne serait pas effacé pour autant. On ne s'en tirerait pas à si bon compte. Le mal était inexpiable. L'injustice et la violence reprenaient corps sous nos yeux, et parfois même de nos propres mains...

A force de croire, de vouloir croire, on était devenus fous, allant jusqu'à graver sur le mur de nos facultés cette exaltation de notre démence :

SOYEZ RÉALISTES, DEMANDEZ L'IMPOSSIBLE.

Quand on commence à croire on dirait n'importe quoi, on ferait n'importe quoi pour que la croyance continue...

Hélas!

Dans ta dissertation « De l'état de guerre », on peut
lire :

« J'ouvre les livres de droit et de morale, j'écoute les
savants et les jurisconsultes, et, pénétré de leurs discours
insinuants, je déplore les misères de la nature, j'admire la
paix et la justice établies par l'ordre civil, je bénis la
sagesse des institutions publiques et me console d'être
homme en me voyant citoyen. Bien instruit de mon
devoir et de mon bonheur, je ferme le livre, sors de la
classe et regarde autour de moi; je vois des peuples
infortunés gémissant sous un joug de fer, le genre humain
écrasé par une poignée d'oppresseurs, une foule affamée,
accablée de peine et de faim, dont le riche boit en paix le
sang et les larmes, et partout le fort armé contre le faible
du redoutable pouvoir des lois.

« Tout cela se fait paisiblement et sans résistance : c'est
la tranquillité des compagnons d'Ulysse enfermés dans la
caverne du Cyclope, en attendant qu'ils soient dévorés. Il
faut gémir et se taire. Tirons un voile sur ces objets
d'horreur. J'élève les yeux et je regarde au loin. J'aperçois
des feux et des flammes, des campagnes désertes, des
villes au pillage. Hommes farouches, où traînez-vous ces
infortunés. J'entends un bruit affreux; quel tumulte!
quels cris! J'approche; je vois un théâtre de meurtres, dix
mille hommes égorgés, les morts entassés par monceaux,
les mourants foulés aux pieds des chevaux, partout

l'image de la mort et de l'agonie. C'est donc là le fruit de ces institutions pacifiques! La pitié, l'indignation s'élève au fond de mon cœur. Ah philosophe barbare! viens nous lire ton livre sur un champ de bataille!

« Quelles entrailles d'hommes ne seraient émues à ces tristes objets? Mais il n'est plus permis d'être homme et de plaider la cause de l'humanité. La justice et la vérité doivent être pliées à l'intérêt des plus puissants : c'est la règle...

« ... Hélas! il faut me taire; mais la voix de mon cœur ne saurait-elle percer à travers un si triste silence? Non; sans entrer dans d'odieux détails qui passeraient pour satyriques par cela seul qu'ils sont vrais, je me bornerai, comme je l'ai toujours fait, à examiner les établissements humains par leurs principes; à corriger, s'il se peut, les fausses idées que nous en donnent les auteurs intéressés; et à faire au moins que l'injustice et la violence ne prennent pas impudemment le nom de droit et d'équité. »

Mais, alors, Jean-Jacques, ne ferons-nous donc jamais la révolution?

Hélas!...

L'injustice ne sera-t-elle donc jamais réparée? La misère, les larmes consolées? La violence anéantie? Faudra-t-il indéfiniment plier sous le mal? Faire comme si on n'avait pas vu, pas entendu, pas su? Demeurer à jamais soumis, souillés, complices?

Hélas!...

Ne retournerons-nous donc jamais à l'enfance, Jean-Jacques? Ne saurons-nous donc jamais émerveiller enfin notre mère-humanité comme lorsqu'elle nous tenait sur ses genoux?

Hélas!...

Mais alors quoi? Que faire?

Presque rien. Examiner toute chose selon ses principes, dénoncer le mensonge, découvrir les faux-semblants, les odieuses parodies de droit et d'équité... Consacrer sa vie à la vérité, à l'écriture qui la figure. C'est notre seule façon de rester fidèle à notre plus profonde exigence, notre seule façon de tenir parole...

Sans espérer, Jean-Jacques, sans croire? As-tu jamais réussi à parler la voix du cœur sans brûler de la croyance qu'elle serait entendue? Comment consacrer tant d'heures et d'années de labeur à la quête, à l'inscription de la vérité sans l'imaginer précipitée hors du texte, atteignant les hommes, les arrachant à leur torpeur dogmatique, à leurs mensonges craintifs ou intéressés, les ramenant à l'évidence, à l'aurore conjuguée du cœur et de la raison, les embrasant d'un amour de justice et de vérité, tel que... ce serait la révolution?

« Bercé du ridicule espoir de faire enfin triompher des préjugés et du mensonge la raison, la vérité, et de rendre les hommes sages en leur montrant leur véritable intérêt, son cœur échauffé par l'idée du bonheur futur du genre humain et par l'honneur d'y contribuer, lui dictait un langage d'une si grande entreprise... »

Tu te moques bien amèrement de toi, de ces années de « délire et de fièvre », où tu croyais, où tu voulais croire, te faire croire. Mais dis-moi, quel auteur peut prétendre écrire la vérité des hommes et de la société hors de cette sourde ivresse de l'imaginaire où, plus naïf et prétentieux qu'un enfant rêvant d'immortalité, il fait de lui la source merveilleuse de l'ordre de paix, de justice et de liberté qui grâce à lui régnera enfin sur les hommes, déjà illuminé, ravi de l'éclat de sa future apothéose?

Comment voir le vrai sans se mettre à rêver qu'on va le donner à voir à l'humanité entière assoiffée de cette eau pure, incomparable?

Comment s'adonner à l'écriture de vérité sans en même temps délirer?

Quand il devint certain que l'humanité n'avait pas reconnu pour sien le texte de vérité que tu avais rédigé vers elle, quand elle est allée jusqu'à te déclarer inopportun, nocif, t'exilant loin d'elle, brûlant ton nom et la vérité en brûlant tes livres, alors tu as senti que tu perdais la tête « sans espoir, dis-tu, de la retrouver ».

Mais n'y avait-il pas longtemps qu'elle s'était égarée sur la route de Vincennes, quand tu avais attrapé la folle croyance au pouvoir des mots? Et plus loin encore, tout là-bas, dans l'enfance, au temps des premières lectures si bouleversantes, auprès de ton père? D'ailleurs tu le savais, tu l'avais écrit :

« Ces émotions confuses que j'éprouvais coup sur coup n'altéraient pas la raison que je n'avais pas encore : mais elles m'en formèrent une d'une autre trempe, et me donnèrent de la vie des notions bizarres et romanesques, dont l'expérience et la réflexion n'ont jamais bien pu me guérir... »

Dans les livres déjà, dans l'écriture d'avant la tienne tu avais été saisi de la folle passion de croire, dont on finit parfois par devenir fou.

N'est-ce pas aussi ce que tu voulus dire dans ta préface de *la Nouvelle Héloïse* :

« L'on se plaint que les romans troublent les têtes : je le crois bien. En montrant sans cesse à ceux qui les lisent les prétendus charmes d'un état qui n'est pas le leur, ils les séduisent, ils leur font prendre leur état en dédain et en faire un échange imaginaire contre celui qu'on leur fait aimer. Voulant être ce qu'on n'est pas, on parvient à se croire autre chose que ce qu'on est, et voilà comment on devient fou... »

Les livres rendent fou. Et plus fou encore, celui qui comme toi a imaginé, par un livre de vérité, combattre la folie qui nous est venue des livres.

Les amours de Claire et de Saint-Preux

A quoi bon rêver puisqu'il faut toujours déchanter?
A quoi bon revenir aux principes puisqu'ils sont toujours trahis?
A quoi bon donner la vie à un enfant si c'est pour le vouer à la déchéance et à la mort?
Moi qui dès le plus jeune âge avais rêvé d'enfant, voilà que soudain je reculais, effrayée par cette pensée de la mort à laquelle je ne m'étais jamais arrêtée auparavant. Mon désir d'enfants n'allait jamais au-delà de la représentation de leur enfance. Je les y installais pour l'éternité, baignés de rire et d'insouciance. Ils jouaient au jardin, gambadaient auprès de leur père, s'endormaient dans mes bras... Comment n'avoir jamais considéré plus tôt que tout enfant était appelé à souffrir, à grandir, à mourir? Même ce désir-là, le plus humain, le mieux partagé, se découvrit à moi comme une sorte de délire. Des enfants naissaient autour de moi. Plus je les voyais beaux, gazouillants, perlés de grâce, plus leurs parents me paraissaient irresponsables. Avait-on le droit d'oublier la mort à ce point? Se donner par l'enfant à croire en l'éternité, n'était-ce pas une folie, une légèreté bien plus coupable encore que celle des militants de 68 se donnant à croire en la révolution?
Curieusement, c'est en cette période où mon désir d'enfant se mit à m'effrayer que Nicos exprima le sien. Avant il disait toujours que les enfants portaient néces-

sairement atteinte à ce que nous chérissions le plus : la
liberté et l'écriture. Et voilà que l'envie le prenait d'avoir
un enfant. Je disais : pourquoi ? Il répondait : comme ça,
pour jouer avec lui, l'emmener au cinéma, lui raconter
des histoires à faire peur, à rire, à dormir debout, lui
apprendre à nager, à jouer au football, lui faire voir le
monde... La liste des arguments pour était interminable.
Je n'avais qu'un argument contre, mais il était, à mes
yeux, si terrible, que je n'osais le présenter à Nicos. Je
voulais et je ne voulais pas. Incapable de m'arrêter à une
position qui me contentât, je me rongeais seule dans ce
débat angoissant et stérile.

   La vie elle-même se chargea de répondre à ma place.
Mon père soudain déclina, égara sa pauvre tête, retourna
aux fantômes de son enfance, fantômes d'amour ou de
terreur, et s'enfonça pour mourir à reculons dans la nuit
d'avant la vie. Nous allâmes l'enterrer auprès de ma mère
en Limousin. Je sentis peu à peu pousser dans notre
chagrin commun, celui de mes frères, de Madeleine, de
Nicos, une vigueur d'affection étrange, une force nouvelle, comme si, du cœur même de notre deuil, naissait,
viride, impertinente, la plante vie. C'est alors que mon
désir d'enfant s'imposa sans mesure, sans objection ni
réplique concevable... A l'automne suivant j'étais enceinte.

   Quand vint le printemps, j'eus envie de relire *la
Nouvelle Héloïse*, juste pour le plaisir, le charme, la
musique. Je m'autorisai d'emblée à sauter tous les passages dissertatifs : la religion, l'éducation, les villes maléfi-
ques, je savais bien déjà ce que tu en pensais. Je ne
voulais plus que le chant du désir, celui de l'extase
toujours différée plus haut, plus loin, la tension si belle et
déchirante de la séparation, puis l'harmonie exquise de
Clarens, tellement accomplie qu'elle ne peut se résoudre
et qu'il faut que la mort vienne pour l'enclore à
jamais.

   La Nouvelle Héloïse, c'était pour moi alors seulement
affaire de musique. Avec cet avantage incomparable sur
toutes les autres musiques qui ne sauraient échapper à

leur loi intime : il est dans la nature de la musique de passer, de mourir à l'instant même où elle se donne, de se dérober à toute prise. Je goûtais *la Nouvelle Héloïse* comme une cantate de Bach ou, mieux encore, comme un quatuor de Beethoven, mais qui, oh ! merveille, pouvait se suspendre, se réfléchir dans la profondeur d'un rêve, se tenir entre les paumes bien ouvertes dans le berceau tranquille et total du livre.

Il est vrai que je n'ai jamais écouté autant de musique qu'en ce temps béni où j'étais enceinte. Je sentais bien que pour amener à la vie ce petit être neuf je devais concentrer autour de lui ce que j'avais gardé de la nuit des temps, exhumer ma plus ancienne mémoire d'humanité, pénétrer, labourer, aérer ma terre d'origine. Or – je n'ai jamais su précisément pourquoi – la musique a ce pouvoir. Comme si me laissant descendre dans la musique, investir par elle, je me sentais ramenée doucement, insidieusement au plus antérieur, au temps d'avant, d'avant la raison, la parole, les images... Peut-être faut-il imaginer l'éveil de notre conscience, avant notre naissance au jour, dans l'antre obscur du ventre de nos mères. Alors tout aurait commencé dans l'ébranlement des sons multiples proches ou lointains, conjugué au mouvement lent ou rapide de nos membres flottants et libres... Alors la musique nous rappellerait quelque chose de cette aube étrange, sans lumière, sans vision, sans représentation, sans distance entre le dehors et le dedans, le son qui ébranle et le corps ébranlé... Et c'est ainsi, en musique, que j'aimais me souvenir du plus ancien, du plus indicible, et encore anonyme, car c'était là-bas, en cette terre profonde et mystérieuse, en son centre, que le petit être s'éveillait, remuant déjà, animé...

Mois de mai, de juin... Chaque fois qu'il fait beau je vais me promener au parc Montsouris emportant avec moi le volume de *la Nouvelle Héloïse*. Je m'assieds sur un banc ombragé, je lis des heures entières, d'une lecture qui plane, comme celle des oiseaux entre le ciel et l'eau, et parfois se pose sur le lac et glisse avec la grâce narcissique d'un cygne. J'étais heureuse, Jean-Jacques, comprends-moi, tellement heureuse, et quand j'entrai dans l'humble paradis de Clarens (nom dernier, comme le plus diaphane, de la famille de « clair »...), non pas sur la pointe des pieds, mais sur le bout des doigts tellement amoureux des pages que c'est à peine s'ils osaient les tourner, les déplacer, les toucher, l'extase de vivre était si grande et si simple en même temps qu'il me semblait que j'allais être déchirée, arrachée de moi, perdue... Tension extrême de l'harmonie à son apogée, perfection douloureuse du cristal qui se connaît comme devant être brisé... Alors, il faut se lever, marcher, différer, pour n'y pas défaillir, la trop vaste jouissance d'exister.

Je me souvenais de ce que tu avais écrit dans tes *Confessions*: « Jouir? Ce sort est-il fait pour l'homme? Ah si jamais une seule fois en ma vie j'avais goûté dans leur plénitude toutes les délices de l'amour, je n'imagine pas que ma frêle existence y eût pu suffire; je serais mort sur le fait... »

Comment te dire tout ce qui se découvrit à moi tandis que je lisais *la Nouvelle Héloïse* au parc Montsouris? Déjà ma tête s'affolait de trop d'idées pointant ensemble leur museau, réclamant chacune la préférence; déjà mon cœur battait la chamade à vouloir toutes les honorer en même temps, craignant d'offusquer l'une, de brusquer l'autre, de ne parvenir à me représenter enfin la belle harmonie que je devinais entre elles. Réussirai-je à te dire maintenant le dixième seulement de ce qui m'apparut alors?

D'abord tu ne dois pas oublier comme j'étais heureuse, comblée, débordante même, comme d'un excès de lumière que je ne pouvais contenir, sinon tu ne verrais pas pourquoi c'est en ces instants que j'eus le sentiment de lire dans ton cœur, comme seule une femme le peut (« Ils philosopheront mieux qu'elle sur le cœur humain; mais elle lira mieux qu'eux dans le cœur des hommes »...) et mieux encore que je ne l'avais jamais fait.

Il n'y a pas de meilleur état pour s'inquiéter du bonheur, s'interroger sur lui, que d'être heureux. Alors je me disais : de quoi suis-je si heureuse? Et, comme toi : « De quoi jouit-on quand on jouit? » Je n'étais pas au paradis de Clarens, je ne pénétrais pas réellement le jardin secret de Julie, et pourtant, m'avançant entre les lignes, j'en découvrais la pleine splendeur, j'en goûtais toute la substance... Je me disais : quiconque a le loisir de se représenter le paradis est au paradis. Nous ne pouvons en connaître aucun autre. Nous ne pouvons jouir que de ne pas tout à fait jouir, de demeurer en attente, suspendu à l'approche exquise, la maintenant pourtant en cette distance minimale sans laquelle nous ne pouvons l'habiter, la connaître... Car sitôt que nous approchons de trop près, sitôt que nous nous laissons prendre, il nous faut défaillir, nous abîmer, nous perdre en la gagnant, mais c'est encore pour la perdre.

Au fond, tout le monde sait cela. Mais la plupart s'en arrangent. Préférant oublier le destin fatal de toute jouissance, ils courent tête baissée, yeux fermés, à la satisfaction de leurs désirs, se persuadant qu'ils vont franchir la porte du bonheur, entrer au paradis, y séjourner à jamais... L'expérience ne leur apprend rien. Il leur faut indéfiniment oublier pour recommencer à croire. Mais, dis-moi, Jean-Jacques, n'est-ce pas là une sorte de loi de la nature ? Peut-on vivre sans faire comme si la mort n'existait pas ? Tu me réponds qu'on fait toujours comme si la mort n'existait pas, mais qu'il y a façon et façon. Que la tienne, terrible en ce dont elle te prive, est aussi la plus douce par ce qu'elle t'apporte : un séjour possible dans la lumière des paradis perdus ou attendus. Quand juste avant de mourir Julie s'écrie : « Le pays des chimères est en ce monde le seul digne d'être habité, et tel est le néant des choses humaines, qu'hors l'Être existant par lui-même, il n'y a rien de beau que ce qui n'est pas », quelle sombre tristesse dans ses accents !

Ainsi quand vient le temps de te préparer à mourir (ce qui veut dire pour toi trouver comment vivre encore dans la lumière malgré la fin prochaine) et que tu entreprends d'écrire tes *Rêveries,* une pensée terrible t'envahit et te déchire au cours d'une promenade dans la belle campagne verte et riante de cette fin d'octobre 1776 : « Qu'ai-je fait ici-bas ? t'écries-tu, j'étais fait pour vivre et je meurs sans

avoir vécu... » Mais qu'on suive pas à pas tes *Rêveries*
jusqu'au bout, et on saura qu'en un sens ce que tu as
perdu, tu l'as regagné autrement, au centuple peut-
être...

Que fais-tu à la veille de mourir? Tu te rappelles
Mme de Warens, ton tendre séjour auprès d'elle, ce
paradis perdu depuis près d'un demi-siècle... Mais
aujourd'hui que tu te souviens, c'est Pâques justement,
quand ressuscite celui qu'on avait enterré : « Aujourd'hui,
jour de Pâques fleuries, il y a précisément cinquante ans
de ma première connaissance avec Mme de Warens... »
Alors sous ta plume revient la douceur, la lumière de
là-bas, tu les vois se marquer sous tes yeux tranquilles, en
une grâce intangible... Alors, c'en est bien fini de la
détresse du vieillard qui s'écriait : « J'étais fait pour vivre
et je meurs sans avoir vécu. » Car ce que tu as inscrit au
soir de ta vie, en ce jour de Pâques où tu t'étais souvenue
d'Elle, sur ta dernière page d'écriture, c'est miracle,
Jean-Jacques, c'est à pleurer de joie :

« Une maison isolée au penchant d'un vallon fut notre
asile, et c'est là que dans l'espace de quatre ou cinq ans
j'ai joui d'un siècle de vie et d'un bonheur pur et plein qui
couvre de son charme tout ce que mon sort présent a
d'affreux. »

Un siècle de vie et d'un bonheur pur et plein... Il
suffisait pour cela de presque rien. De s'arrêter, de
descendre en mémoire, de retrouver intacts, mais comme
suspendus hors du temps et de l'espace, nimbés d'un halo
d'éternité, les moments où l'existence coulait de source,
où tout se goûtait avec une « volonté d'ange », et d'écrire.
Car rien de cela ne pourrait être connu, habité, au point
de donner enfin (réalité ou chimère, qu'importe?) l'exquise jouissance de vivre, s'il n'y avait l'écriture. Le pays
des chimères, c'est celui que nous avons entrevu entre les
lignes des livres et que notre écriture s'épuise à vouloir
rejoindre et pénétrer, et habiter. Mais toi, avec ta *Nouvelle
Héloïse*, c'est comme si tu étais bel et bien arrivé au pays
des chimères et, par l'écriture, le dévoilant, le connais-
sant, l'habitant dans toute sa plénitude, au point où ce

n'est plus tout à fait une chimère puisque j'y entre à mon tour. C'est un livre de la Pléiade, épais, assez court, souple, bien à l'aise dans les paumes accueillantes au cuir fin, bleu marine, juste un peu granuleux pour s'y tenir affectueusement, sans irriter ni glisser. Je n'aime pas toujours le papier bible, mais ici je l'adore. Il la diffuse de lui-même cette volupté d'ange qui se met à sourire partout autour de moi, les arbres, les fleurs, les oiseaux, les enfants auprès des bassins, sur les balançoires, et jusque dans mon gros ventre, je le sens, je le sais...

« L'impossibilité d'atteindre aux êtres réels me jeta dans le pays des chimères, et ne voyant rien d'existant qui fût digne de mon délire, je le nourris dans un monde idéal que mon imagination créatrice eut bientôt peuplé d'êtres selon mon cœur... »

Ainsi tu avais habité Clarens, ainsi je venais t'y rejoindre, enchantée.

Et dans le livre lui-même se renouvelait la loi douce et terrible aussi de l'enchantement : il ne faut pas que l'amour soit consommé, il faut qu'il soit à jamais empêché, différé et reconduit indéfiniment dans la lettre d'amour...

« Il n'y a point peut-être à tout prendre d'existence préférable à la nôtre... Non, non, quelque supplice que j'éprouve à le dire, jamais vous ne fûtes mieux ma Julie qu'au moment que vous renoncez à moi... »

Oui, mais encore une fois cette extase souffrante, infinie, de l'amour écarté, ne se peut que par l'écriture où s'ouvre le séjour incorruptible de l'amour :

« Quel bonheur d'avoir trouvé de l'encre et du papier ! j'exprime ce que je sens pour en tempérer l'excès, je donne le change à mes transports en les décrivant... »

Mais je lisais avec tant de plaisir débordant, excessif, que moi aussi j'avais envie d'encre et de papier. J'aurais voulu m'arrêter pour rêver plus posément à la lumière qui me venait de ton écriture... Alors je pris l'habitude d'emporter un petit cahier au parc Montsouris, glissé sous le gros volume. Peu à peu je me dis que si M. de Wolmar en épousant Julie favorise la pérennité de l'amour de sa femme pour Saint-Preux, s'il scelle l'indissolubilité de leur lien en les maintenant proches et séparés, telle l'épée du roi Marc déposée entre les corps de Tristan et Iseut, bref s'il rend malgré lui ce qu'il interdit à son plus haut degré de perfection, on pouvait prolonger le jeu des écrans, le compliquer, l'approfondir, en imaginant que l'amour de Julie et de Saint-Preux, réel, indéniable, bouleversant, faisait néanmoins écran, heureusement écran, à un autre amour qui eût été le plus fou, celui qu'on ne peut seulement aborder, celui qu'il faut éviter par-dessus tout et à tout jamais, je veux dire, tu m'as bien sûr devinée, l'amour de Saint-Preux pour Claire, l'exquise cousine de Julie.

Il me semblait que toi-même, Jean-Jacques, m'avais invitée à cette divagation. Ce que tu avais demandé pour toi, ne le demandais-tu pas aussi pour Saint-Preux :

« Je voudrais pouvoir en quelque sorte rendre mon âme transparente aux yeux du lecteur... C'est à lui d'assembler ces éléments et de déterminer l'être qu'ils composent; le résultat doit être son ouvrage... »

L'amour de Saint-Preux pour la blonde et douce Julie couvrait de son éclat solaire celui dont il brûlerait secrètement et jusqu'à sa dernière heure pour la brune et vive Claire. Cela se lisait entre les lignes, et parfois, ô merveille, noir sur blanc, comme un aveu involontaire sous la plume de Saint-Preux :

« Ah! que j'eusse été amoureux de cette aimable cousine si Julie n'eût pas existé... »

Et cela tout au début, à l'aurore de l'amour de Saint-Preux pour Julie. Parce que Julie se marie et qu'elle aime la vertu comme le gage le plus sûr de la volupté, sa fidélité à M. de Wolmar maintient sacré, incorruptible, l'amour que Saint-Preux lui porte. Tant mieux. Sinon se découvrirait ce qui à jamais doit rester caché, sinon devrait se dire, et par là s'entamer, se compromettre, l'amour ultime, celui de Saint-Preux pour Claire qui, elle, aime Saint-Preux sans en faire mystère parce qu'elle est claire, et plus que claire, absolument transparente.

Mais, encore une fois, quand Julie sait que tous les

charmes de l'existence et de l'amour contenu ont été épuisés : « Mon ami, je suis trop heureuse, le bonheur m'ennuie... », quand elle découvre qu'il est temps de mourir, d'en finir avec cette interminable histoire d'amour, elle suggère à Saint-Preux de reporter son amour sur Claire, puisqu'elle est libre, puisqu'elle l'aime... Saint-Preux sursaute, tressaille, s'insurge. Ça? Jamais. Non, jamais ça... La vérité s'échappe de ses lèvres :

« Je l'aime trop pour l'épouser... »

Puis venait la mort de Julie. Le voile était déchiré. La vérité de l'amour de Saint-Preux allait-elle se découvrir? Allaient-ils devoir l'un et l'autre, maintenant que le tendre obstacle était anéanti, franchir la porte du paradis, se consumer, se perdre à jamais en jouissance? Quelle folie c'eût été! Claire sait tout de cela. Elle sait que l'amour de Saint-Preux pour elle ne survivra à lui-même en son intensité parfaite que s'il demeure à jamais tu, empêché, interdit. Et voici la dernière lettre de Claire, où elle invite Saint-Preux à s'installer pour toujours à Clarens, auprès d'elle, des enfants et de M. de Wolmar :

« Je suis ingénue et franche; je ne veux rien vous dissimuler. J'ai eu de l'amour pour vous, je l'avoue; peut-être en ai-je encore; peut-être en aurai-je toujours; je ne le sais ni ne le veux savoir. On s'en doute, je ne l'ignore pas; je ne m'en fâche pas, ni ne m'en soucie. Mais voici ce que j'ai à vous dire et que vous devez bien retenir. C'est qu'un homme qui fut aimé de Julie d'Étange et pourrait se résoudre à en épouser une autre, n'est à mes yeux qu'un indigne et un lâche que je tiendrais à déshonneur d'avoir pour ami; et quant à moi, je vous déclare que tout homme, quel qu'il puisse être, qui désormais m'osera parler d'amour, ne m'en reparlera de sa vie. »

Il suffisait donc que cela fût dit. A jamais interdit. Alors Saint-Preux saurait exister indéfiniment retenu dans l'absolu désir d'amour. A Clarens. Enfin. Le pays de Claire.

Je lève les yeux. Je rêve. Je rêve d'écrire de la main de Claire une longue lettre d'amour, tandis qu'il est ici désormais auprès d'elle à Clarens, lettre intime, secrète et qui ne devrait lui être remise que si elle venait à mourir. Comme ce serait beau de faire livre dans le livre. De rendre grâce au pays des chimères qui donne tant de joie à vivre. D'enlacer la lettre à la lettre. C'est comme si je voyais tout de l'écriture que je convoite, son dessin, son encre, sa subtile délicatesse. Mais je n'écris rien. Je reste immobile, ébahie de lumière, diaphane, comme noyée dans l'amour de Saint-Preux. Amour d'écriture inscrit à jamais dans les feuilles de soie du livre, translucides comme ces papillons-voiles balbutiant autour des buissons. Saint-Preux m'aime parce que je suis Claire et qu'il me connaît. Il m'aime parce que je l'aime. Je l'aime parce qu'il est Saint-Preux. Je lui souris parce qu'il est saint, au plus proche du divin, et que je ne serais pas Claire s'il ne m'avait illuminée. Je l'aime parce qu'il est preux et qu'en lui se conjuguent la prière, le feu et la croix du plus grand sacrifice...

Je baigne dans l'amour suspendu. Plus tard j'écrirai, je le promets.

Le monde est le livre des femmes

Quand la petite Ariane vint au monde, quand je tins dans mes bras l'enfant de lumière, l'écriture qui jaillit alors de moi fut aussi pressante, irrésistible que le lait qui me monta aux seins; on l'aurait dit coulant de la même source, puisée au cœur d'une même terre d'origine que j'appelai corps de femme...

Tout ce que tu avais pensé, écrit, je le savais maintenant du fond de moi, non pas comme quelque chose qui pouvait se discuter, mais comme la vérité elle-même qui réclamait l'affirmation, l'expansion de l'écriture autant que l'enfant réclamait la vie.

« Le monde est le livre des femmes », avais-tu dit. Comment aurais-je pu, exaltée comme je l'étais, ne pas tenter de l'écrire?

Longtemps les femmes avaient été tenues à l'écart des édifications spectaculaires de l'histoire, mais aussi de ses horribles saccages, de ses ruines, de ses folies meurtrières. Les labeurs de l'ombre et de l'humilité dont elles s'étaient depuis si longtemps chargées leur avaient permis de rester au plus près de la vie. Parce qu'elles savaient quelle douceur il y a à soigner, nourrir, éduquer, réparer, consoler, malgré les peines, les fatigues qu'aussi il en coûte, elles n'avaient pas pu oublier, comme l'avaient fait les hommes, ce qui était bon, vraiment bon, simplement bon. Bon à soi, bon à l'autre, bon à la vie et à sa seule jouissance. Maintenant que l'histoire les tirait de leur demeure, les propulsant sur le terrain réservé des hommes, maintenant qu'elles étaient confrontées à ce monde de faux-semblants où ne brillent que les valeurs de l'argent, du pouvoir, de l'ambition, elles voyaient tout ce que les hommes avaient perdu au fur et à mesure que l'accumulation des biens, des sciences et des techniques avait irrité toujours davantage leur soif de conquête, leur rage de soumettre, leur folie de vaincre le mal par un nouveau mal... Alors elles sentaient l'urgence de dénoncer les mirages, les perversions, les cruautés, les mensonges d'une société où les hommes ne savaient plus goûter que les biens qu'ils avaient arrachés à leurs semblables : les richesses qu'ils avaient extorquées à ceux dont ils faisaient des pauvres, le pouvoir qu'ils s'étaient octroyé sur ceux dont ils faisaient des faibles, la liberté enfin de faire des esclaves en devenant des maîtres. Elles allaient s'éveiller découvrant comment se fabriquaient d'un même aveuglement la méchanceté du plus grand nombre et le malheur de tous. Alors elles viendraient réveiller les mémoires endormies, ramener les esprits obscurcis d'ambition et de faux savoirs sur le chemin de l'évidence inscrite au cœur de tous. Parce qu'elles n'avaient jamais cessé de déchiffrer le grand livre de la Nature, elles sauraient expliquer ce qu'il en coûte de trop s'en détourner; un jour peut-être l'affirmation de leur savoir serait si puissante qu'elle finirait par subvertir le mal...

Jamais je ne fus si rousseauiste, comme tu vois, Jean-Jacques, que pendant ces quatre ou cinq ans que je consacrai à l'écriture de tout ce que je concevais si bien parce que j'étais femme. Et être femme ne signifiait rien d'autre pour moi que faire l'expérience de l'humanité dans ce qu'elle avait de plus précieux.

Mais si toi tu vois à quel point j'étais rousseauiste, c'est à peine si deux ou trois de mes lecteurs en firent la remarque. Celles-là mêmes qui partageaient mon exaltation de l'expérience des femmes, de leur savoir inaliénable, de leur réelle puissance, et comprenaient qu'elle prenait racine au cœur même d'une vie de femme, de son corps sensible et intelligent de femme, manifestaient la plus vive réprobation si j'osais avouer que mon audace souveraine à dire, à affirmer, à chanter cela seul qui méritait d'être chanté était aussi nourrie, et même gorgée, de toute la vigueur de ta pensée, de la force de ton écriture, de son irrésistible simplicité. C'est que tu passais (dois-je te le dire?) pour un modèle de misogynie. Il paraît que tu rabaissais les femmes plus bas que terre. Qu'elles n'étaient selon toi bonnes à rien sinon à plaire à leurs maris, à les servir fidèlement sans rechigner, à élever leurs enfants et à bien tenir leur maison. Un point c'est tout. On m'en donnait pour preuve deux ou trois phrases extraites du livre V de l'*Émile*, toujours les mêmes, et que l'on pouvait trouver mentionnées dans les diverses anthologies des propos misogynes ou phallocrates (on distinguait) proférés à travers l'histoire par les plus grandes autorités intellectuelles, politiques ou religieuses. Tout ce que je gagnais à vouloir expliquer ta vision des choses était qu'on se mettait à me regarder de travers, à me suspecter sourdement d'obscure complicité misogyne, à se demander si la fin cachée de tous mes beaux discours n'était pas de ramener les femmes à leurs fourneaux, à la dévotion muette de leurs hommes, aux soins de leurs enfants, bref à leur « devoir » de femme. Je proposai qu'on étudiât sérieusement ensemble tout le début par exemple de ce fameux livre V de l'*Émile* où tu donnes les principes de base à partir desquels tu avais examiné la question des hommes et des femmes, ce que l'on devait entendre par : « Tout ce qu'ils ont de commun est de l'espèce, tout ce qu'ils ont de différent est du sexe... Vanité des disputes sur la préférence ou l'égalité des sexes : comme si chacun d'eux, allant aux fins de la nature, selon sa destination particulière, n'était pas plus parfait en cela s'il ressemblait davantage à l'autre! En ce qu'ils ont de commun ils sont égaux; en ce qu'ils ont de différent ils ne sont pas comparables... » Peine perdue. On n'allait tout de même pas perdre son temps à étudier le texte de nos ennemis qui ne visaient qu'à nous enfermer dans notre « nature » femelle, à nous interdire la jouissance des biens produits par la civilisation, les sciences et les arts, le pouvoir, l'argent, la liberté d'opprimer selon son bon plaisir...

Il n'est pire sourd que celui qui ne veut pas entendre. L'opinion est beaucoup plus forte que le désir de connaître, de comprendre. J'eus à en faire bien souvent l'expérience à mes dépens. La plupart des objections qu'on apportait à mes livres me montraient qu'on ne les avait pas vraiment lus. Mais, plus grave encore, je devinais chez beaucoup de ceux qui les encensaient une même précipitation aveugle pour louer ce que d'autres dénonçaient; eux non plus, je le craignais, ne m'avaient pas vraiment lue. Toi, tu avais lutté jusqu'au bout, jusqu'à l'épuisement de tes forces, pour montrer qu'on ne t'avait pas réellement lu, qu'on te faisait dire ce que tu n'avais jamais dit, et parfois même son contraire, pour expliquer de nouveau, et encore, ce qui était pourtant déjà écrit noir sur blanc et qu'il aurait suffi de lire, pour peu qu'on l'eût voulu. On te réfutait. Mais les réfutations qu'on te faisait ne s'appliquaient pas à ce que tu avais écrit. A quoi bon débattre, réfuter des réfutations qui n'avaient pas lieu d'être? Aucun débat n'était possible, toute querelle était insensée tant qu'on n'avait pas pris le soin de lire ce que tu avais écrit et qui était pourtant si simple. Alors, tu reprenais la plume, tu répétais... Lettre à Voltaire, à M. Philopolis, lettres écrites de la montagne : « J'ai cru, monsieur, qu'il valait mieux établir directement ce que j'avais à dire, que de m'attacher à de longues réfutations. » Qu'on te fît dire autre chose que ce que tu avais dit t'était intolérable. Alors tu écrivais encore, mû par l'espoir insensé que cette fois on allait consentir à te lire, enfin... Mais quand tu vis combien cela était absurde tu devins fou, fou d'angoisse, de douleur, de solitude...

« Ils ont élevé autour de lui des murs de ténèbres

impénétrables à ses regards; ils l'ont enterré vif parmi les vivants...»

A vrai dire, si les écrivains soucieux de transmettre à leurs lecteurs un message de vérité savaient combien de lecteurs sont sincèrement appliqués à lire ce qui est écrit et non ce qu'ils veulent lire, sans doute finiraient-ils comme toi par devenir fous. Cette folie n'est que le constat d'une évidence atroce pour l'écrivain : de la vérité « ils » ne veulent pas. Chacun qui écrit pressent cela et le redoute si fort qu'il préfère ne pas savoir. Tout écrivain s'accroche aveuglément à l'idée qu'on lira ce qui écrit et pas autre chose, se conforte de la douce illusion d'éclairer les esprits par ce qu'il leur donne à entendre, d'ouvrir les cœurs, de réveiller chez ses lecteurs une soif de justice, de fraternité, de vérité, bref d'agir sur ses semblables...

« Bercé du ridicule espoir de faire enfin triompher des préjugés et du mensonge la raison, la vérité, et de rendre les hommes sages en leur montrant leur véritable intérêt... »

C'est vrai que cet espoir a quelque chose d'enfantin, de mégalomaniaque, de pitoyable, mais il appartient à tous ceux qui font des livres en estimant avoir quelque chose à dire aux hommes. Quiconque a voulu y regarder de trop près y a perdu la tête.

Ainsi quand j'écrivais dans la joie de ce qui m'était révélé dans la plus grande certitude, je ne voulais rien savoir de l'espoir secret, démesuré, que je portais en avant de moi. Je n'étais pas la seule. Je me souviens de ce colloque international de femmes écrivains à Montréal où nous imaginions avoir engagé une révolution sans précédent dans l'histoire de l'humanité. Nous seules avions trouvé le moyen de changer le monde, car ce serait sans recourir aux armes de mort dont « ils » avaient toujours usé pour leurs révolutions, la violence, le sang, la haine et la terrible répression. Comment ferions-nous? Nous résisterions à toute forme de violence et d'injustice, mais surtout nous parlerions, nous affirmerions notre savoir, nous écririons, nous répandrions notre lumière, notre puissance de vérité et d'amour sur le monde... Nous étions folles. En un sens je le savais un peu, mais j'aimais mieux ne pas y penser. J'aimais notre folie. C'était si bon de croire. De vivre ensemble au pays des chimères.

Cette fois je fus bel et bien prise à l'intérieur de ce vaste mouvement social nommé habituellement féminisme, sans qu'on sût précisément ce qu'il fallait mettre sous ce terme. (L'expérience montra qu'il recouvrait de fait des aspirations bien différentes et, pour certaines, contraires.) Il y eut des réunions, des assemblées, des manifestations, des actions collectives.

Tant qu'il s'agit de dénoncer les atteintes flagrantes à la liberté des femmes, d'exiger l'abolition des lois ou dispositions du code manifestement iniques envers elles, bref tant qu'il s'agit de réclamer que les femmes soient traitées en êtres humains, en citoyennes à part entière, l'accord fut fervent et unanime. Mais dès qu'il fut question d'œuvrer à une libération plus large et plus radicale, les dissensions les plus graves se firent jour, les querelles stériles des groupes rivaux désenchantèrent la foi enthousiaste des débuts, l'usure gagna. Il me fallut quant à moi admettre que la libération à laquelle je pensais n'était pas celle que la plupart de mes amies avaient en tête. A mes yeux ce n'était pas du côté des femmes mais des hommes que régnait l'aliénation la plus grande. C'étaient eux qui avaient le plus oublié ce que c'était que vivre, penser, aimer, être ensemble. C'étaient eux, eux d'abord qui adoraient les faux dieux de la possession et de la domination. Pas nous qui savions encore qu'il n'y a pas de plus grande jouissance que de donner à jouir et de recevoir celle de celui qui donne à jouir. Aurait-il fallu que nous soyons libérées, que nous nous libérions de ce savoir-là ? Crois-moi, Jean-Jacques, j'aurais, quant à moi, préféré mourir que d'y renoncer...

Et pour la première fois je sus ce qu'il en coûtait d'être rousseauiste, d'écrire dans la vérité qu'on est allé puiser au plus profond de soi, convaincu qu'elle est d'identique façon inscrite au cœur de tous, d'affirmer au grand jour ce qui est su, mais caché, oublié, égaré au fond de chacun, comme si les hommes éblouis soudain de se découvrir allaient enfin renoncer à leurs mensonges, à leurs faux savoirs, comme si allait fondre la haine comme neige au soleil et se briser la chaîne du malheur et de la vengeance...

Après avoir bien pleuré sur son impuissance, on peut alors pleurer de honte de s'être cru par l'écriture, dans « son délire et sa fièvre », investi d'une telle puissance de subvertir le mal...

« *Vox populi* »

C'est alors que vint, au moment où je m'y attendais le moins, la révélation dernière de tout ce que tu avais pensé. Ce fut comme si j'avais saisi le diamant secret de ta sagesse, comme si j'avais touché auprès de toi le fond de l'humain, comme s'il était impossible que j'aille désormais plus avant...

C'était jour de Pâques en Grèce. Et quelles Pâques! Les premières après le renversement de la dictature, les premières pour Nicos dans son pays après sept ans d'exil, les premières pour chanter la liberté retrouvée.

Nous passions quelques jours en Crète au bord de la mer avec les amis les plus chers de Nicos. Ce jour-là nous sommes montés vers un petit village de la montagne où nous avions tous été invités. Nous sommes allés saluer les uns et les autres dans leurs petites maisons, puis nous nous sommes tous ensemble dirigés vers le lieu de la fête, emportant qui le pain qui le vin dans les brocs cuivrés, les lourdes tomates rubicondes, premières de l'année, les fromages de brebis frais et odorants, et tous les plats traditionnels en ce jour de Pâques que les femmes avaient préparés pour notre venue. Nous nous sommes installés tout autour d'une grande aire de blé dominant les collines douces où rient les oliviers, les arbres en fleurs jusqu'à la mer lointaine. La veille il avait plu, j'avais vu la mer sombre, méchante, acharnée de fureur contre les rochers.

Aujourd'hui tout brille d'une sérénité enfantine. On se dirait d'un coup dans un autre pays dont l'air est si pur, la paix si limpide qu'on croit rêver. Et pourtant... C'est comme si soudain cette grâce devait m'être refusée, comme s'il m'était interdit d'y prétendre. Je reste en retrait, gênée, honteuse de me trouver seule étrangère ici. Je manie encore difficilement la langue. Si on s'adresse directement à moi je comprends et peux répondre, mais dès que les voix jaillissent en bouquet, se mêlent, se chevauchent, se bousculent, s'enlacent, je me sens plus qu'isolée, exclue, repoussée. Le meilleur de la communauté, ses joutes, ses caresses, ses rires me sont refusés. Sans compter que la plupart des femmes sont vêtues de noir, les jeunes tout autant que les vieilles. Je suis certaine que ma tenue (laquelle? je ne sais plus), mon teint pâle, mes cheveux clairs et libres vont les choquer. Comment ne serais-je pas ici une intruse? Où me cacher maintenant pour disparaître aux yeux de tous? J'en veux vaguement à Nicos de m'avoir traînée là, il se peut même que je lui en fasse à voix basse l'injuste reproche. On va me regarder de travers, on va me désigner comme une tricheuse, une usurpatrice qui n'a rien à faire ici. Je ne suis pas grecque, moi. Je n'ai pas subi la dictature. Ce pain, ce vin, ces tomates adorables ne sont pas pour moi, je n'ai rien fait pour les mériter. Alors m'étreint le sentiment le plus douloureux (qui tant de fois m'a saisie dans mon enfance et bien plus tard encore) qu'on puisse connaître parmi ses semblables, celui d'être en trop...

Alors, je ne sais pas comment ça s'est fait précisément : tout s'est dissipé d'un coup. Comme si chacun avait deviné ce vilain voile de honte où je m'enlisais, on est venu de toute part me demander mon nom, mon pays, ma famille, on est venu me parler en souriant, me faire rire, me faire boire. Les femmes m'ont entraînée à goûter chacun de leurs plats, à dire ce que j'en pensais, il a fallu reprendre de tout, de l'agneau grillé, du chevreau cuit dans le lait, dix fois des brioches délicieuses, et boire, boire encore et de nouveau dans l'éclat joyeux des verres choqués.

Comment ai-je pu faire grise mine, craindre ces hommes et ces femmes?

« N'est-ce rien que de se dire je suis homme et reçu chez des humains, c'est l'humanité qui me donne le couvert? »

Je vois de mes yeux la simple liberté de vivre en liesse. Je vois Nicos fêté comme un artisan de cette liberté retrouvée. Pourtant aucun de ces villageois, aucune de ces femmes noires, puissantes et gaies n'a lu et ne lira sans doute jamais le moindre livre de Nicos. N'importe on leur a dit et ils sont fiers de le recevoir, ils le lui disent et je vois Nicos ému, rieur, enfantin. Ah! comme il fait bon vivre en cet instant!

Puis un musicien assis sur le petit muret entourant l'aire de blé commence à jouer de son frêle instrument qu'il tient verticalement appuyé contre sa poitrine et dont il frotte les cordes à l'aide d'un court archet comme pour un violon. Je demande le nom de cet instrument : λύρα. La voilà donc la lyre, celle des origines, celle du temps d'avant la langue froide et rugueuse de nos cités affairées et sans âme, celle du temps où les hommes ainsi que tu le dis n'avaient pas encore séparé la parole du chant. C'était donc elle, λύρα, venue jusqu'ici, de la nuit des temps...

Alors, pour l'entendre, tous un instant se sont tus, immobiles. Une plainte, une prière déchirante à l'orient le plus ancien de notre humanité monte vers l'azur.

Je ne sais rien de cette musique, je n'en ai jamais entendu de semblable, et pourtant, comment te dire, Jean-Jacques, je la reconnais, je la comprends, je la porte comme si elle naissait de moi. Et je sais, je sens, que chacun la reconnaît, la comprend, la porte en avant comme si elle naissait de lui.

Nous voilà dépouillés de tout ce qui nous avait faits divers, séparés, hostiles. Nous voilà réunis, nous voilà pauvres et nus, rendus à l'enfance de l'humanité pitoyable. Le ciel est vide et pourtant notre voix s'y emporte comme celle d'un bûcher ardent.

Un autre homme est venu s'asseoir auprès du musicien. Et sa voix entre dans la plainte de la lyre ancienne et grave, la prolonge, exprimant au plus haut, au plus pur, ce que déjà contenaient les accents si puissants et nostalgiques du seul instrument. Il chante, je le comprends, je l'entends, la vérité de notre condition.

Le fond du malheur nous est impénétrable. Pour qui, pour quoi tant de cachots, tant de sévices, tant de haine, tant de mensonge? Pourquoi le mal? Pourquoi?

Je me souviens du mal, de celui qu'on aurait dit absolu, et rien encore ni personne n'avait su expliquer ça. Ils ont arrêté, ils ont déporté, torturé, ils ont jeté les hommes, les femmes, les enfants encore tout rutilants de leur belle vie par convois entiers dans l'enfer, le massacre innommable, délibéré, systématique, interminable, ils les ont dépouillés, violés, souillés, affamés, réduits à l'état de vermine, ils les ont écartelés, saccagés, horrifiés, ils ont laissé l'enfant hurler vers sa mère et la mère hurler vers son enfant, et ils les ont précipités dans la mort, carcasses disloquées du plus atroce, du plus absurde martyre. Tombereaux lourds comme des montagnes de corps décharnés, de squelettes fracassés, d'organes, de visages, de membres broyés dans une haine de fin du monde... Ils... Les hommes... Nous les hommes. Nous avons fait cela, mon Dieu! oui cela!... Pourquoi, pourquoi nous est dérobé le mystère du mal? Aime-nous, ô! Dieu impénétrable, aie pitié comme nous avons pitié de nous! Écoute la voix de notre humanité, son ultime tendresse...

Alors, je ne sais pas comment, j'ai senti aussi que nous étions pardonnés. A cause de ce petit bout de peuple assemblé. A cause de la musique. A cause du soleil de Pâques et du vin. A cause de la fête, quand « chacun se voit et s'aime dans les autres ».

Voilà ce que tu as su, Jean-Jacques, de plus évident, de plus puissant, mais de si difficile à dire dans notre langue sans musique : seul le peuple assemblé pour la fête porte dans sa tendresse le péché de tout homme et son pardon. Seul il donne la joie. Seul il connaît et répand l'amour même, l'amour nu. Aussi incompréhensible que le mal, mais assurément quand il se chante ainsi, bien plus puissant que lui. Car l'amour de l'humain qui gagne les cœurs dans le peuple en fête n'en épargne aucun.

Voilà pourquoi « il n'y a de pure folie que la joie publique ».

Était venu le temps de la joie.

« Est-il une jouissance plus douce que de voir un peuple entier se livrer à la joie un jour de fête et tous les cœurs s'épanouir aux rayons suprêmes du plaisir qui passe rapidement mais vivement à travers les nuages de la vie? »

Le soleil monte; l'ivresse aussi. Je suis saoule de vin, de lumière, de musique, d'humanité. Je ris, je pleure, et Nicos rit de me voir pleurer parce qu'il sait que c'est à cause de cette joie élémentaire qui n'a pas de véritable objet, qui n'appartient pas à tel ou tel mais qui n'est en chacun que la réflexion de la joie commune.

Je n'étais plus guère en état de penser. Je savais seulement que jamais je n'avais été aussi près de toi. Les entités froides des philosophes, les grands mots des penseurs, le Bien, le Mal, l'Un, l'Autre, l'Âme, la Vie, la Mort, le Temps, l'Espace, l'Humanité, le Peuple, m'étaient devenus soudain extraordinairement sensibles, tangibles, cela se voyait dans la lumière des regards, cela s'entendait dans la musique de la lyre, se goûtait dans les fruits et le vin partagé, se touchait, se respirait...

« J'ai senti avant de penser... » Toi seul avais su remonter à la source de la pensée, là où elle n'est pas encore séparée du cœur, avant qu'elle ne raisonne, dans l'obscure et confuse émotion. Ainsi j'aurais été bien incapable de dire d'où me venait ce sentiment d'avoir fait un très grand voyage, très long, très difficile, de toucher à son terme et d'être arrivée. Mais maintenant, vu d'ici, maintenant que je repense à l'événement, je crois savoir un peu mieux ce qu'il en était. Il me semble que jusqu'à ce jour j'étais restée à l'intérieur de la représentation du monde qu'avaient figuré pour moi les fresques du jardin d'enfants : au cœur de la nature, là où l'histoire ne pénétrait pas, les femmes, les enfants, les animaux, les plantes gardaient la grâce originelle de la vie. Ailleurs, hors de la nature toujours pure, identique à elle-même, vraie, les hommes s'agitaient, construisaient des immeubles, échangeaient des billets, décidaient, commandaient, faisaient la guerre, et cela se passait dans un autre monde régi par d'autres lois auxquelles on ne comprenait rien. Sans doute était-il nécessaire que les hommes luttent, travaillent, réfléchissent, aillent au bureau, à la guerre, lisent le journal, discutent politique, approuvent les uns, se fâchent avec les autres. Mais c'était leurs affaires, et je ne voulais rien en savoir. Sur les fresques du jardin d'enfants il n'y avait pas de guerre, pas d'abris où se réfugier en cas de bombardement, pas de voitures, pas d'autobus, pas de registres de comptes, pas même d'école. Les fresques du jardin d'enfants montraient le monde avant qu'on aille à l'école, avant qu'on vous demande d'apprendre, et rappelaient ce temps merveilleux où l'on savait tout d'avance. Jouer au ballon, courir tout nu dans l'été, et jouer encore, et rire, et cueillir des fleurs, écouter les oiseaux, caresser les chats et s'endormir entre les bras des femmes. Il devait y avoir un moyen pour que ça ne finisse jamais, pour qu'on reste dans ce bonheur. Traits, ronds de couleur, appliqués, silencieux, gracieux, lettres tracées au crayon, puis à l'encre par l'exigeante et fine plume Sergent-Major... L'écriture eut pour moi ce pouvoir magique, mystérieux, de me garder au pays de l'enfance, des femmes et de la nature. Quand bien plus tard j'avais rencontré le monde des hommes, c'était encore à la lumière de ce lointain pays que je l'avais jugé. Et sans doute les avais-je accusés, eux les hommes, de m'en avoir arrachée.

Or voici qu'en ce jour de Pâques, tandis que le joueur de lyre se souvient de tout, de nos désirs les plus vastes, de nos souffrances, de notre tendresse pour la lumière qui nous baigne tous, je sens que les hommes ne sont plus des hommes, que les femmes ne sont plus des femmes, que nous n'avons qu'un seul pays : celui de notre humanité. Et l'enfance, la connaissance pure de tout ce que l'on sait d'avance, de cela seul qu'il convient de savoir, de connaître, d'aimer pour vivre n'est pas dans l'enfant, mais dans le peuple assemblé un jour de fête. Sa tendresse est plus forte et plus vaste et plus vraie que celle de toutes les mères de la terre. Elle ne promet pas l'éternité, elle ne couvre ni la mort, ni l'abîme de notre ignorance, ni le mal de doux mensonges, elle dit seulement ce qu'elle a à dire, en vérité. C'est vérité d'amour.

Après les hommes ont dansé, puis les femmes s'y sont mises. Et tous ont voulu que je danse moi aussi. Alors j'ai dansé, dansé, et tous montraient le plaisir qu'ils avaient à me voir danser avec eux, pour eux, en eux, moi qui pourtant venais de si loin, et je sentais qu'ils étaient contents de m'accueillir comme une petite sœur égarée, contents de savoir que le peuple humain s'étendait bien au-delà de leur petit village.

Puis le soleil a décliné. Il a fallu se séparer. On a promis de revenir, de ne pas s'oublier. Et nous sommes partis en faisant des signes avec la main.

Le soir, au bord de la mer, le ciel s'est de nouveau assombri, les vagues sont revenues en furie se briser contre les rochers.

« ... rayons suprêmes du plaisir entre les nuages de la vie... » Alors j'ai éclaté en sanglots, brisée d'émotions. J'ai dit à Nicos que jamais plus, j'en étais certaine, nous ne connaîtrions une telle lumière, nous n'entendrions une telle musique, nous ne recevrions du ciel ou des hommes une telle bénédiction. Mais non, mais non, a dit Nicos, tu verras, c'est parce que tu es fatiguée... Je n'étais pas fatiguée, j'étais épuisée de bonheur, et comme désespérée. Ce jour avait été trop beau pour revenir jamais et pour ne pas étouffer sous l'éclat de sa vérité la moindre parole, le moindre écrit qui prétendrait en rendre compte. Auprès de ça, de cette tendre consolation d'être homme, de vivre et de mourir, et qui naissait du peuple, tous les mots des livres pâlissaient, se fanaient, retombaient en poussière, oui, même les tiens, Jean-Jacques ; il m'apparut que ce n'était rien, presque rien : chimère et dérision. Les faiseurs de livres n'étaient pas du peuple. Lui seul détient la sagesse première, la sagesse dernière qui ne fait pas de livre. J'aurais voulu expliquer à Nicos mon chagrin, la pitié de nous que j'avais soudain, nous qui n'avions jamais rien su faire que des livres...

« Tu sais ce qu'il a écrit Jean-Jacques?

– Non...

– Il a écrit : " C'est le peuple qui compose le genre humain. Ce qui n'est pas peuple est si peu de chose que ce n'est pas la peine de le compter. "

– Le peuple, le peuple... Tu m'expliqueras ça demain, hein?

– Et encore ça, Nicos, écoute bien, il a dit : " La voix du peuple est *en effet* (j'appuie sur " en effet "), la voix de Dieu. "

– Oh! là là!... » a fait Nicos qui s'endormait déjà.

Devant tant d'incompréhension manifeste, je me suis endormie à mon tour, seule dans le fracas tout proche des vagues, égarant jusqu'à ton nom.

La dictée

Juste encore une petite histoire, Jean-Jacques, juste avant de te quitter...

Figure-toi qu'un jour récent le désir soudain m'a pris d'aller revoir le lycée Marie-Curie, d'y pénétrer, de marcher dans les couloirs, de m'approcher des grandes baies vitrées, de découvrir au loin la masse sombre et bleutée du parc de Sceaux, et plus que tout de revenir encore une fois, une dernière fois, auprès des fresques du jardin d'enfants. J'en tremblais d'avance de désir et de crainte mêlés. Et s'il leur était arrivé malheur? Tant d'années avaient passé, tant d'épreuves, tant de morts...

J'ai tourné une belle lettre pour formuler ma requête, expliquant que j'avais passé il y a bien longtemps quatorze ans dans ce lycée et que pour les besoins d'un travail d'écriture en cours, etc. J'ai adressé ma lettre à Mme la Directrice, lycée Marie-Curie à Sceaux. Un « monsieur le Proviseur » me répondit. Un tel changement me fit redouter de plus funestes métamorphoses. Il m'invitait fort courtoisement à me rendre au lycée au jour et à l'heure qui me conviendraient.

Quelques jours plus tard je pris le métro qui s'était mis des couleurs vives et ne s'appelait plus métro. Je suis descendue à Sceaux, j'ai jeté un coup d'œil le plus bref possible vers la maison, ma maison, pour éviter l'oppressante nostalgie qui me saisit chaque fois que je m'approche un peu trop près d'elle, puis j'ai pris le chemin du lycée, le plus direct, le plus familier.

C'était une journée d'automne, douce, dorée, odorante, une de celles que j'aimais par-dessus tout dans l'enfance, quand les cahiers étaient encore vierges, quand le cartable bien rangé sentait le crayon fraîchement taillé, la gomme neuve, la colle blanche, quand le souvenir et le désir se mêlaient si intimement que vivre était un délice...

Je me souvenais de Madeleine petite, de son silence rêveur, de sa main menue retirée doucement de la grande mienne qui n'osait plus, mais aussi de ses brusques drôleries, impertinentes, fantasques, et qui me faisaient fondre comme si elle me pardonnait, comme si elle m'aimait bien tout de même, comme si elle consentait un instant, pour moi, à faire l'enfant. Je me suis souvenue aussi de Jacqueline, de nos discussions si prenantes qu'elles nous mettaient en retard et nous obligeaient finalement à courir. Le long du chemin, presque rien n'avait changé.

Je sonnai à la porte majestueuse de la grande entrée. Ce ne fut pas bien sûr le cerbère borgne qui faisait autrefois office de concierge qui m'ouvrit. Je l'avais prévu; les temps avaient passé. Pourtant j'allai de surprise en surprise. Au lieu des petites jeunes filles en blouse uniforme dont il était entendu qu'elles ne devaient se déplacer qu'en rang, je croisais d'étranges adolescents des deux sexes, comme on en voit partout dans les rues de nos villes, mais là, au lycée Marie-Curie de Sceaux, ce fut pour moi tout à fait insolite, presque comique. C'était récréation. Ils déambulaient en tous sens; certains, assis de-ci de-là, à même le sol de la cour d'honneur jadis exclusivement réservée aux oiseaux, au jet d'eau délicat et aux buissons de fleurs, se chauffaient au soleil, bavardaient, riaient, fumaient... Je n'en croyais pas mes yeux... Je commençais à regretter d'être venue. Tout avait rétréci, s'était sali, écaillé, terni. J'aurais dû m'en douter pourtant. Dix fois j'avais lu dans les livres le dépit de celui qui, trop tard, trop vieux, revient sur les lieux de l'enfance, mais j'avais oublié. C'était le lycée d'autrefois, le lycée de toujours que j'avais imaginé revoir. Et si ces images étroites, grises, fatiguées de maintenant se mettaient à recouvrir les autres de telle sorte qu'il me faille perdre à jamais celles d'autrefois? Quelle bêtise j'avais faite!

Monsieur le Proviseur à qui on m'avait annoncée me reçut dans son bureau que je reconnus. Dans la petite enfance j'y avais été à plusieurs reprises félicitée, mais dans la grande, sévèrement et plusieurs fois blâmée.

Je n'étais pas venue pour parler mais pour voir. Il le fallut tout de même un peu. J'évoquai devant ce monsieur qui n'était là que depuis un an le lycée d'autrefois. Soudain, levant les yeux sur le seul tableau accroché aux hauts murs nus (mis à part sur ma droite une photographie de Marie Curie que j'avais repérée et reconnue dès mon entrée dans la pièce), devine ce que je vois? Ton portrait. Oui, oui, le tien, celui que je n'aime pas beaucoup, celui où tu es sombre, arrêté, le regard fixe sous ta toque de fourrure. Et voilà que tu étais là, juste au-dessus de moi, et que tu me regardais. Tu me regardais de si loin, mais de si près aussi, Jean-Jacques, que c'était comme si j'étais venue pour ça, pour cette rencontre inattendue, brutale, énigmatique. Interrompant ce que j'étais en train de dire, rougissant malgré moi sous le coup de l'émotion, je me suis écriée : « Qu'est-ce qu'il fait ici, lui? C'est vous qui l'y avez mis? » Le monsieur s'est retourné : « Ah! Rousseau, vous voulez dire? Non, je ne sais pas. Il était là quand je suis arrivé. Depuis toujours je suppose... » Tu ne me quittais pas des yeux et je n'arrivais plus à parler d'autre chose. J'ai demandé si je pouvais aller voir les fresques du jardin d'enfants, enfin celles de l'infirmerie, il y avait bien toujours une infirmerie ouvrant sur la grande cour, en bas? Oui, bien sûr, il y avait une infirmerie, mais pour les fresques dont je parlais, le monsieur n'était pas certain, il n'avait rien remarqué de particulier, il est vrai qu'il était là depuis si peu de temps, et l'infirmerie il ne s'en était pas vraiment soucié... Il proposa de m'y accompagner. Je connaissais le chemin, j'aurais préféré m'y rendre seule, mais je n'ai rien dit.

Nous avons traversé la cour des tilleuls, celle des primaires d'autrefois, celle qui avait vu ma honte de tricheuse crucifiée d'encre rouge sur mon dos. Mes jambes tremblaient un peu; j'avais tellement peur pour les fresques. Mais je faisais la brave. Je plaisantais. Je m'essayais à parler de choses et d'autres. Nous avons descendu le dernier escalier, poussé la dernière porte vitrée. Nous sommes entrés après avoir frappé à la porte. Murs raccourcis. Fenêtres étranglées. Un vert atroce d'hôpital a tout recouvert. Les fresques ont disparu.

Je crois n'avoir presque rien dit. Sans doute avais-je prévu ce désastre consommé. Sans doute avait-il fallu que je vienne pour m'en assurer. Voir pour croire que c'était bien fini.

Nous sommes remontés dans la lumière provinciale de la petite cour. Mon guide compatissant m'a raconté une histoire que lui rappelait celle de mes fresques badigeonnées d'hygiène. Je n'écoutais qu'à demi. Une histoire qui s'était passée au camp de Drancy, je crois. Pendant leur incarcération et avant leur transfert dans les camps de la mort, des hommes étaient parvenus à graver sur les murs des mots de détresse, des cris d'espoir, prières ultimes dans la nuit. Longtemps après la guerre les mots étaient restés, blessures à jamais ouvertes, sans cicatrice, dans la pierre. Et puis un jour, quelqu'un, un militaire? un employé de mairie? avait décidé qu'il fallait vivre avec son temps, que ces vieux graffitis faisaient sale. On avait tout badigeonné de blanc. Est-ce que c'était la même histoire? Je ne savais pas. Je n'avais pas envie d'y penser, seulement de m'en aller.

Mais mon hôte, décidément affable, voulait encore me montrer quelque chose qui allait peut-être m'amuser, me consoler. Nous sommes donc retournés dans le grand bureau clair. « En attendant votre venue, dit-il, l'idée m'a pris d'aller fouiller dans les archives. Regardez ce que j'y ai trouvé. » Il sortit d'un tiroir un registre épais de carton défraîchi, bourré de feuillets jaunis les plus divers. « Tout votre dossier scolaire, me dit-il, du jardin d'enfants à la terminale. » Il me le tendit, content, amusé. Je le pris dans la répugnance. C'était le contraire de ce que j'étais venue chercher. Au lieu de la lumière, un cercueil de

papier. Mais je n'ai pu résister à l'ouvrir. La tête me
tournait. Bulletins, dossiers médicaux, notes, classements,
observations des professeurs, sensible, insolente, rêveuse,
ne fait rien, intelligente, paresseuse, déconcertante, atta-
chante, insupportable, semble ne pas s'être remise de... (je
saute), sensible, trop sensible, voilà un mot de la main de
ma mère excusant une absence, un autre confidentiel de
mon père, demandant, suppliant qu'on me comprenne
même s'il ne parvient pas toujours à bien me comprendre
lui-même. Son écriture si nue, si vive, comme si elle
implorait encore... C'est trop de chagrin. Je ferme ce
fatras de papiers qui loin de ranimer la vie creuse les
deuils, là où ils sont intolérables. Il est temps de partir.

« Attendez, voici quelques photos. Regardez là, est-ce
que ce ne sont pas vos fresques ? »

Ah oui! en effet, sur un coin de carte postale montrant
le beau jardin d'enfants au temps de son inauguration, on
voit, entre deux hautes fenêtres en ogive, un petit garçon
dressant sa poitrine nue et soulevant haut dans ses bras
une sorte de grand oiseau blanc, et à l'arrière-plan, sur le
mur plus bas de la salle des tout petits, d'autres enfants
courent légers, aériens, comme envolés de plaisir.

« Une dernière chose, regardez, j'ai retrouvé aussi la
copie complète de votre examen d'entrée en sixième... »

Je dis : ah? sans m'intéresser davantage. Je reviens aux
petits enfants sépia de la photographie.

« Vous avez fait, me dit-il, une dictée, une bonne
dictée, rassurez-vous, " Le lever du soleil ", d'après Jean-
Jacques Rousseau...

– Quoi ? » Je sursaute, je tends la main.

« Hé oui! toujours celui-là! », sourit-il en désignant ton
image dans le cadre, croyant que c'est à cette petite
coïncidence que je réagis.

Ainsi voilà le lever du soleil, d'après Jean-Jacques
Rousseau, écrit de ma main qui n'avait pas encore dix
ans. J'ai écrit : le *levé* du soleil (une faute)...

L'extrait a été prélevé au début du livre III de l'*Émile*
quand tu expliques ce que doit être la première leçon faite

à l'enfant, mais ce ne sera pas une leçon, ce sera le spectacle du monde à sa naissance, en son aurore extasiée.

« ... L'île du genre humain, c'est la terre; l'objet le plus frappant à nos yeux, c'est le soleil... Vous voulez apprendre la géographie à cet enfant, et vous allez lui chercher des globes, des sphères, des cartes! Pourquoi toutes ces représentations? Que ne commencez-vous pas par lui montrer l'objet même... »

Voici la dictée :

On le voit s'annoncer de loin par les traits de feu qu'il lance au-devant de lui. L'incendie augmente, l'orient paraît tout en flammes; à leur éclat on attend l'astre longtemps avant qu'il se montre; à chaque instant on croit le voir paraître : on le voit enfin. Le voile des ténèbres s'efface et tombe. La verdure a pris durant la nuit une vigueur nouvelle; le jour naissant qui l'éclaire, les premiers rayons qui la dorent (j'ai écrit : *qu'il adore*... une faute, mais tout à ton honneur, hein, Jean-Jacques!) *la montrent couverte d'un brillant réseau de rosée qui réfléchit à l'œil la lumière et les couleurs. Les oiseaux en chœur* (j'ai écrit *cœur* bien sûr, nouvelle faute, mais à ta gloire secrète) *se réunissent et saluent de concert le père de la vie : en ce moment pas un seul ne se tait.*

D'après J.-J. Rousseau.

Ainsi Jean-Jacques, je te connaissais d'avant la lecture enchantée de « Promenade sur le lac » dans le Lagarde et Michard.

Déjà je t'avais recopié de ma première écriture d'enfant ronde, bleue, fermée, bien tenue, qui devait être plus tard artificiellement et à jamais tordue, contournée pour imiter celle de Macha qui me semblait si élégante...

Ainsi déjà j'avais suivi de ma gentille écriture fidèle le tendre flux de ta voix, déjà j'avais perçu la musique originelle, ainsi déjà je savais...

Au lieu où tout a commencé, voici mon écriture rendue à la tienne, et la tienne à l'aurore.

TABLE

Cet ouvrage a été réalisé sur
Système Cameron
par la SOCIÉTÉ NOUVELLE FIRMIN-DIDOT
Mesnil-sur-l'Estrée
pour le compte des Éditions Grasset
le 22 janvier 1988

Imprimé en France
Dépôt légal : janvier 1988
N° d'édition : 7520 – N° d'impression : 7874